平仮名本『三宝絵』総索引

稲 垣 泰 一
有賀嘉寿子　編

笠間索引叢刊　*128*

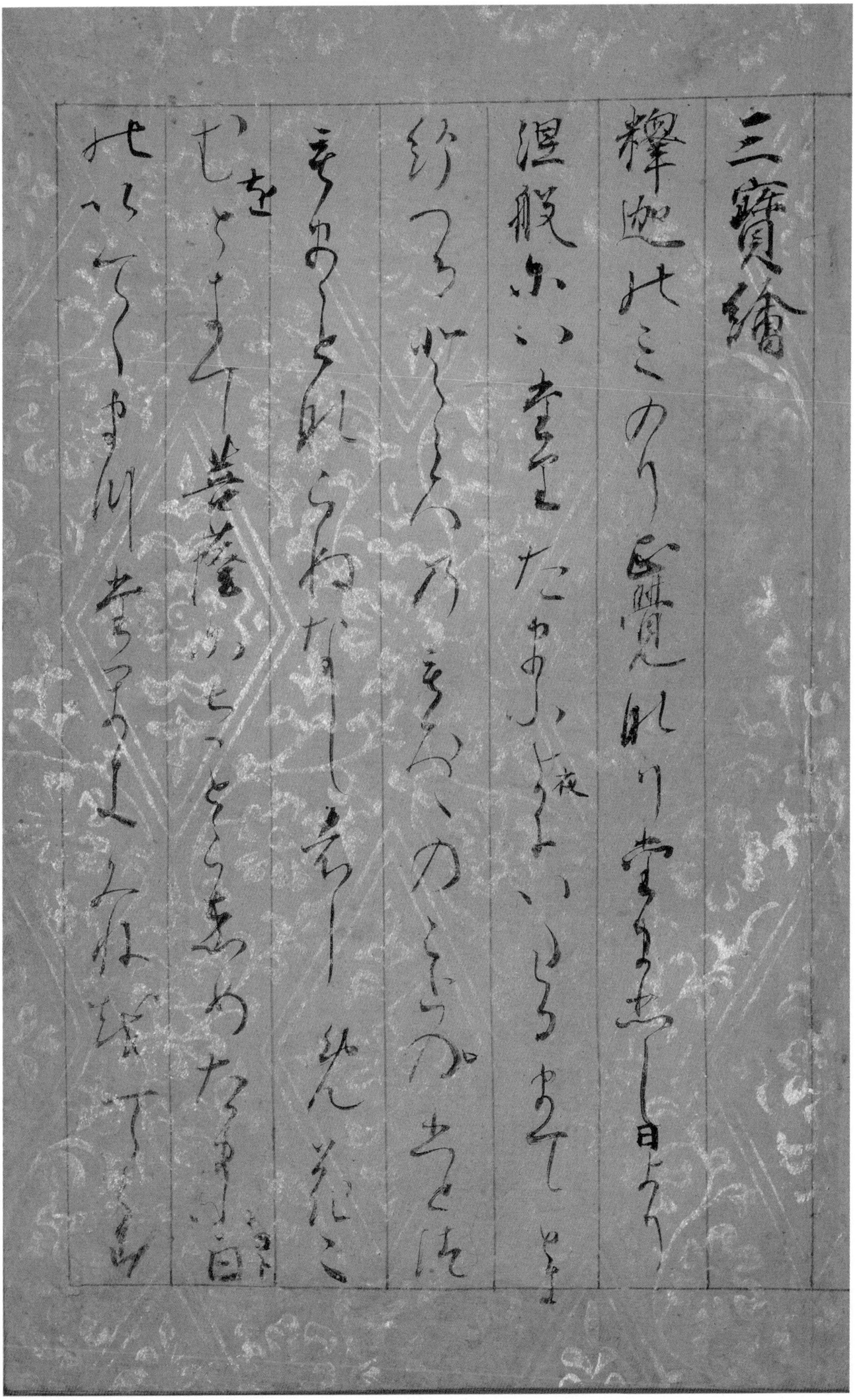

平仮名本『三宝絵』（関戸家旧蔵・名古屋市博物館蔵）冒頭

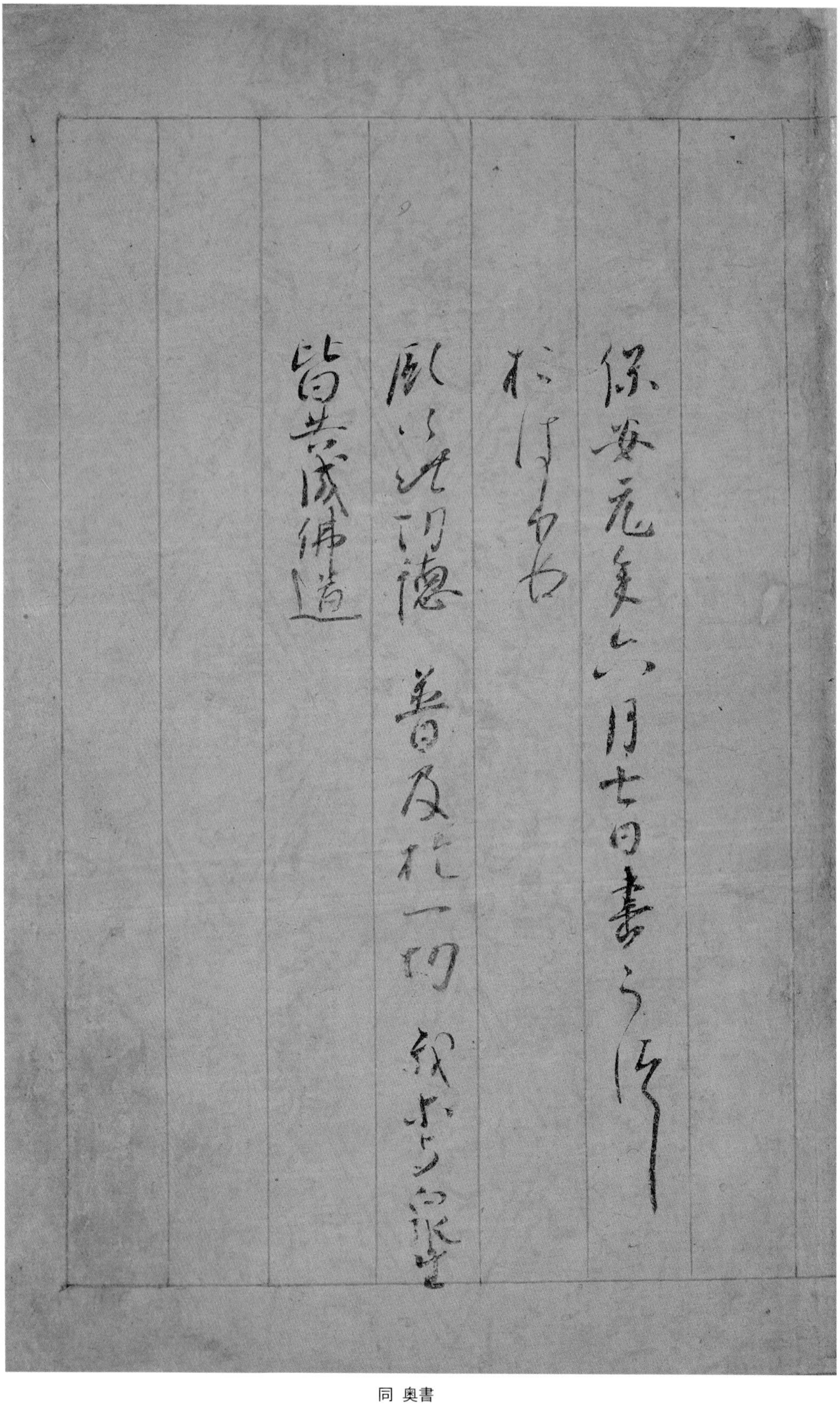

同 奥書

目　　次

総索引

凡例…………i
自立語篇……1
付属語篇……85
参考資料篇…107

補遺篇

まえがき……右開（2）
凡例…………右開（5）
補遺…………右開（7）
あとがき……右開（18）
『諸本對照　三寶繪集成』（小泉弘・高橋伸幸著　笠間書院）正誤表
……右開（21）

凡　　例

1　底本

本索引は平仮名本『三宝絵』（関戸家旧蔵本ならびに東大寺切）の総索引で、以下の（１）（２）（３）を底本とする。

（１）『諸本對照　三寶繪集成』（小泉弘・高橋伸幸著　笠間書院 昭和55年）の関戸家旧蔵部分、東大寺切、故山田孝雄博士校本よりの復原文

（２）『名古屋市博物館蔵　三寶繪　写真版』（名古屋市博物館 平成元年）

（３）平仮名本『三宝絵』補遺篇（稲垣泰一編）

2　見出し項目

（１）歴史的仮名遣い・通用字に統一し、五十音順に表示する。底本のルビを優先して立項したために、同一語の見出しが複数項になる場合がある。

例：安居　→　「あむご」「あんご」の２項がある。

○通用字に改めたもの

役（伇）、**秋**（秌）、**菩薩**（𦬇）、**陀**（陁）、**灯**（燈）、**呪**（咒）、**毘**（毗）、**隙**（隟）、**魅**（魅）、**算**（筭）

（２）活用語の記載は、ク語法・未然形・連用形（音便形）・終止形・連体形（音便形）・已然形・命令形の順とする。

（３）仮名の表記

底本のまま、ひらがな・カタカナを用いる（ニ・子・ノ・ハ・ミ等も底本のまま）。

踊り字は、「ハハ」「いよいよ」などに改めて表記する。

（４）漢字の表記

A　漢字による表記は、見出しかなに続けて当該漢字を掲げ、宛て字には【　】内に通用表記を添える。かなによる表記には、参考として通用漢字を（　）内に示す。

いづのしま　伊豆嶋

ひとあした 人(朝)**【一朝】**　　底本表記「人あした」

ずきゃう (誦)行**【誦経】**　　底本表記「す行」

かたぶ・く (傾)

B　漢字・かな両表記がある語は、同じ漢字を（　）内にも掲げる。

いま 今(今)　　「今」「いま」両表記が存在する

C　一語の表記がかなと漢字とから成る場合は、次のように表記する。

よしのやま (吉野)山　　底本表記「よしの山」

こんじき 金(色)　　底本表記「金しき」

（５）底本にある補入・傍書、及び『三寶繪集成』「劄記」の指摘による訂正・脱字・衍字などを、次の符号で表示する。（「参考資料篇」3・5 参照）

A　補入〈　〉

本文中の挿入記号（小さな○印）の有無にかかわらず、〈　〉で表示する。

ある〈い〉は　　　**はう〈どう〉ふ**（方等部）

B　傍書［　］

本文の傍らに別語を併記したものを「傍書」とし、［　］で表示する。

あか［く］　　　**か［さ］のやまひ**

C　『三寶繪集成』「劄記」の指摘による「訂正」は、二重下線で表示する。

ひとびと　　　**ねんせう**（年小）

D　『三寶繪集成』「劄記」の指摘による「脱字」は、｛　｝で表示する。

すな｛は｝ち　　　**｛ま｝ぬかれ**

E　『三寶繪集成』「劄記」の指摘による「衍字」は、一重下線で表示する。

おほきななる　　　**たたなごころ**

（６）連語・複合語

A　『古語大辞典』（中田祝夫編監修 小学館）の記載を参考に、連語・慣用句などを立項する。

B　語中に付属語等を含む複合語は、付属語等を除いた形で掲げる。

いりやはて　→　「いりは・つ」と、付属語篇「や」の項

3　用例の所在表記

（１）『三寶繪集成』の頁–行、『写真版』丁オウ・行、故山田孝雄博士校本よりの復原文の頁–上下・行、「補遺篇」ア〜マ・行などを、次のように表示する。

あか（垢）235–4　　　（『集成』の頁–行）

あくるとし（明年）103–17/9オ④　　　（『集成』の頁–行/『写真版』丁オウ・行）

けぶり（煙）289山–上2　　　（故山田孝雄博士校本よりの復原文の頁–上下段・行）

たはぶれ（戯）補フ⑤　　　（「補遺篇」フ・行）

注１　同一頁に複数の「切」がある場合は、記載順に ABC とする。

たいし（太子）63–A5, B5,〈C3〉　　　（C3は補入列）

注２　『写真版』末尾に掲載の「参考図版」は、写真版の頁数 188・189 で示す。

いのち（命）39–24/188④　　　（188にオウ表示なし）

とうだいじ（東大寺）317–A1/189①　　　（189にオウ表示なし）

（２）用例が挿入・傍書である場合は、『集成』頁以外の部分に前記２（５）に示した符号を付して表示する。

はは（母）205〈85/74オ②〉　　　〈補入の用例〉

ねむびく（念比丘）111［166/19ウ⑤］　　　［傍書の用例］

注１　行数表示のない長い補入行は「a」を付して表示する。

ヒシリ（聖）93〈50a/4ウ①a〉

ぼさつかい（菩薩戒）301〈4a/25オ⑥a〉

（３）「切」の冒頭あるいは末尾にあるために語頭・語末を欠く語のうち、欠如部分を他本で補い得るものは、見出し項目に（　）付きで表示する（「参考資料篇」６参照）。

（わ）たり　63-A1　　　**の（たまはく）**　41-42

４　参照項目

（１）複合語・関連語等

あつま・る（集）〔→きたり——〕

みね（峰）〔→あまべの——、わしの——〕

（２）通用表記と異なる撥音・拗音の表記及び誤記等

しやみ（沙弥）　→　さみ

ぜんじ（禅師）　→　ぜじ

をはりだのみや（小墾田宮）　→　ははんた〈ノ〉みや

（３）前田家蔵本・東寺観智院旧蔵本・関戸家旧蔵本の対照諸本のうち、関戸家旧蔵本のみが異なる固有名詞については、前田家蔵本・東寺旧蔵本に記載する固有名詞を参照項目として掲げる。

とくぐゑん（徳玄）　→　いんぐゑん（隠玄）

かものえのきみ（賀茂役公）　→　かものうぢのきみ（賀茂氏公）

自立語篇

あ

あいくわう 阿育王　223-59/80オ③
あいぜじ（靄禅師）　93-52/4ウ③
あいたのこほり 英多郡　197-1/64ウ①
あか（垢）　235-4, 5 237-12 補シ⑦ 補ス⑦
あか・し 赤(赤)
　—く　191-45/60ウ①
　—き　109〈121/16ウ③a〉
あか・し（明）
　—く　283山-下2
　—［く］　235-6
　—う　235-6
　—き　103-15/9オ②
あか・す（明）
　—せ(已然)　227-17/82オ⑤
あがたのこほり（英多郡)→あいたのこほり
あかつき 暁(暁)　185-56/56オ⑦ 237-18 293山-上8, 下2/補タ⑤
あが・む（崇)
　—む　105-60/12オ⑤
あき（秋）　113-198/22オ②, 210/22ウ⑦ 補ケ③ 補ヘ⑥
あきなひ（商）　183-16/53ウ②
あきな・ふ（商）
　—ひ　183-21/53ウ⑦
あきらか・なり（明）
　—なり(連用)　301-12/25ウ⑦
　—に　113-203/22オ⑦ 283山-上7, 下3
　—なり(終止)　237-29 補ハ③
　—なる　147-4/28オ④ 159山-上5 241-6 補セ③
あきらけ・し（明）
　—し　105-65/12ウ③
　あきら〈けし〉 231-5
あ・く（開)〈四〉
　—き　81-B1 153-20/33ウ②
あ・く（明・開)〈下二〉
　—け(連用)　193-28/62ウ⑥, 32/63オ③ 281-6/24オ⑥
あ・ぐ（挙・揚)［→ひき—］
　—げ(連用)　77-B1 81-A12 133-C1 157-上8/34オ⑦ 157山-下4 173-61/45ウ④
　—ぐる　55-4
あくじ 悪事　303-A40/27ウ⑦
あくしん 悪心［→おしき—ぢやう］
あくだう（悪)道・(悪道）　221-13/76ウ⑥ 301-27/27オ①
あくはう 悪方→あくじ(悪事)
あくるあした（明朝）　111-150/18ウ③, 172/20オ④ 173-39/44オ③ 179-22/50オ① 181-47/51ウ⑤ 185-52/56オ③ 205-98/75オ①
あくるとし（明年）　103-17/9オ④
あくるひ（明)日　159山-上7 163-40/38オ②
あけくれ（朝暮）　251-5
あごむ（阿含）　91-8/1ウ①
あさ 阿佐　109-133/17オ⑦
あさ・し（浅）
　—く　補フ⑤
　—き　223-40/78ウ⑤
あざやか・なり（鮮）
　—なり　補カ① 補ス④
　—なる　319-A7
〔あ〕ざやかに　補カ①
あざらか・なり（鮮）
　—なる　193-13/61ウ⑤
あし 足(足）　39-2 81-A5 109-140/17ウ⑦ 165-11/39オ⑤
あ・し（悪）
　—しかり　133-C4 203-79/73ウ③
　—し　288山-下2
　—しき　39-20, 22/188②, 25/188⑤, 27/188⑦ 105-69/12ウ⑦ 115-220/23ウ③ 153-4/32ウ① 175-7/46ウ④, 12/47オ②, 26/48オ② 223-46/79オ④ 239-A33
　—しかる　131-B7
あした（朝)［→あくる—、ひと—］ 27-3 103〈18/9オ⑤〉 113-210/22ウ⑦ 203-54/71ウ⑥ 補カ⑤ 補シ②
あしたごと（毎朝）　201-8/68ウ②
あす（明日）　171-6/41ウ⑤, 33/43ウ④
あそ・ぶ（遊）
　—ば　115-220/23ウ③
　—ぶ(終止)　175-16/47オ⑥

あ

—ぶ(連体)　補ウ③
あそみ（朝臣)[→たちばなの—なうらまろ]
あそむ（朝臣)[→おのの—にはまろ]
あそん 朝臣[→あそみ、あそむ、たかかもの—]
あた（怨） 95-75/6オ⑤
あ[た] 阿→あさ 阿佐
あた・ふ（与）
—へ(未然) 185-34/54ウ⑥ 288山-下7
—へ(連用) 183-27/54オ⑥ 197-22/66オ①
—ふ 171-18/42ウ③ 197-20/65ウ⑥ 201-13/68ウ⑦ 281-1/24オ① 補カ④
あた・ふ（能）
—は 23-A3, A5 95-86/7オ② 149-44/31オ② 205-82/73ウ⑥ 315-5 補サ⑤ 補ヒ⑦
—〈ハ〉 179-21/49ウ⑦
あたら・し（新）
—しき 77-B9 167-21/40ウ⑦, 24/41オ③
あた・る（当）
—ら 288山-下12
—り 79-8 159山-上2/補ク④ 197-26/66オ⑤
アタリ 109〈121/16ウ③a〉
—れ(已然) 109-120/16ウ② 143-A4
あぢはひ（味） 91-15/2オ①
あ・つ（充・当）
—て(未然) 83-4
—て(連用) 201-14/69オ①
あづかり（預） 259-A3
あつ・し（厚）
—く 251-6
あつ・し 熱(熱・暑)
—から 297山-上7/補ネ②
—く 235-4 294山-14
—き 157-上9/34ウ① 157山-下5 239-B4
あづまひと（東)[→たかはしのむらじ—]
あつま・る（集)[→きたり—]
—り 19-3 157-上10/34ウ② 157山-下5 175-20/47ウ③ 203-69/72ウ⑦ 227-14/82オ② 288山-下19 補ア①
—れ(已然) 259-A1
あつ・む（集）
—め(連用) 41-42 259-B6 補フ④
あと（跡） 93-66/5ウ③, 68/5ウ⑤ 149-47/31オ⑤ 223-49/79オ⑦ 293山-下4 補チ② 補マ④
あと 阿都 107-98/15オ①
あな（穴） 91-23/2ウ② 113-208/22ウ⑤ 179-18/49ウ④ 197-4/64ウ④, 5/64ウ⑤, 6/64ウ⑥, 8/65オ①, 12/65オ⑤, 17/65ウ③, 26/66オ⑤
あ〈な〉 197-30/66ウ②
あな〈感動詞〉 93-66/5ウ③ 165-6/38ウ⑦, 6/38ウ⑦
あなおべのまうとのひめみこ 穴太部間人皇女 103-3/8オ④
あなづ・る（侮）
—る(終止) 221-25/77ウ④
—る(連体) 223-67/80ウ④
あなほべのはしひと 穴太部間人→あなおべのまうと
あなむ（阿難） 237-31 253-1, 12
あ・なり（有）
—なり(終止) 23-B3 63-B4
あなりち（阿難律） 283山-上7
あなん 阿難(阿難)[→あなむ] 91-23/2ウ② 283山-上6
あにてんわう 阿部天王 193-2/61オ①
あはいてんわう（阿陪)天王 189-4/57ウ②
あは・す 合(合)[→み—]
—せ(連用) 95-98/7ウ⑦ 103-18/9オ⑤ 105-40/10ウ⑥ 111-61/19オ⑦ 189-15/58オ⑥ 205-110/75ウ⑥ 223-72/81オ② 294山-13/補ヌ⑥
あは・づ（澆）
—で(連用) 91-38/3ウ③
あはれ・ぶ（憐）
—び 19-7, 9/65オ②
あひがた・し（難会）
—く 93-71/6オ①
あひかは・る（相替）
—り 81-A11 201-40/70ウ⑥
アヒサヅ・ク 相授
—ケ(連用) 301〈7/25ウ②〉
あひだ（間） 55-7 105-43/11オ② 109-137/17ウ④ 117-B7 139-7 157-上2/34オ① 157山-下2 205-107/75ウ③ 293山-下13/補テ② 297山-上6/補ネ① 補マ⑥
あひたす・く（相扶）

—け（未然） 107-101/15オ④
あひつ・ぐ（相継）
—ぎ 93-70/5ウ⑦
あひつた・ふ（相伝）
—へ（連用） 223-59/80オ③ 251-7
あひみ・る（相見）
—み 補キ③
あひやしな・ふ（相養）
—は 79-10
あひをし・ふ（相教）
—へ（連用） 83-7
あ・ふ（会・合）[→いたり—、きたり—、まゐ—]
—は 161-27/37オ③ 171-8/41ウ⑦ 289山-上1
—ひ 63-A2 107-71/13オ② 161-11/36オ① 171-16/42ウ① 179-28/50オ⑦ 189-19/58ウ③ 191-33/59ウ③ 193-16/62オ① 271-1 275-13 283山-下7 288山-上8
アフ（終止） 65〈14〉
—へ（已然） 65-4 288山-下12
あふ・ぐ（仰）
—ぎ 109-142/18オ②
あふ・ぐ（扇）
—ぎ 93-50/4ウ①
—げ（已然） 281-10/24ウ③
あぶみ（鐙）[→おほむ—]
あふみのくに（近江国） 183-7/52ウ⑦ 231-3 補ホ⑦
あぶら（油） 221-2/76オ② 281-5/24オ⑤
あべてんわう 阿倍天皇[→あにてんわう、あはいてんわう] 197-2/64ウ②
あま（尼） 103-22/9ウ② 105-48/11オ⑦ 107-75/13オ⑥, 84/14オ① 147-16/29オ②, 25/29ウ④ 149-34/30オ⑥, 37/30ウ②, 38/30ウ③, 46/31オ④ 179-1/48ウ① 227-11/81ウ⑥ 251-2 253-20 275-10
あまた（数） 113-216/23オ⑥ 131-B10 141-7 167-12/40オ⑤ 221-8/76ウ①, 17/77オ③ 231-5 237-24 259-B3 288山-上8 293山-上1 301-16/26オ④ 317-A2/189② 補フ③
あま〈た〉 201-17/69オ④
あまでら（尼寺） 275-7
あまども（尼共） 251-5
あまね・し（普）
—く 27-8 147-10/28ウ③ 221-5/76オ⑤ 227-24/82ウ⑤ 297山-上7/補ネ②
—し 153-5/32ウ②
あまべのミね 海部（峯） 193-1/60ウ⑦
あま・る（余）
—り 203-80/73ウ④
あ・む（浴）〈上二〉
—み（連用） 153-12/33オ② 227-7/81ウ② 239-A35
あむごゑ 安居会 147-31/30オ③
あむ・す（浴）〈四〉
—し 223-62/80オ⑥ 237-28 239-A34, B1, B77-C2 297山-上9/補ネ⑥, 上10/補ノ① 補シ⑤ 補セ⑦
—す（連体） 237-2, 10, 13 297山-上8
〈あ〉むす 補ネ⑤
あめ 雨（雨） 27-9 91-15/2オ① 107-77/13ウ① 221-24/77ウ③ 294山-14
あめつち 天地 175-24/47ウ⑦
あめ・なり（飴）
—なる 171-27/43オ⑤, 29/43オ⑦ 173-48/44ウ⑤
あめのした（天下） 103-10/8ウ④, 29/10オ② 153-1/32オ⑤ 159山-上2/補ク③ 227-9/81ウ④ 275-3
あめのみかど（天帝） 141-2 229-5 275-4
あや・し（奇・恠）
—しく 補マ①
—し 179-15/49ウ① 195-35/63オ⑥
—しき 131-B6 141-2 147-27/29ウ⑥ 補ケ⑥
あやしが・る（奇・恠）
—り 149-45/31オ③ 195-34/63オ⑤
あやしび 79〈20〉
あやし・ぶ（奇・恠）
—び 39-36 159山-上7, 上10 167-16/40ウ② 173-63/45ウ⑥ 175-24/47ウ⑦ 189-32/59ウ② 195-38/63ウ② 197-33/66ウ⑤ 205-81/73ウ⑤ 283山-上1 303-B5
—ぶ（終止） 105-38/10ウ④ 147-11/28ウ④ 173-39/44オ③
あやし・む（奇・恠）

—ま　153-21/33ウ③
—み　141-1 159山-上5 175-21/47ウ④ 201-26/69ウ⑥
—ミ　167-18/40ウ④
—［ミ］　159山-上10
あやまち（誤）　79-16 293山-下5
あやま［ち］　補チ③
あやま・つ（過・誤）
—た　201-18/69オ⑤
—ち　301-27/27オ①
あやま・る（誤）
—り　79-7 補チ③
あゆみ（歩）［→なな—］
あゆ・む（歩）
—ま　67-3 115-224/23ウ⑦
—み　55-3
あらが・ふ（諍）
—ふ（終止）　193-26/62ウ④
あらかむ（阿羅漢）　283山-下7
あら・し（荒）
—き　23-B8 189-19/58ウ③
あら・ず（非）
—ず（連用）　293山-下6/補チ⑤, 下7/補チ⑥
—ず（終止）　95-74/6オ④ 147-6/28オ⑥ 153-7/32ウ④ 161-14/36オ④ 193-26/62ウ④, 27/62ウ⑤ 283-13/24ウ⑥ 293山-下4/補チ①, 下5/補チ③
—ぬ　223-71/81オ①
—ね　253-9
あらそ・ふ（争）
—ひ　288山-下6
—ふ（終止）　288山-上19
あらたま・る（改）
—り　17-2
あらた・む 改（改）
—め（未然）　251-4
—め（連用）　157山-下11 293山-下18/補ト④ 294山-3/補ナ④
あらためつく・る（改作）
—ら　補ト④
あらためて（改）　107-85/14オ②
（あらた）めて　補マ①
あらは・す（顕）
—さ　191-47/60ウ③ 223-42/78ウ⑦
—し　41-39 109-115/16オ④ 263-4, 8 303-B13 補ケ①
—す（終止）　95-99/8オ① 161-24/36ウ⑦ 223-73/81オ③ 237-22
—す（連体）　91-12/1ウ⑤
—せ（已然）　161-23/36ウ⑥
あらは・なり（顕）
—に　159山-上10 193-20/62オ⑤ 197-27/66オ⑥ 294山-15
—なる　191-49/60ウ⑤
あらは・る（顕）
—れ（連用）　91-20/2オ⑥, 35/3オ⑦ 93-69/5ウ⑥ 315-3
あら・ふ（洗）
—ひ　175-11/47オ①, 13/47オ③
あ・り（有・在）
—ら　49-1 79-20, 21 111-159/19オ⑤, 162/19ウ① 165-10/39オ④ 173-63/45ウ⑥ 205-91/74ウ①
（あ）ら　63-B1
—り（連用）　39-10 83-1 103-5/8オ⑥ 107-72/13オ③, 83/13ウ⑦, 88/14オ⑤ 111-144/18オ④, 155/19オ①, 165/19ウ④ 113-182/20ウ⑦, 211/23オ① 149-35/30オ⑦ 157-上15/34ウ⑦ 157山-下8 165-1/38ウ② 167-14/40オ⑦ 175-7/46ウ④, 18/47ウ① 179-16/49ウ② 181-48/51ウ⑥ 187-66/57オ③ 189-26/59オ③ 191-35/59ウ⑤ 193-2/61オ① 197-19/65ウ⑤ 203-73/73オ④ 239-B5 241-6 253-3 259-B4 261-11 283山-上7 288山-上4 289山-上1 293山-下13 301-19/26オ⑦ 補キ② 補セ③
—り（終止）　63-A1 93-46/4オ④, 〈50a/4ウ①a〉 103-6/8オ⑦, 8/8ウ② 105-35/10ウ① 107〈86/14オ③〉 111-153/18ウ⑥, 157/19オ③158/19オ④ 113-180/20ウ⑤, 188/21オ⑥, 190/21ウ①, 214/23オ④ 117-A1, A3, A6, B10 141-7 147-9/28ウ②, 13/28ウ⑥, 22/29ウ① 149-57/32オ①, 60/32オ④ 153-2/32オ⑥ 157-上5/34オ④ 157山-下2 161-2/35オ⑥ 167-2/39ウ② 171-13/42オ⑤, 30/43ウ① 173-45/44ウ② 175-2/46オ⑥,

3/46オ⑦, 16/47オ⑥, 20/47ウ③, 31/48オ⑦ 181-47/51ウ⑤ 183-25/54オ④ 185-34/54ウ⑥ 189-1/57オ⑥ 193-1/60ウ⑦, 33/63オ④ 197-2/64ウ② 201-1/68オ②, 20/69オ⑦, 25/69ウ⑤ 205-106/75ウ② 227-16/82オ④, 16/82オ④, 17/82オ⑤ 229-1 237-23 263-1 271-3 287山-下3 293山-下4/補チ②, 下13/補テ③③ 補エ①③ 補ホ③
—る 19-2 113-213/23オ③ 149-42/30ウ⑦, 〈42/30ウ⑦〉, 44/31オ② 171-9/42オ① 175-6/46ウ③ 185-40/55オ⑤, 44/55ウ② 221-38/78ウ③ 253-9 288山-下14, 下15 297山-上3
—れ(已然) 23-B6, B9 161-3/35オ⑦ 179-36/51オ① 221-34/78オ⑥, 36/78ウ①
あ・り（有・在)〈補助動詞〉
—り(連用) 237-32
—る 107-95/14ウ⑤ 149-33/30オ⑤ 167-2/39ウ② 173-53/45オ③
—れ(已然) 223-43/79オ①, 43/79オ①
ある 或(或) 107-95/14ウ⑤ 111-175/20オ⑦ 131-B1 203-68/72ウ⑥ 223[45/79オ③] 229-1 237-21
あるいは（或） 207-7 221-1/76オ①, 3/76オ③, 4/76オ④, 5/76オ⑤, 6/76オ⑥ 補マ④⑤
ある〈い〉は 223-42/78ウ⑦
ある・く（歩)[→めぐり—]
—く(連体) 161-9/35ウ⑥
あるじ（主） 171-29/43オ⑦
あるじ・す（饗）
—す 185-30/54ウ②
あを・し（青）
—く 191-45/60ウ①
あんご 安居[→あむごゑ] 157-上2/34オ① 157山-下1

い

い→い{へ}
いいちぐゑ 以一花 319-B4
いかさ 201-31/70オ④
いかさま・なり（如何様）
—に 201-30/70オ③
いかづち（雷） 294山-5/補ナ⑦
いかで（何） 193-24/62ウ②
いかでか（何・争） 77-A2 161-16/36オ⑥ 171-23/43オ① 189-24/59オ① 201-33/70オ⑥ 288山-下3 補イ④ 補ウ⑦
いか・なり（何）
—なる 65-3 79-16, 21 191-35/59ウ⑤ 283山-上7
いかにいかに 205-85/74オ②
いかにして 39-37
いがのくに（伊賀国） 171-1/41オ⑦
いかり 嗔(怒・嗔) 21-2 294山-5/補ナ⑦, 15
（いか）り 補ニ①
いか・る（怒・嗔）
—り 19-6 21-6 161 14/36オ④ 293山-上6 補ア② 補イ②
—れ 補ア⑥
いかるがのみや 斑鳩宮 111-170/20オ②
いき（気・息） 23-A2 39-9 173-58/45ウ① 補セ①
いきがた・し（難生）
—しく 199-48/67ウ⑥
いきほひ（勢） 237-3
いき・る（熱）
—る(連体) 235-4
い・く（生）〈四〉
—か 205-87/74オ④
—き 153-8/32ウ⑤ 189-21/58ウ⑤ 199-48/67ウ⑥ 201-33/70オ⑥
—け(已然) 171-31/43ウ② 241-7
い・く（生）〈下二〉
—けよ 81-A10
い・く（行）[→ゆく、もて—]
—く(終止) 133-C5
いくさ（軍） 107-103/15オ⑥, 106/15ウ② 109-107/15ウ③, 109/15ウ⑤, 116/16オ⑤, 122/16ウ③ 117-B13
いくばく（幾許） 147-29/30オ①
いけ（池） 139-3
いけじりでら 池後寺 117-A4
いさい 一切[→くやう—しよにようい] 294山-13/補ヌ⑥ 356-下4/83オ④

い

いさいすじやう 一切衆生・(一切衆)上 149-39/30ウ④ 253-6
いさご(砂) 259-B6, B9 261〈13〉, 15
いささか(聊) 293山-上11/補ソ③
いささか・なり(聊)
—なる 191-40/60オ③
いさ・ぶ(諌)
—び 223-60/80オ④
いし(石) 63-A5 105-45/11オ④ 147-7/28オ⑦ 197-34/66ウ⑥ 263-1, 5
いそぎ(急) 221-6/76オ⑥ 補シ③
いそ・ぐ 忩・(急)
—が 203-65/72ウ③
—ぎ 183-6/52ウ⑥ 203-70/73オ① 293山-上7
いだ・く(抱)
—き 81-A6, A6 103-14/9オ①
いた・し(痛)
—く 39-11
—き 39-9 79-6 107-82/13ウ⑥
いた・す(至・致)
—し 153-12/33オ② 167-12/40オ⑤ 189-26/59オ③ 283山-上5 補エ⑤
—せ(已然) 173-66/46オ② 283山-上4
いだ・す(出)[→おこなひ—、おひ—、さし—、はき—]
—さ 161-18/36ウ①
—し 55-2 149-43/31オ① 247-B1 261-15
—す(終止) 173-59/45ウ② 247-B2
—せ(已然) 294山-6/補ニ①
いただき(頂) 197-26/66オ⑤ 288山-上3
いただ・く(頂・戴)
—き 161-25/37オ① 241〈6〉
い[たた]き 81-A6
いたづら・なり(徒)
—に 288山-下8
いたは・る(労)
—り 173-55/45オ⑤
いた・む(痛)
—み 235-3
—む(連体) 107-79/13ウ③
いたり→いり
いたりあ・ふ(至会)
—は 221-9/76ウ②
いたりきた・る(到来)
—り 253-1
いた・る(至)[→めぐり—]
—り 65-2 77-B3 81-A5 95-93/7ウ②, 94/7ウ③ 111-143/18オ③, 164/19ウ③ 143-A7 149-56/31ウ⑦ 163-38/37ウ⑦ 183-10/53オ③, 29/54ウ① 191-42/60オ⑤ 195-36/63オ⑦ 239〈C4〉 287山-下4 補ア②
い{た}り 175-6/46ウ③ 319-A 4
—る(連体) 91-3/1オ③ 103-13/8ウ⑦ 265-A18 補ケ④ 補サ⑦
いち 一 185-50/56オ①
いち(市) 193-21/62オ⑥
いち→い{の}ち
いちいち 一々 149-46/31オ④
いちぐゑ 一花[→い—]
いちげ 一(偈) 95-79/6ウ②
いちごひやくしやう 一五百生 223-55/79ウ⑥
いちじ(一時)→いつとき
いちじふろくゑ 一十六(会) 91-17/2オ③
いちじよう 一乗[→ほふくゑいちぞう] 115-219/23ウ②
いちだい 一(代) 91-25/2ウ④
いちにち 一日 95-83/6ウ⑥ 179-5/48ウ⑤ 205-108/75ウ④ 227-2/81オ④ 319-A3
いちにちいちや 一日一夜 163-39/38オ① 171-16/42ウ①
いちねん 一念 21-6
いちねんよ 一年(余) 189-8/57ウ⑥
いちばい(一倍)→いちへ
いちひのき(櫟木) 109-118/16オ⑦
いちひやくしじふよねん 一百四十(余)年 93-64/5ウ①
いちぶん 一分・(一)分 288山-下4, 下5, 下7
いちへ・す(一倍)
—し 189-8/57ウ⑥
いちまんきん 一万斤 265-A17
いちや 一夜[→いちにち—]
いちり 一里 163-34/37ウ③
いちりふ 一粒 105-53/11ウ⑤
いつ(何時) 297-1/25オ① 297山-下6

いつ→いづ{る}

い・づ（出）[→おもひ一、きほひ一、とり一、はき一、ほり一]

一で（連用） 67-4 91-7/1オ⑦ 93-48/4オ⑥ 111-173/20オ⑤, 175/20オ⑦ 113-179/20ウ④ 159山-上4, 上10 175-15/47オ⑤, 18/47ウ①, 22/47ウ⑤ 197-7/64ウ⑦, 24/66オ③ 221-7/76オ⑦ 239-A33 283山-下4

一づ 111-167/19ウ⑥ 171-12/42オ④

一づる 201-3/68オ④

一づ{る} 159山-上6

いつか 五日 263-11

いつく 一句 95-85/7オ①

いつく・し（厳）

一しく 171-5/41ウ④

いつさい 一切→いさい

いづち（何処） 183-11/53オ④

いつゝ（五つ） 補ス⑥

いつちやう 一町 183-9/53オ②

いつとき 一時 149-57/32オ①

いづのしま 伊豆嶋 133-B4

いつぱち 一鉢 205-108/75ウ④

いつはり（偽） 181-51/52オ② 193-21/62オ⑥ 223-41/78ウ⑥

いつは・る（偽）

一り 189-16/58オ⑦

いづみ（泉） 79-1, 3

いづれ（何） 65-9 161-12/36オ②

いできた・る（出来）

一り 133-B2 315-4

一れ（已然） 189-31/59ウ①

いでさ・る（出去）

一り 63-B7 141-1 185-52/56オ③

いでた・つ（出立）

一ち 203-62/72オ⑦

いときな・し（幼）

一く 231-4

いと[き]なく 221-24/77ウ③

いとな・む（営む）

一み 補シ③

いとよなく→いと[き]なく

いな 維那 223〈52/79ウ③〉

いな・ぶ（否）〈上二〉

一ぶれ 173-39/44オ③

いにしへ（古） 149-59/32オ③ 173-62/45ウ⑤ 201-6/68オ⑦

いぬ（犬） 95-87/7オ③ 223-55/79ウ⑥

い・ぬ（往）

一に 113-183/21オ①

一ぬ 19-6

一ぬる 173-45/44ウ②

いね（稲） 265-A17

いのち 命（命） 17-4, 7 39-16 24/188④, 27/188⑦ 77-A1 93-53/4ウ④ 95-79/6ウ② 171-23/43オ① 187-64/57オ① 191-48/60ウ④ 197-15/65ウ① 205-102/75オ⑤ 227-14/82オ②, 18/82オ⑥ 237-6, 28 261-10 288山-下13

〈いの〉ち 303-B14

い{の}ち 105-64/12ウ②

いの（ち） 239-B7

いのり（祈） 293山-上8

いのりこ・ふ（祈請）

一ふ（終止） 167-14/40オ⑦

いの・る 祈（祈）

一ら 107-83/13ウ⑦, 84/14オ① 227-12/81ウ⑦

一り 109-119/16ウ①,〈121/16ウ③a〉 227-21/82ウ② 293山-下2/補タ⑤

一る（終止） 167-17/40ウ③ 補ハ③

一る（連体） 105-52/11ウ④ 補ホ③

いはしま（磐嶋）[→ならの一] 183-11/53オ④, 25/54オ④ 185〈33/54ウ⑤〉, 40/55オ⑤ 187-66/57オ③

いはふち（岩淵） 205-97/74ウ⑦

いはふちでら（石淵寺） 207-1

いはむや（況） 95-91/7オ⑦ 223-62/80オ⑥ 253-7 265-B7 283山-下8 301-22/26ウ③ 315-1 319-A5 補サ⑥ 補ヒ⑤

いは（むや） 補ヘ⑦

いはを（巌） 131-B14

いはんや（況）[→いはむや] 319-A7

いひ（飯）[→ほし一] 105-52/11ウ④ 201-7/68ウ①, 10/68ウ④, 24/69ウ④, 32/70オ⑤, 40/70ウ⑥ 203-42/71オ①, 47/71オ⑥, 51/71ウ③, 58/72オ③, 71/73オ②, 76/73オ⑦

い

いひい・づ（云出）
—づ　49-5
いひこしら・ふ（云誘）
—へ（連用）　65-1
いひをは・る（云畢）
—り　39-30
い・ふ 云（云）
—はく　21-3, 7 27-5 39-24/188④ 63-B2, C2 81-A9 103-5/8オ⑥ 105-40/10ウ⑥, 65/12ウ③ 107-96/14ウ⑥ 111-177/20ウ② 113-197/22オ① 131-B10 133-A1, C2 135-12 147-25/29ウ④ 149-36/30ウ①, 39/30ウ④ 153-14/33オ④ 157-上8/34オ⑦, 上11/34ウ③ 157山-下5, 下6 159山-上8 161-14/36オ④, 19/36ウ② 165-9/39オ③ 171-8/41ウ⑦, 28/43オ⑥ 173-41/44オ⑤, 50/44ウ⑦ 179-8/49オ①, 25/50オ④, 29/50ウ①, 31/50ウ③ 181-41/51オ⑥ 183-11/53オ④, 12/53オ⑤, 14/53オ⑦, 15/53ウ①, 25/54オ④ 185-30/54ウ②, 〈33/54ウ⑤〉, 35/54ウ⑦, 44/55ウ②, 57/56ウ① 189-12/58オ③, 17/58ウ① 197-21/65ウ⑦ 201-28/70オ①, 37/70ウ③ 203-62/72オ⑦, 77/73ウ① 205-83/73ウ⑦, 100/75オ③ 207-4 227-5/81オ⑦, 18/82オ⑥ 237-14, 24 239-A34, C4 247-A3 263-12 265-A20 269-B1 281-3/24オ③ 283山-上3, 上6 287山-下4 288山-上4, 上9, 下2 293山-上10 294山-4, 12/補ヌ⑤, 13 297山-上5, 上8/補ネ④ 301-6/25ウ①, 17/26オ⑤, 23/26ウ④ 303-B6 補ア②③ 補イ③⑦ 補カ⑥ 補ソ②
いは（く） 補ヌ⑦
〈い〉はく　81-A13 補ナ⑤
い［ハク］　63-B1 補シ①
イハク　39〈29〉
—は　203-58/72オ③ 283-14/24ウ⑦ 309-3
—ひ　21-7 49-7 65-1, 6, 7 93-49/4オ⑦ 103-8/8ウ② 147-26/29ウ⑤ 161-32/37ウ① 175-27/48オ③ 179-16/49ウ②, 26/50オ⑤ 183-17/53ウ③, 22/54オ①, 27/54オ⑥ 185-62/56ウ⑥ 187-64/57オ① 195-46/64オ③ 197-24/66オ③ 201-34/70オ⑦ 203-66/72ウ④ 205-94/74ウ④ 288山-上10, 下3 293山-上12 294山-8/補ニ④ 301-9/25ウ④ 303-B9 補エ② 補キ③ 補ソ④
—ふ（終止）　63-B1, B2 81-A3, A12 113-203/22オ⑦ 131-A3, B13 133-A2, C5 147-23/29ウ② 149-38/30ウ③, 49/31オ⑦ 153-16/33オ⑥ 157-上12/34ウ④ 157山-下7 165-6/38ウ⑦ 171-11/42オ③, 24/43オ② 173-38/44オ② 179-30/50ウ②, 32/50ウ④ 181-37/51オ②, 55/52オ⑥ 183-13/53オ⑥ 185-33/54ウ⑤, 35/54ウ⑦, 41/55オ⑥, 50/56オ①, 51/56オ②, 52/56オ③ 189-22/58ウ⑥ 191-37/59ウ⑦ 193-2/61オ①, 11/61ウ③, 12/61ウ④ 197-32/66ウ④ 203-48/71オ⑦ 205-85/74オ②, 107/75ウ③ 207-7 241-5 251-2 259-B7 269-B6 281-5/24オ⑤ 287山-下4 288山-上1 補ア⑦ 補ツ② 補マ①
—ふ（連体）　17-2 27-8 103-34/10オ⑦ 105-61/12オ⑥ 109-133/17オ⑦ 113-179/20ウ④ 131-A2 141-6 147-31/30オ③ 153-2/32オ⑥, 21/33ウ③ 159山-上4 161-6/35ウ③ 171-11/42オ③ 175-17/47オ⑦, 19/47ウ② 179-8/49オ①, 10/49オ③, 12/49オ⑤, 24/50オ③ 183-20/53ウ⑥ 193-25/62ウ③ 197-13/65オ⑥ 201-1/68オ②, 19/69オ⑥ 203-52/71ウ④, 79/73ウ③ 205-85/74オ② 235-2 293山-上5, 下13/補テ② 297-2/25オ② 297山-下5 補ノ⑤, 下7 303-A38/27ウ⑤ 319-B5 補セ①
イフ（連体）　95〈94/7ウ③〉
い（ふ）（連体）　235-6
—へ（已然）　63-B1, C3 65-7 107-98/15オ① 133-C9 159-3/35オ③ 159山-下3 165-12/39オ⑥ 189-14/58オ⑤ 221-21/77オ⑦, 25/77ウ④, 26/77ウ⑤ 227-8/81ウ③, 20/82ウ① 237-22, 31 239-B3 265-A18, B1 283山-上3 293山-下4/補チ①, 下5/補チ② 294山-13/補ヌ⑦ 297山-上8/補ネ④, 下1 319-A4, B1 補マ③
〈いへ〉（已然）　補ノ②
イヘ（已然）　203〈61/72オ⑥〉
いへ 家（家）　39-35 103-8/8ウ② 105-47/11オ⑥ 107-98/15オ① 109-124/16ウ⑤ 157-上6/34オ⑤ 157山-下3 163-34/37ウ③, 35/37ウ④ 171-15/42オ⑦, 16/42ウ①, 28/43オ⑥, 29/43オ⑦ 173-47/44ウ④ 175-9/46ウ⑥ 181-43/51ウ①, 53/52オ④ 183-7/52ウ⑦, 16/53ウ②, 22/54オ①, 29/54ウ① 185-33/54ウ⑤ 189-4/57ウ② 199

-40/67オ⑤ 237-2 287山-下3, 下4

い{へ} 199-40/67オ⑤

いへいへ 家々(家々) 289山-上6 309-7

いほ（魚） 191-48/60ウ④, 193-25/62ウ③, 27/62ウ⑤ 195-40/63ウ④

いほ（庵） 77-B3 231-7

いほり（庵） 63-A6

いま 今(今) 17-2, 4 39-22/188② 65-3, 14 77-A2 79-3, 9 95-97/7ウ⑥ 105-70/13オ① 107〈78/13ウ②〉 111-152/18ウ⑤ 117-A2 131-A2 133-C5 153-14/33オ④ 179-15/49ウ① 185-60/56ウ④ 203-42/71オ① 205-83/73ウ⑦, 103/75オ⑥ 223-71/81オ① 227-19/82オ⑦ 239-B2 259-B 4 265-A18 283山-上7, 下7 289山-上1 297山-上8/補ネ④ 301〈7/25ウ②〉 303-B8 315-7 補シ④ 補ヒ⑥

いまし・む（誡）

—め(連用) 171-7/41ウ⑥ 221-31/78オ③ 287山-下4

いましめ（誡） 39-17 221-30/78オ② 288山-下7

いま・す（在・坐）

—せ(未然) 149-51/31ウ② 203-61/72オ⑥ 288山-下19

—す(終止) 205-105/75ウ①

—ス(終止) 103-1/8オ②

—す(連体) 205-104/75オ⑦ 288山-上15

いま・す（坐）〈補助動詞〉

—し 103-2/8オ③

—す(終止) 173-55/45オ⑤

—す(連体) 149-39/30ウ④

いますか・り（御座）

—り(終止) 205-83/73ウ⑦

いまだ（未） 79-19 105-67/12ウ⑤ 107-94/14ウ④ 133-C9 167-2/39ウ② 173-62/45ウ⑤ 175-2/46オ⑥ 183-17/53ウ③ 189-9/57ウ⑦ 197-14/65オ⑦ 205-101/75オ④ 293山-上2 補イ③ 補シ④ 補ヘ⑥

いまに（于今） 93-70/ 5 ウ⑦ 111-153/18ウ⑥ 133-C9 補ケ③

いむ 補ノ②

いむこと（戒事） 253-19

いむの［→いんによ］ 補ヒ③

いもこ（妹子)[→をのの—] 111-163/19ウ② 113-183/21オ①

いもひ（斎） 105-52/11ウ④ 227-2/81オ④, 7/81ウ②

いや・し（卑・賎）

—しから 265-B3

—しき 65-5 173-41/44オ⑤ 223-43/79オ①

い・ゆ（癒）

—え(未然) 153-5/32ウ②

いよいよ（弥） 39-19 109-127/17オ① 153-17/33オ⑦ 179-22/50オ① 205-86/74オ③ 263-2 281-10/24ウ③

いり→い{た}り

いりきた・る（入来）

—り 197-19/65ウ⑤

いりは・つ（入果）

—て(連用) 93-63/5オ⑦

—つ 93-49/4オ⑦

い・る 入(入)〈四〉[→おち—、ねぶり—、わかれ—]

—ら 167-15/40ウ①, 24/41オ③ 237-16 補コ③

—り 77-B6 79-7 81-A9 93-47/4オ⑤ 103-9/8ウ③ 105-37/10ウ③ 109-141/18オ① 111-165/19ウ④, 174/20オ⑥, 178/20ウ③ 113-201/22オ⑤, 204/22ウ① 167-18/40ウ④ 179-5/48ウ⑤ 189-24/59オ① 197-29/66ウ① 205-99/75オ② 231-7 253-2 283山-上8, 下1 288山-下1 補コ②

いたり 91-3/1オ③

—る(終止) 103-16/9オ③ 107-91/14ウ① 139-3 167-24/41オ③

—る(連体) 39-11 103-14/9オ① 179-21/49ウ⑦

—れ(已然) 197-6/64ウ⑥

—れ(命令) 253-7

い・る（入）〈下二〉[→おとし—、さし—、み—]

—れ(未然) 253-10 317-A3/189③

—れ(連用) 91-24/2ウ③ 105-54/11ウ⑥ 139-2 147-6/28オ⑥ 163-44/38オ⑥ 167-5/39ウ⑤, 9/40オ②, 15/40ウ① 193-14/61ウ⑥ 197-4/64ウ④, 34/66ウ⑥ 263-5 297山-上10/補ノ①

—るる 167-18/40ウ④

—るれ 167-23/41オ②

—れよ　288山-上17
いる（沃）
—　い（未然）　297山-上10
いる　射（射）
—い（連用）　39-4　79-7
いれお・く（入置）
—き　265-A17
いろ　色（色）　161-22/36ウ⑤　189-31/59ウ①　221-34/78オ⑥　237-11, 11　247-A4　293山-下5/補チ②　補エ④
いろこのみ（色好み）　補ヒ③
いを（魚）[→いほ]　23-B8　139-3　157-上5/34オ④　157山-下3　193-10/61ウ②, 19/62オ④, 24/62ウ②　195-49/64オ⑥
い〈を〉　193-19/62オ④
いんぐわ　因果　105-67/12ウ⑤　195-42/63ウ⑥
いんぐゑん　隠玄　187-64/57オ①
いんなん　姪男　309-1
いんによ　姪女　309-1

う

う（得）[→おこなひ—、さぐり—、とぶらひ—、もとめ—]
—え（未然）　179-25/50オ④　189-25/59オ②　193-29/62ウ⑦　227-19/82オ⑦　288山-下7　293山-下2/補タ④　補イ②
—え（連用）　27-7　39-38　63-B4　105-53/11ウ⑤　149-54/31ウ⑤, 58/32オ②　153-3/32オ⑦　157-上2/34オ①　157山-下1　179-35/50ウ⑦　185-36/55オ①, 60/56ウ④　205-106/75ウ②　207-5, 6　221-25/77ウ④　227-3/81オ⑤　283山-下7, 下9　288山-下4, 下13　294山-15　301-24/26ウ⑤, 25/26ウ⑥　303-A31/27オ⑤　309-4　補イ②　補サ①③④
—う　235-6
—うる　23-A3　91-14/1ウ⑦, 17/2オ③　237-10
う・う（飢）
—ゑ（連用）　55-7　115-224/23ウ⑦
—へ（連用）　183-24/54オ③
う・う（植）
—ゑ（未然）　288山-下16
—へ（連用）　259-A7
うが・つ（穿）
—ち　159山-上5
うか・ぶ（浮）〈四〉
—び　189-30/59オ⑦
うか・ぶ　浮（浮）〈下二〉
—べ（連用）　147-15/29オ①
—ぶる　293山-下8/補チ⑦
うか・る（浪）
—れ（連用）　161-15/36オ⑤
うかれびと（浪）人　161-1/35オ⑤
うきやう　右京　117-B5　183-1/52ウ①
う・く　受（受）[→かり—、つたへ—]
—け（未然）　201-10/68ウ④　221-21/77オ⑦　301-17/26オ⑤, 20/26ウ①　補フ④
—け（連用）　95-90/7オ⑥　105-46/11オ⑤　139-1　171-32/43ウ③　179-27/50オ⑥　181-51/52オ②　183-5/52ウ⑤, 21/53ウ⑦　187-67/57オ④　201-11/68ウ⑤　221-20/77オ⑥　223-54/79ウ⑤, 55/79ウ⑥, 58/80オ②　261-15　265-B7　301〈4a/25オ⑥a〉, 7/25ウ②
—く　191-44/60オ⑦　301-26/26ウ⑦　303-A32/27オ⑥　319-A2
—くる　補ヒ①
—けよ　179-26/50オ⑤
うけお・く（受置）
—き　201-24/69ウ④
うけたまは・る（承）
—る（終止）　115-222/23ウ⑤
うけたも・つ（受持）
—つ（連体）　309-3
うけつた・ふ（受）伝・（受伝）
—へ（連用）　91-27/2ウ⑥　293山-上3, 下12/補テ①
うげとほ・る（穿通）
—り　159山-上9
うけと・る（受取）
—り　253-4
う〈け〉ならひきた・る（受習来）
—り　271-1
うごか・す（動）[→ひき—]
—さ　23-A4
うご・く（動）

—く(終止)　65-2 67-7
—く(連体)　55-4
うさ 宇佐　147-24/29ウ③
うし（牛)[→め—]　171-29/43オ⑦,32/43ウ③ 173-57/45オ⑦,59/45ウ② 185-31/54ウ③,32/54ウ④,33/54ウ⑤,46/55ウ④,53/56オ④ 221-15/77オ①,16/77オ② 259-B3
うしかひ（牛飼）　259-B8
うしつせんよくしゅそうきゃう（温室洗浴衆僧経）補シ①
う・す（失)[→きえ—、たえ—、もえ—]
—せ(連用)　93-43/4オ① 221-19/77オ⑤ 253-4
うせさ・る（失去）
—り　288山-下5
うせをは・る（失了）
—ら　93-48/4オ⑥
うた 哥（歌）　207-7 294山-9/補ニ⑥
うたがは・し（疑）
—しく　247-A1
うたがひ（疑）　149-42/30ウ⑦
(う)たがひ　133-C1
うたが・ふ（疑）
—ひ　79-21 171-26/43オ④
—ふ(終止)　167-19/40ウ⑤
うたつかさ（雅楽司）　143-A5
うち 内・中(内)[→なか]　39-13 55-6 77-B3 83-5 93-59/5オ③ 103-12/8ウ⑥ 105-56/12オ① 109-124/16ウ⑤ 111-157/19オ③,174/20オ⑥ 157-上6/34オ⑤ 157山-下4 159山-上9,上10,上10 163-39/38オ① 171-17/42ウ②,36/43ウ⑦ 173-38/44オ②,62/45ウ⑤ 175-16/47オ⑥,24/47ウ⑦ 179-19/49ウ⑤ 193-29/62ウ⑦ 197-12/65オ⑤ 199-45/67ウ③ 201-5/68オ⑥ 203-49/71ウ①,56/72オ① 205-104/75オ⑦ 223-50/79ウ①,69/80ウ⑥ 227-21/82ウ②,24/82ウ⑤ 241-6 247-B1 283山-下1 287山-下3 288山-上3,下2,下11 293山-下10/補ツ⑤,下16 297山-上9 317-A2/189② 補テ⑦
うぢ 氏[→かしはでの—、こたちばな—、みつの—、もののべの—]　131-A3
うぢはし（宇治橋）　183-10/53オ③
う・つ（打）
—た　161-29/37オ⑤ 163-38/37ウ⑦ 185-39/55オ④,47/55ウ⑤
—ち　107-75/13オ⑥ 161-18/36ウ① 163-41/38オ③
—つ(終止)　107-104/15オ⑦
—つ(連体)　67-4 165-2/38ウ③,5/38ウ⑥ 221-31/78オ③,32/78オ④ 223-48/79オ⑥
うづき 四月→しぐわつ
うつくし・ぶ（慈）
—び　275-1
うつした・つ（移建）
—て(連用)　293山-上5
うつしつく・る（移作）
—り　293山-上14/補タ①
うつしと・る（写取）
—れ(已然)　293山-下17/補ト②
うつ・す（写)[→かき—]
—し　197-10/65オ③,14/65オ⑦
うつ・す（映）
—す　293山-下6/補チ⑤
うつ・す（移）
—し　221-4/76オ④,293山-下11/補ツ⑦⑦
—せ(已然)　269-B5 294山-6/補ニ②
うつはもの 物(器)[→うつわもの]　221-39/78ウ④ 288山-上16
うづみお・く（埋置）
—き　263-6
うづ・む（埋）
—む(終止)　113-209/22ウ⑥
うつわもの（器）　105-50/11ウ②
うはぐゑ（優鉢)花　247-B1
うばそく（優婆塞)[→えの—、えんの—]　161-6/35ウ③
うはつぐゑ（優鉢花)→うはぐゑ
うへ 上(上)[→みの—]　21-2 27-4 105-53/11ウ⑤ 109-112/16オ①,126/16ウ⑦ 113-180/20ウ⑤ 173-48/44ウ⑤ 175-17/47オ⑦,19/47ウ② 181-44/51ウ② 199-39/67オ④ 259-A4 288山-下2 補サ⑥
うへき（植木）　239-B6
うま（午・馬)→むま
うま・る 生(生)[→むまる]

—れ（連用） 113-215/23オ⑤ 131-A5 297山-下6/補ネ①
—るる 287山-下3
うみ 海（海） 23-B2 133-B5 189-16/58オ⑦, 24/59オ①, 26/59オ③ 191-35/59ウ⑤ 288山-下1, 下2 303-A32/27オ⑥
うミ 23-B6 93-57/5オ① 189-19/58ウ③, 27/59オ④ 191-47/60ウ③
う・む（生）[→むむ]
—め（已然） 147-4/28オ④ 149-52/31ウ③, 55/31ウ⑥ 175-4/46ウ①
うやま・ふ（敬）[→ゐやまふ]
—は 223-50/79ウ① 補セ⑤
—ひ 131-B3 223-66/80ウ③
—ふ（連用） 105-48/11オ⑦
—ふ（終止） 149-49/31オ⑦ 159山-上7 221-22/77ウ①
[う]やまふ（終止） 171-16/42ウ①
うら・む（怨・恨）
—み（未然） 191-46/60ウ②
—み（連用） 93-53/4ウ④ 288山-下8
—むる 21-6
う・る（売）
—り 181-39/51オ④
—る（連体） 193-9/61ウ①
うるは・し（麗）[→うるわし]
—しう 221-34/78オ⑥
—しき 補セ⑥
—しく 補ス②
うるほ・す（潤）
—し 294山-14
うるほひ（潤） 91-16/2オ②
うるわ・し（麗）
—しう 237-6
うれ・し（嬉）
—しく 107-94/14ウ④ 173-54/45オ④
うれ・ふ（愁）
—へ（連用） 131-B13 197-22/66オ①
—ふる 239-B4
うゑき（植木）[→うへき] 95-76/6オ⑥
うんぬん 云々 223[45/79オ③]

え

えがく（縁覚） 補エ②⑦
えぎ（縁起） 207-1
えだ（枝）[→ひと—] 189-15/58オ⑥
えのうばそく（役優婆塞） 133-A1
えぶだい（閻浮提） 111-173/20オ⑤
えむ（縁） 93-73/6オ③
えむがく（縁覚）[→えがく]
えむぎ（縁起） 294山-10/補ヌ①
えむのぎやうじや（役）行者 135-12
えむまわうぐう（閻魔）王宮 227-25/82ウ⑥
えむらわう（閻羅）王 183-12/53オ⑤
えむわう 閻王 288山-下8
えら・ぶ（撰）
—び 91-24/2ウ③ 288山-下10 293山-上4
えん 縁・宴【縁】[→えむ] 171-9/42オ① 205-106/75ウ② 289山-上1
えんがく（縁覚）[→えがく]
えんぎ 縁起[→えぎ、えむぎ] 263-9, 12
えんぜつ 演説 109-136/17ウ③
えんのうばそく 役優婆塞（役優婆塞）[→えのうばそく] 131-A1 133-C3
えんのぎやうじや（役行者）→えむのぎやうじや
えんぶだい（閻浮提）→えぶだい
えんめい 延命[→ざうたふ—きやう]
えんりやく 延暦 301-4/25オ⑥

お

おい（老） 157-上5/34オ④ 157山-下3
おうしきしやう 応色生 309-2
おうじん 応身 293山-下7/補チ⑦
おが・む（拝）
—み 289山-上7
—む（終止） 171-15/42オ⑦
おきそめのおみ 置染臣 179-1/48ウ①
おきな 翁（翁）[→このもとの—、ふしみの—] 63-B1, B5, C1 67-2, 4 157-上4/34オ③ 157山-下2, 下10 179-28/50オ⑦, 30/50ウ② 181-53/52オ④, 55/52オ⑥

おきふ・す（起臥）
—す（連体） 193-4/61オ③
おき・ゐる（起居）
—ゐ（連用） 159山-上6
お・く（置）[→いれ—、うけ—、うづみ—、かき—、かくし—、かけ—、さし—、しるし—、すて—、つたへ—、まうし—]
—か 201-6/68オ⑦ 294山-11
［か］ 補ヌ④
—き 27-4 105-54/11ウ⑥ 203-56/72オ① 205〈111/75ウ⑦〉 288山-下2, 下6, 下18
—け（已然） 181-49/51ウ⑦ 294山-12 補ヌ⑥
—け（命令） 288山-上17
おく・る（送）
—り 77-A3 201-15/69オ② 203-59/72オ④ 補ヘ②
—る（終止） 191-39/60オ② 203-67/72ウ⑤
—る（連体） 199-40/67オ⑤
—れ（已然） 113-186/21オ④
—れ（命令） 203-47/71オ⑥
おく・る（後）
—れ（連用） 195-35/63オ⑥
おこ・す（起）[→たすけ—]
—さ 39-23/188③ 253-21
—し 39-19, 25/188⑤, 28 105-61/12オ⑥ 107-100/15オ③, 105/15ウ① 109-113/16オ② 167-2/39ウ②, 12/40オ⑤ 293山-下1 補シ② 補タ④ 補ヘ②
（お）こし 補ヒ①
お〈こ〉し 83-6 303-B7
—す（終止） 193-29/62ウ⑦ 303-B1 補ヒ⑦
—せ（已然） 197-14/65オ⑦
おこた・る（怠）
—ら 179-5/48ウ⑤
お{こ}たら 205-93/74ウ③
—り 23-A2, A5
—る（連体） 315-2
—れ（已然） 203-71/73オ②
おこなひ（行）[→おほむ—] 239-C4
おこなひいだ・す（行出）
—せ（已然） 231-2
おこなひ・う（行得）
—え（連用） 補イ①
おこなひがた・し（難行）
—し 303-B3
おこなひきた・る（行来）
—れ（已然） 269-B2
おこなひつと・む（行勤）
—め（連用） 113-217/23オ⑦ 193-3/61オ②
—む 201-2/68オ③
おこな・ふ 行（行）[→つとめ—、とり—、はじめ—]
—は 171-6/41ウ⑤ 227-22/82ウ③ 265-A17, A19 275-9 297山-上2 補ケ⑤
—ひ 147-17/29オ③ 171-9/42オ① 175-27/48オ③ 185-61/56ウ⑤ 197-11/65オ④ 205-111/75ウ⑦ 223-70/80ウ⑦ 289山-上5 補イ①
お（こなひ） 83-7
—ふ（終止） 105-61/12オ⑥ 133-B10 173-64/45ウ⑦ 175-11/47オ① 227-14/82オ② 229-4 263-12 294山-3/補ナ③ 317-A4/189④ 補ア⑤⑦ 補ウ① 補ヘ①
—ふ（連体） 63-A1 77-B7 161-17/36オ⑦ 193-7/61オ⑥ 251-7 289山-上6 317-A3/189③ 補イ⑥ 補サ①
—へ（已然） 105-68/12ウ⑥, 69/12ウ⑦
—へ（命令） 227-8/81ウ③
おこり（起） 207-1
おこ・る 発（発・起）
—り 17-3 105-57/12オ②, 62/12オ⑦ 107-79/13ウ③ 293山-上1 301〈4a/25オ⑥a〉
お〈こ〉り 107-78/13ウ②
—る（終止） 107-86/14オ③
—れ（已然） 229-6
おさ・む（納）
—め（連用） 113-185/21オ③
おしきあくしんぢやう 於此起悪心定 39〈29〉
おしはか・る（推量）
—る（連体） 93-65/5ウ②
おそ・し（遅）
—く 65-13 95-96/7ウ⑤ 197-8/65オ①
おそ・ふ（襲）
—ひ 175-25/48オ①
おそ・る（恐）〈四〉
—ら 163-45/38オ⑦

―り　159山-上7 175-8/46ウ⑤ 181-45/51ウ③ 195-34/63オ⑤ 197-6/64ウ⑥
お[ソリ]　283山-下4
おそ・る（恐）〈下二〉
―るる　183-28/54オ⑦
おそろ・し（恐）
―し　165-6/38ウ⑦, 6/38ウ⑦
―しけれ　179-18/49ウ④
おたら→お{こ}たら
おちい・る（落入）
―り　191-40/60オ③
お・つ（落）[→をつ、たり―、みだれ―]
―ち（未然）　163-40/38オ②
―ち（連用）　109-12216ウ③ 117-B12 163-42/38オ④ 197-9/65オ② 203-52/71ウ④ 補エ⑥
―つれ　221-13/76ウ⑥ 301-28/27オ②
お・づ（怖）
―ぢ（連用）　109-107/15ウ③ 157山-下10 163-45/38オ⑦ 179-22/50オ① 191-45/60ウ① 283山-下4
―づ　175-13/47オ③
おと（音）　77-B4 111-176/20ウ①
おとしい・る（落入）
―れ（未然）　191-34/59ウ④
―れ（連用）　189-16/58オ⑦ 199-38/67オ③
おと・す（落）
―す（終止）　147-19/29オ⑤
おとど　大臣[→おほおみ、だいじん]　107-80/13ウ④
おと・る（劣）
―れ（已然）　303-B9
おどろか・す（驚）[→こしらへ―]
―し　111-178/20ウ③
おどろ・く（驚）
―き　23-B4 39-31 41-41 63-A4 77-B8 105-38/10ウ④ 139-4 141-1 153-21/33ウ③ 159山-上6 173-46/44ウ③ 175-8/46ウ⑤ 183-13/53オ⑥ 191-45/60ウ① 197-6/64ウ⑥ 199-42/67オ⑦ 203-74/73オ⑤ 223-65/80ウ② 293山-下9 補エ⑥
お〈ど〉ろき　補ツ③
オトロキ　113〈180/20ウ⑤〉
おとろ・ふ（衰）
―へ（連用）　93-56/4ウ⑦ 193-4/61オ③ 203-45/71オ④
おな・じ同（同）
―じく　113-208/22ウ⑤ 221-9/76ウ②, 10/76ウ③
―じ（終止）　91-31/3オ③ 95-77/6オ⑦ 203-42/71オ①
―じ（連体）　81-A2 159山-上4/補ク⑦ 185-40/55オ⑤ 229-4 269-B7 283山-下5
―じき　171-12/42オ④
おに　鬼（鬼）　49-4 93-57/5オ① 183-27/54オ⑥ 185-30/54ウ②, 32/54ウ④, 35/54ウ⑦, 42/55オ⑦, 43/55ウ①, 57/56ウ① 187-67/57オ④ 223-66/80ウ③ 265-B5
お〈ニ〉　183-15/53ウ①
おにがみ　鬼神・(鬼)神[→きじん]　131-B8, B10
おのおの（各）　17-5 81-A6 149-45/31オ③
おのが（己）　159山-上7 201-35/70ウ① 203-58/72オ③
おのづから（自）　65-10 105-51/11ウ③ 147-12/28ウ⑤ 259-A7
おの〈づ〉から　補セ③
おののあそむにはまろ　小野朝臣庭麻呂　161-5/35ウ②
おのの・く（戦慄）
―き　109-107/15ウ③
〈おののき〉補エ⑥
おのれ（己）　171-21/42ウ⑥ 201-30/70オ③
おはしま・す（坐）
―す（終止）　117-B8, B11
おは・す（坐）
―す（終止）　203-64/72ウ②
おは・る（了）[→かうじ―]
おひいだ・す（追出）
―す（終止）　107-76/13オ⑦
おひつか・ふ（追使）
―ふ（終止）　161-19/36ウ②
おひつ・く（追着）
―き　183-10/53オ③
お・ふ　生
―ふ　297山-上7/補ネ②

お・ふ（追）
—は　63-B3
—ひ　183-9/53オ②
お・ふ（負）
—ひ　185-38/55オ③
—へ（已然）　161-26/37オ②
おほ→おぼ{え}
おほい・なり（大）
—なる　23-B8 79-17 303-B6
おほ〈い〉なる　131-B14
おぼえず（不覚）　103-13/8ウ⑦
おほおみ　大臣[→そがの—]　105-46/11オ⑤, 49/11ウ①, 〈52/11ウ④〉, 55/11ウ⑦ 107-92/14ウ②, 94/14ウ④ 109-116/16オ⑤
おほかみ　大神　109-119/16ウ①
おほき・なり　大（大）
—なら　293山-下5/補チ③
—なる　79-12 109-118/16オ⑦ 179-6/48ウ⑥, 6/48ウ⑥ 181-48/51ウ⑥ 269-B6 293山-下9/補ツ④, 下16/補テ⑥
おほきななる　179-28/50オ⑦
—に　41-40 105-42/11オ① 107-77/13ウ① 139-5 147-12/28ウ⑤ 157山-下10 167-10/40オ③ 171-3/41ウ② 173-39/44オ③, 50/44ウ⑦ 181-45/51ウ③ 185-30/54ウ② 189-22/58ウ⑥, 32/59ウ② 199-44/67ウ②, 47/67ウ⑤ 283山-上1 293山-下10/補ツ⑤ 294山-2/補ナ②, 12/補ヌ④ 補ア② 補カ①
オホキニ　93〈50a/4ウ①a〉 153〈18/33ウ①a〉
おほ・し　多（多）
—く　21-2 93-58/5オ②, 69/5ウ⑥ 185-35/54ウ⑦, 59/56ウ③ 193-23/62ウ① 237-7 259-A1 288山-上8, 上10, 上12, 下11 293山-上6 301-12/25ウ⑦ 317-A4/189④ 補フ⑥
（お）ほく　補ス⑦
—〈く〉　77-B4
オホク　93〈50a/4ウ①a〉
—かり（連用）　141-2 283山-上3
—し　288山-下8 294山-7/補ニ②
—かり（終止）　105-57/12オ② 283山-上1 補ヒ②
—かれ（已然）　265-A13 288山-上18 補マ⑦⑦
おほ・す（仰・負）
—せ（連用）　293山-下18/補ト④
—すれ　131-B13
おぼ・す（思）
—さ（未然）　補カ⑦
—す（連体）　205-84/74オ① 293山-下1/補タ③
おほせこと　宣（仰言）　107-89/14オ⑥ 109〈121/16ウ③a〉
おほてら（大寺）[→くだらの—]
おほ・ふ（覆）
—ひ　補ケ⑦
おぼほ・る（溺）
—れ（未然）　191-47/60ウ③
—れ（連用）　189-20/58ウ④
おほみわでら　大神寺　147-24/29ウ③
おほむあぶみ　御（鐙）　109-120/16ウ②
おほむおこなひ　御（行）　203-62/72オ⑦
おほむかたち　御（像）　283山-下3
おほむくわんぶつ　御灌仏　297山-上2
おほむこ　御（子）　205-83/73ウ⑦
おほむさり　御（舎利）　105-51/11ウ③
おほむだうし　御導師　297山-上4
おほむため　御（為）　79-16 269-A2
おほむちち　御（父）　107-87/14オ④
おほむとし　御（歳）　109-108/15ウ④
おほむな　御（名）[→みな]　117-A6
おほむねがひ（御願）　補i⑥
おほむのち　御（後）　269-B3
おほむはら　御（腹）　103-7/8ウ①
おほむひ　御（妃）　113-205/22ウ②
おほむひめ　御（姫）　229-5
おほむまゆ　御（眉）　117-B7
おほむみ　御身・御（身）　103-16/9オ③ 237-11 288山-下13, 下14
おほむ[むす]め　御（女）　229-5
おほむらじ　大連[→たいれん、もののべのもりやの—、もりやの—]
おほむをしへ　御（教）　247-A3
おほむをぢ　御（伯父）　103-10/8ウ④ 109-128/17オ②
おほむをば　御（伯母）　109-130/17オ④
おほやけ（公）　131-B5 133-B7 143-A3 161-16/36オ⑥ 197-1/64ウ① 227-10/81ウ⑤ 301-9/

25ウ④
　おほや〈け〉　133-B11
おぼ・ゆ（覚）
　一え（未然）　297山-下1/補ノ②
　おぼ{え}（連用）　293山-下16
おほよそ（凡）　223-44/79オ②　補セ④　補へ②
おぼろけ（朧）　93-73/6オ③
おまへ（御前）[→みまへ]　111-145/18オ⑤　117-B14　281-2/24オ②
おみ　臣[→しん、おきそめの一]
おむ（恩）　95-85/7オ①　253-9　259-A2
おむがく（音楽）　143-A6
おも[く]・す（重）
　一せ　265-B2
おも・し　重(重)
　一く　107-80/13ウ④　193-6/61オ⑤　293山-下13/補テ③
　一き　39-17　83-4　153-3/32オ⑦　185-37/55オ②
おもて（面）　65-12　159山-上9　191-42/60オ⑤, 44/60オ⑦
おもとびと（御許）人　103-14/9オ①
おもひ（思）　91-20/2オ⑥　補ウ⑤⑥　補シ②
おもひい・づ（思出）
　一で（連用）　179-17/49ウ③
おもひかへ・す　念返(思返)
　一し　303-B3
　一す（終止）　39-5
おもひた・つ（思立）
　一ち　23-A1
おもひとま・る（思留）
　一る（終止）　39-13
おもひや・る（思遣）
　一る（連体）　93-63/5オ⑦
おもひをは・る（思了）
　一り　39-23/188③
おもふ→おも[く]す
おも・ふ　思(思)[→くい一]
　一はく　147-5/28オ⑤　153-6/32ウ③　283山-下4　補ア⑥　補ウ②
　一は　115-221/23ウ④　223-48/79オ⑥　227-19/82オ⑦　297山-上10/補ネ⑦
　一ハ　171-36/43ウ⑦
　一ひ　23-A1　39-9　55-1　147-6/28オ⑥　153-10/32ウ⑦　161-27/37オ③　171-25/43オ③　179-15/49ウ①　181-43/51ウ①　189-12/58オ③　193-21/62オ⑥　195-35/63オ⑥　283山-下5　補ウ⑦　補コ①　補ト①
　一ふ（終止）　49-1　107-89/14オ⑥　167-5/39ウ⑤　175-24/47ウ⑦　197-12/65オ⑤　201-37/70ウ③　補コ③　補フ⑦
　一ふ（連体）　63-A3　77-A4　175-9/46ウ⑥　201-35/70ウ①　205-104/75オ⑦　253-10
　一へ（已然）　49-5　113-211/23オ①　259-A3　288山-下1　289山-上2
　一へ（命令）　153-16/33オ⑥　203-43/71オ②　223-40/78ウ⑤
お〈も〉ほ・ゆ（念）
　一ゆれ　247-A2
おや（親）　65-7　77-B4　79-6　81-A4　189-23/58ウ⑦　199-40/67オ⑤
お・ゆ（老）
　一い（連用）　81-A10　111-167/19ウ⑥　113-184/21オ②　201-3/68オ④　203-45/71オ④, 77/73ウ①　223-54/79ウ⑤　補へ⑤
およ・ぐ（泳）
　一ぐ（連体）　23-A4
および（指）[→ななしの一]　197-17/65ウ③
および（及）　253-21　275-4　補カ③　補シ④
およ・ぶ　及(及)
　一ば　221-37/78ウ②　283山-上4
　一び　93-65/５ウ②　163-42/38オ④
　一ぶ（終止）　283-12/24ウ⑤
　一ぶ（連体）　157-上5/34オ④　157山-下3
　一べ（已然）　301〈7/25ウ②〉
およぼ・す（及）
　一し　356-下4/83オ④
おりくだ・る（下降）
　一る（終止）　181-44/51ウ②
お・る（下・降）
　一り（未然）　163-36/37ウ⑤
　一り（連用）　133-C6
　一るる　163-35/37ウ④
おろか・なり（愚）
　一に　173-41/44オ⑤, 52/45オ②　223-52/79ウ③

—なる　147-22/29ウ① 223-67/80ウ④ 259-A2
おん（恩）[→おむ、をん、し—、ほう—]　181-50/52オ①
おんがく（音楽）→おむがく
おんな（女）　147-5/28オ⑤

か

か（香）　193-19/62オ④ 247-B1, B2
か（蚊）　197-32/66ウ④
が 鵝　303-B12a
かい 戒(戒)[→ご—、ざう—、さうも—、さんきご—、さんずざう—、しやうもん—、じゆ—、せふりちぎ—、だいぜう—、ぼさつ—]　179-26/50オ⑤ 181-50/52オ① 221-10/76ウ③, 17/77オ③, 18/77オ④, 20/77オ⑥, 20/77オ⑥, 21/77オ⑦ 301-3/25オ⑤, 7/25ウ②, 8/25ウ③, 17/26オ⑤, 20/26ウ①, 27/27オ①, 28/27オ② 303-B10, B13
かい[くわう] 開皇　93-55/4ウ⑥
かいげむ（開眼）　293山-上12/補ソ⑤
かいだん 戒壇　301-15/26オ③
かいみやうだいとく 戒明大徳　149-32/30オ④
かいりち（戒律）　221-2/76オ②
かいわう 開王　93-55/4ウ⑥
かう（香）[→か、せむだむ—]　27-3 221-18/77オ④, 19/77オ⑤ 247-A1, A5, A7 297山-上10/補ノ① 補サ③
かう（講）　205-111/75ウ⑦
がう（郷）[→きやう、さと、とよふくの—]
かうざ（高座）　111-145/18オ⑤ 133-C6 173-40/44オ④
かうさまろ（高佐丸）　185-50/56オ①
かうさん 衡山　111-155/19オ①, 157/19オ③ 113-182/20ウ⑦, 192/21ウ③, 196/21ウ⑦
かうし（孝子）→けうし
かうじ（講師）　149-35/30オ⑦, 43/31オ① 171-7/41ウ⑥ 269-B7
かうじやうばらもむ 香性波羅(門)　288山-下10
かうじおは・る（講了）
—れ(已然)　111-148/18ウ①
かう・ず 講(講)
—ぜ　149-33/30オ⑤ 171-20/42ウ⑤, 24/43オ② 205-109/75ウ⑤
（かう）ぜ　269-B1
—じ　111-146/18オ⑥ 117-B14
—ず　157-上3/34オ② 157山-下2
かうずい（香水）　153-11/33オ①
かうば・し（香）
—しう　補ス③
—しく　補セ①
—し　103-16/9オ③ 221-19/77オ⑤
—しき　237-2, 8 241-7
かうぶり・す（冠）
—し　109-130/17オ④
かうべ（頭）　93-59/5オ③ 95-82/6ウ⑤
〈か〉うべ　161-25/37オ①
かうやひめのみかど（高野姫御門）　229-5
かうらい 高麗　111-177/20ウ②
かうろ（香爐）　27-5 103-24/9ウ④ 231-8
かか・ぐ（掲）
—げ(連用)　221-1/76オ① 227-13/82オ① 283山-下3, 下6 補ケ②
かがのこほり（加賀郡）　161-1/35オ⑤
かがみ 鏡(鏡)　227-25/82ウ⑥ 293山-下5/補チ③, 下10/補ツ④
かかや・く（輝）[→てり—]
かか・り（斯）
—る(連体)　49-4, 4 79-19 173-63/45ウ⑥ 205-91/74ウ①
かかる→のがるる
かか・る（懸・掛）[→ほえ—]
—り　63-B6 163-39/38オ① 201-32/70オ⑤
かぎ（鍵）　91-23/2ウ②
かきうつ・す（書写）
—し　356-下1/83オ②
かきお・く（書置）
—き　294山-8/補ニ⑤
かぎりな・し（无限）
—し　199-42/67オ⑦ 201-35/70ウ① 205-89/74オ⑥ 319-A5
かぎ・る（限）
—り　167-13/40オ⑥
かく→か{ろ}く

か・く（欠）〈四〉
一か　149-34/30オ⑥
か・く（欠）〈下二〉
一け（連用）　221-17/77オ③
か・く（書）
一か　171-4/41ウ③　199-47/67ウ⑤
一き　167-4/39ウ④　197-10/65オ③, 13/65オ⑥, 16/65ウ②
一く（連体）　293山-下7/補チ⑤
一け（已然）　113-189/21オ⑦
か・く（掛・懸）
一け（連用）　27-4　91-32/3オ④　161-33/37ウ②　171-14/42オ⑥　221-28/77ウ⑦　293山-下6/補チ④, 下10/補ツ④
一く　221-5/76オ⑤
かく（此）　179-10/49オ③
かくしお・く（隠置）
一き　201-25/69ウ⑤
かくしは・つ（隠果）
一つる　205-82/73ウ⑥
かく・す（隠）[→もて一]
一し　39-3　147-7/28オ⑦　171-17/42ウ②　288山-下5
かくの・ごとし（如此）
一ごとく　109-116/16オ⑤　141-1　288山-上17
一ごとし　23-A6　95-91/7オ⑦
かく・る 隠（隠）［→かくれふす］
一れ（連用）　91-28/2ウ⑦　147-20/29オ⑥　181-46/51ウ④　191-46/60ウ②　195-36/63オ⑦　205-84/74オ①　288山-下15　293山-上2
かくれふ・す（隠れ臥す）［→かくるふす］
一し　補エ⑦
かげ 影（影）　197-31/66ウ③　203-74/73オ⑤　293山-下6　補チ④, 下7/補チ⑦
かけ・る（翔）
一る（連体）　133-B7, B7
がこんくわんもくしよによらい 我今灌沐諸如来　297山-下3/補ノ④
かさ（瘡）　153-4/32ウ①　239-A33, A35
かさねて（重）　93-55/4ウ⑥　153-19/33ウ①　173-64/45ウ⑦　175-12/47オ②　293山-下3/補タ⑦
か[さ]のやまひ（瘡病）　107-78/13ウ②
かざり（飾）　247-A4
かざ・る（飾）[→ぬり一]
一り　153-10/32ウ⑦　補セ③
一れ（已然）　171-6/41ウ⑤　221-34/78オ⑥
かし・く（炊）
一き　201-7/68ウ①
かしこ・し（賢）
一き　131-B4
かしこま・る（畏）
一り　133-B8
かしはでのうぢ（膳氏）　113-205/22ウ②
かしら（頭）　81-A6　109-124/16ウ⑤　161-20/36ウ③, 21/36ウ④　179-12/49オ⑤　231-6
かず（数）　95-84/6ウ⑦　189-9/57ウ⑦　265-A14　288山-下8
かぜ　風（風）　23［B8］　27-9　55-4　79-17　93-50/4ウ①　107-77/13ウ①　補オ②　補ヘ⑦
かぜのやまひ（風病）　107-78/13ウ②
かせふ（迦葉）　91-22/2ウ①
かぞ・ふ（計）
一ふれ　289山-上2
かた（方）[→この一]　55-6　263-4
かたは　237-3
かた（肩）　93-47/4オ⑤
かた・し（堅）
一く　179-26/50オ⑤　288山-下6
一き　23-A6
がた・し（難）[→あひ一、いき一、おこなひ一、きき一、くだされ一、さだめ一、しり一、たへ一、つなぎ一、なり一、はかり一、はなれ一、ひろひ一、もとめ一、わかち一]
かたち 形（形・貌）[→おほむ一]　39-6, 6　49-2　147-4/28オ④, 19/29オ⑤　161-15/36オ⑤　171-10/42オ②　221-26/77ウ⑤　223-47/79オ⑤, 51/79ウ②, 53/79ウ④　237-6, 29　288山-上6, 下5, 下14　293山-下7/補チ⑥　補ス②　補セ④　補ヒ②
かた〈ち〉　275-14
〈カ〉たち　237-9
かたとき（片時）　205-93/74ウ③
かたな 刀（刀）　39-34　293山-下4/補チ①
かたは→かた
かたはら（傍）　111-170/20オ②　113-205/22ウ②

201-18/69オ⑤ 251-1
かたびら（帷） 235-1
かたぶ・く（傾）〈四〉
—け(已然) 203-74/73オ⑤
かたぶ・く（傾）〈下二〉
—け(未然) 133-A2 221-2/76オ②
かたへ（片方） 221-18/77オ④
〈か〉たみみ（片耳） 153-14/33オ④
カタミミ 153〈18/33ウ①a〉
かた・む（固）
—め(連用) 179-19/49ウ⑤
かたら・ふ（語）[→こしらへ—]
—ひ 113-197/22オ①,206/22ウ③ 159山-上8 183-20/53ウ⑥ 185-55/56オ⑤ 189-12/58オ③ 203-76/73オ⑦ 205-95/74ウ⑤,99/75オ② 253-2 288山-上6 293山-上10/補ソ①
—ふ(終止) 63-A3 288山-上3
—ふ(連体) 95-77/6オ⑦
かた・る（語）
—ら 191-38/60オ① 288山-上7
—り 113-181/20ウ⑥ 189-17/58ウ① 197-21/65ウ⑦
—る(終止) 111-173/20オ⑤ 173-46/44ウ③
かたをかのやま（片岡)山 115-223/23ウ⑥
かち（褐） 265-B3
かぢ・す 加持(加持)
—せ(未然) 157-上15/34ウ⑦ 157山-下8
か・つ（勝）
—た 109-114/16オ③
—つ(終止) 165-6/38ウ⑦
かつうみ（勝海)[→なかとむの—]
かつは 且 294山-9/補ニ⑥,294山-9/補ニ⑥
かづら（葛） 197-29/66ウ①,34/66ウ⑥ 199-36/67オ①,37/67オ②
かづらきでら 葛城寺 117-A5
かづらきのかみのこほり 葛木上郡 131-A4
かづらきのやま（葛木)山 131-B10
かて（糧） 227-3/81オ⑤
かと→[こ]と
かど（門） 93-60/5オ④ 111-164/19ウ③ 163-35/37ウ④ 171-12/42オ④ 221-8/76ウ①
かな・し（悲）
—しく 147-18/29オ④ 173-53/45オ③
—しき 79-8 95-92/7ウ① 189-22/58ウ⑥
かなしが・る（悲）
—り 205-86/74オ③
かなしび（悲） 203-48/71オ⑦,79/73ウ③
かなし・ぶ（悲）
—び 41-41 63-A4 65-13 77-A6 79-14,18 81-A3 93-52/4ウ③,61/ 5 オ⑤ 179-7/48ウ⑦ 197-10/65オ③ 199-41/67オ⑥,44/67ウ② 201-35/70ウ① 288山-上19,下7
—〈ひ〉 205-89/74オ⑥
—ぶ(終止) 173-57/45オ⑦ 189-25/59オ② 239-C1 253〈1〉 289山-上4
かな〈し〉ぶ(連体) 179-9/49オ②
かな・ふ（適）
—ひ 167-26/41オ⑤
かならず（必） 63-B4 81-A11 105-70/13オ① 171-10/42オ② 197-16/65ウ② 203-45/71オ④ 221-27/77ウ⑥ 259-B4 265-B8 283山-下9
かならずしも 必 297山-下1
〈必シモ〉 補ノ②
かに（蟹） 179-29/50ウ①,30/50ウ②,35/50ウ⑦ 181-39/51オ④,48/51ウ⑥,50/52オ①
か・ぬ（兼）
—ね(連用) 231-5
かね（金） 315-4 補ホ⑤
かね（鐘） 91-22/2ウ①
かねて（予） 171-26/43オ④ 補ハ②
かねのみたけ（金峰山） 131-B11 315-5
かの 彼(彼) 113-203/22オ⑦ 159山-上1/補ク① 161-8/35ウ⑤,11/36オ① 193-3/61オ② 197-3/64ウ③ 223-45/79オ③ 253-9 293山-下18 303-B10 319-A4 補ナ⑦ 補ニ⑦ 補ヒ②
かのとゐ 辛亥 147-3/28オ③
かは（皮・革） 39-34,38
か[は] 265-B3
かは 河[→くだらの—、たに—]
〈かは〉 補ホ⑦
かはかつ 川勝[→はたの—]
かばね（屍） 81-A3 189-25/59オ②
かはり（代） 185-45/55ウ③
かは・る（代・替・変)[→あひ—]

—ら　133-B2 203-41/70ウ⑦
—り　79-10 205-100/75オ③
かひ（甲斐）補キ②
かひご（殻子・卵）147-8/28ウ① 149-52/31ウ③
かひと・る（買取）
—り　167-7/39ウ⑦
かひな・し（甲斐无）
—し　205-88/74オ⑤, 103/75オ⑥
かひのくに（甲斐国）109-139/17ウ⑥
かびらじやう 迦毘羅城　149-54/31ウ⑤
かひらゑ（迦毘羅衛）補キ①
か・ふ（買）
—ひ　183-4/52ウ④ 193-14/61ウ⑥
—ふ(連体)　193-10/61ウ②
〈か〉ふ(連体)　181-37/51オ②
か・ふ（替）
—へ(連用)　113-217/23オ⑦
か・ふ（飼）
—ひ　259-B3
かべ（壁）159山-上9, 下1 179-20/49ウ⑥ 201-23/69ウ③
かへ・す（返）[→おもひ—]
—さ　189-13/58オ④
—し　27-2 189-9/57ウ⑦ 補カ⑦
かへし（返）補キ①
かへりきた・る（帰来）
—り　159山-下1 288山-上10 293山-下15
〈かへりきたり〉 補テ⑤
かへり・く（帰来）
—き　79-4
—くる　193-14/61ウ⑥
かへる（蛙）179-7/48ウ⑦, 8/49オ①, 14/49オ⑦
かへ・る　返(返・帰)[→しりぞき—、み—]
—ら　183-17/53ウ③ 191-39/60オ②
—り　17-6, 7 27-2 39-35 65-13 111-144/18オ④ 115-223/23ウ⑥ 147-9/28ウ② 163-35/37ウ④ 171-16/42ウ① 181-40/51オ⑤, 43/51ウ① 189-16/58オ⑦ 203-53/71ウ⑤ 288山-下9
〈カヘリ〉 補カ⑦
—る(終止)　183-7/52ウ⑦
—る(連体)　23-B9 179-27/50オ⑥ 183-5/52ウ⑤, 23/54オ② 補ア⑥ 補ス②
かほ（顔）[→み—]　179-13/49オ⑥ 189-31/59ウ① 191-44/60オ⑦
かま（釜）201-6/68オ⑦
かま・ふ 構(構)
—へ(連用)　41-39 293山-下17/補ト①
かミ（上）[→かむ]　93-47/4オ⑤
かみ 神(神)[→おに—、おほ—、ひとことぬし{の}—] 93-57/5オ① 105-59/12オ④ 133-C3 293山-上6, 上6 294山-5 補ナ⑦, 5/補ナ⑦, 7/補ニ③, 9/補ニ⑦, 15
〈か〉み（神）補ヒ④
かみ（紙）113-190/21ウ① 159山-上5
かみ（髪）223-63/80オ⑦ 253-18
かミ　147-16/29オ②
かみしも（上下）83-6
かみども 神(共)　131-B13
かむ（上）41-39
かム　199〈43/67ウ①〉
か・む（噛）
—み　39-12
がむじんくわしやう（鑑真）和尚　289山-上4
かめ（瓶）221-3/76オ③
かものうぢのきみ 賀茂氏公　131-A1
かものえのきみ（賀茂役公）→かものうぢのきみ
かゆ（粥）227-15/82オ③, 19/82オ⑦
かよひみち（通道）131-B12
かよ・ふ（通）
—は　93-42/3ウ⑦
—ふ(終止)　131-B2
からくにのむらじひろたり 韓国連広足　131-B3
かり（仮）223-49/79オ⑦
かり（雁）221-35/78オ⑦
かりう・く（借受）
—け(連用)　183-3/52ウ③
かりつか・ふ（駈仕）
—ふ(終止)　161-4/35ウ①
かりひと（狩)人・(狩人)　39-33 223-63/80オ⑦
か・る（枯）
—れ(連用)　55-1
か・る（借）
—り　183-6/52ウ⑥ 189-7/57ウ⑤
—れ(已然)　189-8/57ウ⑥

かれ（彼） **113**–188/21オ⑥ **167**–22/41オ① **185**–45/55ウ③ **221**–31/78オ③, 32/78オ④ **補ヒ**⑤
かろ・し（軽）
か{ろ}く **235**–5
—き **193**–10/61ウ②
かろ・む（軽）〈四〉
—み **165**–10/39オ④
—む（終止） **221**–18/77オ④, 23/77ウ②
かろ・む（軽）〈下二〉
—め（連用） **補フ**⑦
かん 漢 **95**–94/7ウ③

き

き 木（木）[→いちひの—、くさ—、くはの—、こと　] **109**–122/16ウ③ **117**–B12 **167**–13/40オ⑥ **293**山–上6 **294**山–5
き 城 **107**–105/15ウ①
き 記[→じやうぐうの—、りやうい—] **283**山–上5
ぎ 議【義】 **111**–147/18オ⑦ **113**–218/23ウ①
きえ（記縁） **317**–A1/189①
きえ（機縁） **288**山–下15
きえう・す（消失）
—せ（連用） **185**–63/56ウ⑦
きえ・す 帰（依）
—し **107**–89/14オ⑥
きえん（機縁）→きえ
きえん（記縁）→きえ、えんぎ
ぎかく 義覚（義覚） **159**山–上4, 上7
ぎかくほふし 義覚法師 **159**山–上1/**補ク**①
ききがた・し（難聞）
—き **93**–72/6オ②
き・く（聞）
—か **39**–21/188① **95**–92/7ウ① **203**–45/71オ④
—き **17**–1 **41**–40 **63**–C2 **77**–B4, B7 **79**–11 **93**–73/6オ③ **95**–87/7オ③, 89/7オ⑤ **107**–98/15オ① **113**–194/21ウ⑤ **153**–17/33オ⑦ **165**–3/38ウ④, 5/38ウ⑥ **173**–58/45ウ① **175**–29/48オ⑤ **179**–11/49オ④ **183**–13/53オ⑥ **189**–22/58ウ⑥ **195**–38/63ウ② **197**–33/66ウ⑤ **201**–15/69オ② **203**–48/71オ⑦, 65/72ウ③ **227**–15/82オ③ **275**–13 **283**–14/24ウ⑦ **319**–A3
キキ **105**〈52/11ウ④〉
—く（終止） **23**–B2 **149**–35/30オ⑦ **265**–A13 **289**山–上4 **補ホ**②
—く（連体） **17**–2 **77**–B1 **91**–38/3ウ③ **95**–75/6オ⑤ **147**–18/29オ④ **175**–19/47ウ② **181**–46/51ウ④ **197**–32/66ウ④ **201**–22/69ウ②, 23/69ウ③ **289**山–上4 **補フ**⑥
—け（已然） **49**–3
きこえ（聞） **107**–102/15オ⑤
きこしめ・す（聞食）
—さ **79**–2
きこ・ゆ（聞）
—え（連用） **147**–10/28ウ③
—ゆ **153**〈15/33オ⑤〉
キコユ **153**〈18/33ウ①a〉
きさき（后）[→はは—] **275**–5 **309**–7
きざみつく・る（刻造）
—ら **109**–111/15ウ⑦
きさらぎ 二月→にぐわつ
きし（岸） **109**–126/16ウ⑦
ぎしき（儀式） **269**–B5
きじん 鬼神[→おにがみ] **309**–2 **補ヒ**③
きず（疵） **81**–A8 **293**山–下4/**補チ**②
ぎぜんじ（義禅師）→てんぎぜんじ（天義禅師）
きたな・し（穢）
—き **235**–5
きたりあつま・る（来集）
—れ（已然） **173**–60/45ウ③
きたりあ・ふ（来合）
—ひ **203**–63/72ウ①
きた・る 来（来）[→く、いたり—、いで—、いり—、うけならひ—、おこなひ—、かへり—、たづね—、もて—、わたり—、ゐて—]
—ら **171**–10/42オ② **189**–28/59オ⑤
—り **77**–B7 **79**–9, 19 **103**–15/9オ②, 22/9ウ② **105**–52/11ウ④ **113**–191/21ウ②, 200/22オ④ **147**–27/29ウ⑥ **149**–34/30オ⑥ **165**–2/38ウ③ **171**–28/43オ⑥ **173**–48/44ウ⑤ **179**–20/49ウ⑥ **183**–20/53ウ⑥ **185**–57/56ウ① **197**–23/66オ② **203**–68/72ウ⑥ **205**–108/75ウ④ **259**–A6 **288**山–上3, 下18 **293**山–下3 **補マ**⑤
—る（終止） **105**–69/12ウ⑦, 70/13オ① **197**–18/

65ウ④ 293山-下4/補タ⑦

ーる(連体) 143-A7 201-12/68ウ⑥

ーれ(已然) 95-97/7ウ⑥ 103-34/10オ⑦ 109-134/17ウ① 111-166/19ウ⑤ 161-3/35オ⑦, 16/36オ⑥ 288山-下9/補ク④

ぎとう 義通 153-2/32オ⑥, 〈18/33ウ①a〉

き・なり(黄)

ーなる 113-189/21オ⑦

きにち(忌)日 205-109/75ウ⑤

きぬ(衣) 105-36/10ウ② 157山-下9, 下11 161-19/36ウ②, 21/36ウ④ 175-10/46ウ⑦

きぬぬひのとものみやつこ(衣縫伴造)→ころもぬひのともつくり

きのくに(紀伊国) 193-12/61ウ④

きのととり 乙酉 161-9/35ウ⑥

きのふ(昨日) 163-41/38オ③

きば 牙 288山-下4

ぎば 耆婆(耆婆) 283山-上1, 上3

ぎばいわう 耆婆医王 223-61/80オ⑤

きはまりな・し(无極)

ーき 265-B1

きふこどくをん 給孤独薗 93-42/3ウ⑦

きほひい・づ(競出)

ーづる 197-6/64ウ⑥

きみ(公・君)[→かものうぢの一、こ{き}ミ、さがの一] 93-70/5ウ⑦ 113-206/22ウ③

きみ 鬼魅 303-A36/27ウ③

きむめいてんわう 欽明天皇・(欽明)天王 95-96/7ウ⑤ 293山-上4

きやう 京[→う一、こ一、さ一、ならの一] 115-222/23ウ⑤ 157-上1/33ウ⑦ 157山-下1 161-5/35ウ②

きやう 経[→くわんぶつざう一、くゑごん一、こと一、こむがうはんにや一、ざうたふえんめい一、しようまん一、しん一、しんちくわん一、せんじゆ一、だいせうじよう一、だいぞう一、だいはにや一、だいひ一、はうくわう一、はうとう一、ひゆ一、ほふくゑ一、ぼんまう一、よくざう一] 91-12/1ウ⑤ 95-76/6オ⑥, 86/7オ② 107-74/13オ⑤ 111-169/20オ①, 174/20オ⑥ 113-180/20ウ⑤, 183/21オ①, 184/21オ②, 189/21オ⑦, 202/22オ⑥ 117-B14 159山-上6 165〈4/38ウ⑤〉 167-4/39ウ④, 9/40オ②, 15/40ウ①, 15/40ウ①, 19/40ウ⑤, 21/40ウ⑦, 21/40ウ⑦, 23/41オ② 171-24/43オ② 173-42/44オ⑥, 54/45オ④ 175-18/47ウ①, 20/47ウ③ 185-55/56オ⑤ 193-24/62ウ②, 25/62ウ③, 27/62ウ⑤ 195-42/63ウ⑥, 49/64オ⑥ 197-10/65オ③ 205-105/75ウ①, 106/75ウ② 221-11/76ウ④, 22/77ウ① 227-5/81オ⑦ 237-14 239-C2 247-A3 294山-9/補ニ⑥ 297山-上3 301-16/26オ④ 317-A6/189⑥

きやう 卿[→ひやうぶ一]

きやう(郷)[→がう、さと、さがらかの一]

きやうがい 境界 補コ②

ぎやうき 行基 139-6 143-A4 181-41/51オ⑥

ぎやうきぼさち 行基(菩薩) 179-22/50オ①

ぎやうきぼさつ 行基菩薩・行(基)菩薩 179-4/48ウ④ 181-40/51オ⑤ 297-2/25オ② 297山-下7 補キ④ 補マ②

ぎやうじや 行者[→えむの一、す一] 133-B2, C8 157-上14/34ウ⑥ 157山-下7 161-11/36オ①, 12/36オ②, 19/36ウ② 163-38/37ウ⑦, 41/38オ③ 288山-上3

す行者 131-B8

きやうてん 経典[→だいぞう一]

きやうども 経(共) 237-24

きやうらい 敬礼 105-40/10ウ⑥ 109-135/17ウ②

きやうりつろん 経・律・論 補ハ①

きやうろむ 経(論)・経論 93-58/5オ② 103-22/9ウ②, 24/9ウ④ 288山-上2

きやく 格 229-7

ぎやく 逆→{ご}ぎやく

き・ゆ(消)

ーえ(未然) 281-5/24オ⑤, 10/24ウ③ 補ケ③

ーえ(連用) 281-9/24ウ② 283山-下2

きよ・し(清)

ーく 288山-下14 補ス④

〈キ〉よく 17-3

ーう 補ス④ 補セ⑤

ーき 237-9 288山-下12

ーけれ 293山-上12/補ソ④

ーし 補ス③

きよまは・る(潔)

ーら 227-23/82ウ④

きよみハラの〈みかど〉（浄見原御門）　269–A2
きよ・む（浄）
　—め（連用）　153–12/33オ② 175–11/47オ①
　き〈よ〉め（連用）　補コ①
きら・ふ（嫌）
　—は　265–B3
き・る（切・伐・斬・鑽）
　—ら　21–3
　—り　109–124/16ウ⑤ 181–49/51ウ⑦ 263–5 293山–上6
　—る（連体）　23–A2
　—れ（已然）　294山–5/補ナ⑥
きる（着）
　—き（連用）　105–36/10ウ② 157山–下9 175–10/46ウ⑦, 13/47オ③ 221–29/78オ①
きゐきちやうじや 祇域長者　補シ①
ぎをんさうざ 祇薗（精舎）　293山–下19/補ト⑥ 294山–1
ぎ（をんさうざ）補ト⑦
きんめいてんわう 欽明天皇→きむめいてんわう

く

く 句[→いつ—]
く（供）[→すだう—、そう—]
く 苦[→ごぢよくすじやうりやうり—]
く（来）[→きたる、かへり—、はしり—、もとめ—]
　—き　65–14 183–9/53オ②
　—くる　77–B5
　—こ（命令）　179–16/49ウ②
くいおも・ふ（悔思）
　—へ　205–87/74オ④
く〈う〉（功）　173–67/46オ③
くが（陸）　133–B6
くぎやう（公）卿　93–59/5オ③
くく・む（含）
　—め（已然）　147–10/28ウ③
くぐわつ　九月　227–5/81オ⑦
くさ 草（草）　77–B10 303–B11
くさい 九（歳）　288山–上1
くさき（草木）　91–16/2オ②
くざく（孔雀）　221–34/78オ⑥
くさぐさ（種々）　91–11/1ウ④
くさ・し（臭）
　—かり　193–20/62オ⑤
　—き　247–A7 265–B4
くじふいちこふ 九十一劫　283山–下6
くじふく 九十九　17–4
くじふくにん 九十九人　197–7/64ウ⑦
くじふよ 九十（余）　185–63/56ウ⑦
くじやく（孔雀）→くざく
く・す（供）
　—せよ　185–62/56ウ⑥
くすし（薬師・医師）　91–30/3オ② 165–8/39オ②
くすり（薬）　91–29/3オ① 95–76/6オ⑥ 165–8/39オ② 195–49/64オ⑥ 203–72/73オ③ 303–A38/27ウ⑤
ぐせくわんおん（救世）観音　103–7/8ウ①
ぐせくわんぜおんぼさつ 救世観世音菩薩　105–40/10ウ⑥
ぐせだいじくわんぜおんぼさつ 救世大慈観世音菩薩　109–135/17ウ②
くせんいちこ 九千一（劫）　223–53/79ウ④
くだい 九代・九（代）　293山–上3 294山–6/補ニ①
くだ・く（砕）〈四〉
　—か　21–4
　—き　288山–下17
くだ・く（砕）〈下二〉
　—け（連用）　163–43/38オ⑤
くだされがた・し（難下）
　—し　301–10/25ウ⑤
くだ・す（下）[→ゆるし—]
　—し　103–30/10オ③
　—す（終止）　221–24/77ウ③
くだもの（菓）　63–B7, C1 79–2
くだらでら 百済寺　159山–上3/補ク⑤
くだらのおほてら（百済）大寺　293山–上5
くだらのかは（百済）河　293山–上4
くだらのくに（百済国）　補ク①
くだり（件）　41–39 199–43/67ウ①
くだ・る（下）[→おり—]
　—り　189–7/57ウ⑤ 293山–上8
　　クタリ　103〈27/9ウ⑦〉
　—れ（已然）　223–47/79オ⑤

く〈た〉れ(已然)　161-21/36ウ④
くち（口）　49-4 81-A9 103-8/8ウ② 139-1 159山-上6 165-4/38ウ⑤, 8/39オ②, 10/39オ④ 197-8/65オ① 247-B1 補セ①
ぐちざき（愚癡邪見）　195-42/63ウ⑥
ぐちじやけん（愚癡邪見)→ぐちざき
くちなは（蛇）　179-6/48ウ⑥, 12/49オ⑤, 20/49ウ⑥ 181-44/51ウ②, 48/51ウ⑥
くち〈な〉は　179-10/49オ③
くちを・し（口惜）
—しかり　203-77/73ウ①
くづ・る（崩）
—れ(連用)　197-5/64ウ⑤, 8/65オ①
—るる　79-13
くどく 功徳(功徳)[→じやうち—さうごむしゆ] 153-9/32ウ⑥ 173-64/45ウ⑦ 185-61/56ウ⑤ 237-15 259-A6 265-B1 283山-下4, 下6, 下9 288山-上15 293山-下8/補ツ② 301-21/26ウ② 317-B1 356-下4/83オ④ 補サ⑤ 補シ④ 補ノ④
くに 国(国)[→いがの—、かひの—、きの—、こと—、しなのの—、しもつけの—、つくしの—、つの—、はりまの—、ひごの—、びぜんの—、ぶぜんの—、みまさかの—、むつの—、やましろの—、やまとの—、ゑちぜんの—]　23-B4, B5 77-B6 83-5 91-37/3ウ② 93-68/5ウ⑤ 95-96/7ウ⑤ 105-56/12オ①, 59/12オ④ 109-131/17オ⑤ 113-198/22オ② 117-B3 133-A2, C4, C5 147-23/29ウ② 159山-上1/補ク② 161-3/35オ⑦, 12/36オ②, 16/36オ⑥ 175-5/46ウ②, 6/46ウ③ 189-7/57ウ⑤ 199-45/67ウ② 223-68/80ウ⑤ 227-24/82ウ⑤ 237-23 287山-下3 288山-上9, 上10 293山-上11/補ソ③ 294山-2 309-6 315-4 補カ③ 補ホ① 補マ④
くニ　131-B7
〈ク〉に　103-27/9ウ⑦
〈クニ〉　補カ⑦
く〈に〉　175-15/47オ⑤ 301-1/25オ③
〈くに〉　補ナ①
くにぐに 国々(国々)　227-11/81ウ⑥ 275-4 288山-下5
クニクニ　93〈50a/4ウ①a〉
くにのつかさ（国司）　197-3/64ウ③ 199-42/67オ⑦
く〈に〉のつかさ　197-9/65オ②
くは・す（食)〈下二〉[→めを—]
くはのき 桑(木)・(桑木)　157-上7/34オ⑥ 157山-下4
くはは・る（加）
—れ(已然)　143-A5
くは・ふ（加）
—へ(未然)　83-4 293山-上1
—へ(連用)　199-46/67ウ④ 281-1/24オ①
—ふる　181-38/51オ③
くば・る（配）
—ら　288山-下10
くび（頸）　55-2
くひころ・す 喰(殺)
—さ　39-6
くひしろのさと（啝代郷）　171-2/41ウ①
くひもの（食物）　197-20/65ウ⑥ 237-27
く・ふ（食）
—は　63-C1 183-27/54オ⑥ 185-32/54ウ④ 195-39/63ウ③
—ひ　39-12 79-1 185-46/55ウ④ 201-16/69オ③
—ふ(終止)　185-31/54ウ③ 201-13/68ウ⑦, 16/69オ③, 17/69オ④
くまこりてら（熊凝)寺
くまこりのむらニてら　293山-上5
くまこりのむら（熊凝)村　293山-上2
く・む（汲）
—ま　131-B9
—み　79-3 207-6 239-B 5
—め(已然)　239-B7
くも 雲(雲)　27-9 39-32 109-141/18オ① 113-202/22オ⑥ 131-B1 221-23/77ウ② 287山-下3, 下4 289山-上3 293山-上13/補ソ⑥ 補オ② 補ケ⑥ 補へ⑤
くも・る（曇）
—[リ]　107-76/13オ⑦
くやう 供養(供養)　203-68/72ウ⑥ 229-2 251-6 293山-下10/補ツ⑥ 297山-上9/補ネ⑤
くやういさいしよ〈によ〉らい　供養一切諸如来　319-B1

くやうおぐわざう 供養於画像　**319**-B4
くやう・す 供養(供養)
　—せ　**77**-B8 **199**-47/67ウ⑤ **288**山-上14, 上15
　—し　**288**山-下3, 下13, 下19 **293**山-上9 **317**-A5/189⑤ **補マ**①
　くや〈う〉し　**171**-5/41ウ④
　—す　**143**-A1 **195**-47/64オ④ **261**-14
　—する　**227**-15/82オ③ **補サ**③
く・ゆ（悔）
　—い(連用)　**107**-81/13ウ⑤
　—ゆ　**139**-5
くら・し（暗）
　—し　**55**-6 **259**-A6
くらひ（位）　**223**-49/79オ⑦ **301** 24/26ウ⑤
くら・ふ（喰）
　—ひ　**223**-64/80ウ①
くら・ぶ（比）
　—ぶれ　**167**-21/40ウ⑦
くらゐ 位(位)[→くらひ]　**107**-87/14オ④ **109**-128/17オ②, 131/17オ⑤ **293**山-下19/**補ト**⑤ **301**-25/26ウ⑥ **319**-A3 **補コ**③
く・る（繰）
　—り　**197**-29/66ウ①
くる・し 苦(苦)
　—しく　**107**-82/13ウ⑥
　—しき　**79**-2 **294**山-14
　く〈る〉しき　**39**-11
くるしび（苦）　**27**-6 **65**-4 **223**-55/79ウ⑥ **275**-1
くるし・む（苦)〈下二〉
　—め(連用)　**173**-51/45オ①
くるま（車)[→むな—]
くれ（暮)[→あけ—]
くろがね（鉄）　**185**-38/55オ③ **197**-1/64ウ①, 4/64ウ④
くろこま（黒駒）　**115**-224/23ウ⑦
くろ・し（黒）
　—く　**161**-20/36ウ③
　—き　**109**-139/17ウ⑥
くろむま（黒馬）　**113**-199/22オ③
くわ 果　**149**-54/31ウ⑤, 58/32オ②
くわいしやう 会昌　**93**-64/5ウ①
くわいしやうのていし 会昌天子　**93**-58/5オ②
くわうぎよくてんわう（皇極天皇)→わうこくてんわう
くわうち 広智　**288**山-上1
くわうちぼさち 広智(菩薩)　**287**山-下3
くわうみやうくわうがう（光明皇后)→くわうみやうわう(光明王)
くわうみやうてんわう 光明天王　**補ツ**⑥
くわうみやうわう 光明王　**207**-7
くわうもん 黄門　**309**-1
くわこ 過去　**223**-46/79オ④ **253**-13
ぐわざう 画像[→くやうお—]
くわしやう 和尚[→がむじん—、だうせう—]　**288**山-上9
くわほう 果(報)　**288**山-上16
ぐわん 願→ねがひ
くわんおん 観音[→ぐせ—]　**93**-46/4オ④, 63/5オ⑦
くわんおんほん 観音品　**288**山-上2
ぐわんごうじ 元興寺　**117**-A3, A4 **139**-5 **157**-上1/33ウ⑦ **157**山-下1
ぐわんしゆ 願主[→ぐわんす]　**167**-25/41オ④ **171**-24/43オ②, 26/43オ④ **173**-43/44オ⑦, 65/46オ①
ぐわんしようによらいじやうほふじん 願證如来浄法身　**297**山-下4/**補ノ**⑤
ぐわんす 願(主)　**171**-16/42ウ① **173**-50/44ウ⑦
くわんぜおんぼさつ 観世音菩薩[→ぐせ—、ぐせだいじ—]
くわんにん 官人　**93**-60/5オ④
くわんねん 観念　**補ウ**⑦
ぐわんねん 元年[→たいほう—、てんびやう—、ほうあん—]
くわんふ 官符　**301**-14/26オ②
くわんぶつ 灌仏[→おほむ—]　**297**山-上1
くわんぶつざうきやう 灌仏像経　**297**山-上5
くわんもく 灌沐[→がこん—しよによらい]
くゑ（花)[→いいち—、うは—、ざふ—へんじつぽう、せん—ゑ]
くゑごむ 花(厳)　**91**-5/1オ⑤
くゑごむきやう 花厳経・花(厳)経[→やそ—]　**147**-14/28ウ⑦ **149**-42/30ウ⑦ **265**-A15 **275**-8, 11
くゑごむゑ 花(厳会)　**275**-10

くゑごん 花厳→くゑごむ
くゑしゆ 化主　149-49/31オ⑦
ぐゑじゆごゐげ 外従五位下　131-B2
くゑ・す 化
　―し　195-49/64オ⑥
ぐゑだう 外道・外(道)　147-26/29ウ⑤　301-19/26オ⑦
くゑにん 化人　293山-下3/補タ⑦　309-2
ぐゑんざうさんざう 玄弉三蔵・玄(弉)三蔵　93-40/3ウ⑤　294山-11
　玄さむ三蔵　補ヌ③
　玄さ[う]三蔵　補ヌ③
ぐゑんばん 玄蕃　143-A4

け

け（毛）
　〈ケ〉　補エ④
け（気）　39-10　81-A9　183-28/54オ⑦　203-73/73オ④　235-4
げ 偈(偈)[→いち―、はん―]　39-23/188③,〈29〉49-3,4　149-43/31オ①　227-18/82オ⑥　265-B6　297山-下1/補ノ②,下1,下5/補ノ⑤　319-B1,B5
　〈ゲ〉　補ノ②
けいい 景夷　117-B5　補キ⑦
けいいきら 霊異記(等)　143-B1/28オ①
けいくわ 恵和　271-1
けいそく 鶏足　93-41/3ウ⑥
けうし（孝子）81-A13
けうしゆ（教主)→けうす
けうす（教主）　223-48/79オ⑥
けうどうみ（憍曇弥）　253-5,17
けうど[む]み（憍曇弥）　253-5
けうほふ（教)法　91-29/3オ①
けうほむびく（憍梵)比丘　223-45/79オ③
けが・す（穢）
　―す(終止)　67-5
けがらは・し（穢）
　―し　247-A7
けさ（今朝）　201-28/70オ①　203-78/73ウ②
けさ（袈裟）　39-33　221-29/78オ①　281-10/24ウ③
けしゆ（化主)→くゑしゆ
け・す（化)→くゑ・す
け・す（消）
　―し　288山-上16
　―す(終止)　227-4/81オ⑥
けせいしし（堅誓師子〉　補エ③
げだつどうさう 解脱幢相[→ぶつ―い]
けだもの（獣）　39-31　67-7　81-B1　95-90/7オ⑥　223-66/80ウ③　補エ⑥
け・つ（消）
　―た　93-51/4ウ②
　―つ(終止)　281-7/24オ⑦
　ケツ(終止)　283〈12/24ウ⑤〉
　―つ(連体)　281-8/24ウ①,9/24ウ②
けふ　今日(今日)　39-16　79-16　113-212/23オ②　173-53/45オ③,55/45オ⑤　201-24/69ウ④　203-47/71オ⑥,54/71ウ⑥　205-110/75ウ⑥　297-1/25オ①　297山-上4,下6
　ケフ　65〈13〉
けぶり（煙）　247-A6　289山-上2　補ヘ③
げぶん 下分　補サ⑤
　下ふ 補サ④
げほむ 下品　301-26/26ウ⑦
けむ 兼　263-10
げむ（験）　161-30/37オ⑥
けむかいろん（顕戒)論　301-11/25ウ⑥
けんごふ 賢劫　221-27/77ウ⑥
けんさう 賢(聖)　223-44/79オ②
げんじやうさんざう（玄弉三蔵)→ぐゑんざうさんざう
けんみつ 顕密　301-3/25オ⑤
げんめいてんわう 元明天皇　293山-下11
　[元]明天王　補ツ⑥

こ

こ 子(子)[→おほむ―、み―、をんな―]　63-B4　65-1,2,7　67-1　79-3,6,8,10,14,20　81-A1,A5,A6,A10,A13　171-31/43ウ②　175-4/46ウ①,15/47オ⑤,17/47オ⑦　179-33/50ウ⑤　205-90/74オ⑦　221-23/77ウ②,29/78オ①　237-25,32

288山-上1 補カ③ 補シ① 補セ⑦
［子］ 補セ⑦
こ（劫）[→こふ、くせんいち—]
こ（粉）[→むぎ—]
こ（籠） 199-37/67オ②
ご 五【碁】 165-2/38ウ③,5/38ウ⑥
ごうが（恒河）[→ひ—さ]
ごうさ（恒沙） 95-83/6ウ⑥
こうにん 弘仁 301-5/25オ⑦
こうにんさんねん（弘仁三年）→こうにん{じふ}さんねん
こうにんじふさんねん 弘仁十三年 301-13/26オ①
こうにん{じふ}さんねん 補ケ⑤
こうもん 黄門 補ヒ②
ごかい 五(戒)[→さんき—] 83-7
こがね（金） 227-26/82ウ⑦ 237-11 265-B4 補エ④ 補ホ①③
こが・る（焦）[→やけ—]
こ{き}ミ 児(君) 147〈31/30オ③〉
こきやう 古京 139-5
{ご}ぎやく 五逆 補コ④
こく 国[→さい—、さゐ—、しよ—、せう—、にほん—、はくさい—、はらな—、まがだ—]
こくぶ〈じ〉（国)分寺・(国分)寺 147-23/29ウ② 275-4
こくぶんじ（国分寺)→こくぶじ
こくわう 国王・(国)王・(国王） 39-36 65-4 93-45/4オ③ 187-65/57オ② 288山-下18 補カ①
ごぐわつ 五月 133-B4 227-5/81オ⑦ 289山-上5
ごぐわん 御願 補マ⑥
ここ（此処） 77-B9 93-72/6オ②
ここち 心地 203-79/73ウ③
ここに（爰） 153-13/33オ③ 165-7/39オ① 補キ④
こころ 心(心)[→なに—、み—] 17-2 21-3,6 23-A2,A5,A6 39-14,23/188③,25/188⑤,28 77-A7 79-6 83-6 105-55/11ウ⑦ 107-94/14ウ④ 113-206/22ウ③ 131-A5 133-C3,C4 153-22/33ウ④ 157山-下11 167-11/40オ④ 173-38/44オ②,52/45オ② 175-12/47オ②,24/47ウ⑦ 189-15/58オ⑥,26/59オ③ 193-29/62ウ⑦ 203-80/73ウ④ 221-7/76オ⑦ 223-44/79オ②,67/80ウ④ 231-4 253-21 259-A2 261-14 283山-上4 288山-上6,下2,下10,下12 293山-上8,上11,下13/補テ③,下16/補テ⑦ 294山-5/補ニ①,7/補ニ③ 301-30/27オ④ 303-B1,B7 309-7 319-B2 補ア⑦ 補イ③④ 補ウ②②③ 補ク⑥ 補ソ④ 補ヒ③④⑦ 補ヘ①
ココロ 107〈86/14オ③〉
こ{こ}ろ 303-B8
こころざし 心(指)【志】 63-A3 205-101/75オ④ 253-6 263-8 271-3 319-A6
こころづから（心） 103-18/9オ⑤
こころにもあら・ず 心
—ず(連用) 193-18/62オ③
こころはしり・す 心(走)
—し 203-54/71ウ⑥
こころみ 心(見)【試】 167-15/40ウ① 193-10/61ウ②
心をみ 23-B3
こころ・みる 心(見)【試】
—ミる(連体) 149-46/31オ④ 197-35/66ウ⑦
ココロヨ・シ（快）
—ク 153〈18/33ウ①a〉
ここをもちて（是以） 223-56/79ウ⑦
ごさい 御齋→みさい
ござう（勤操） 201-19/69オ⑥,25/69ウ⑤,34/70オ⑦ 203-54/71ウ⑥,58/72オ③,68/72ウ⑥,73/73オ④ 205-88/74オ⑤,89/74オ⑥,99/75オ②
こし（越） 183-4/52ウ④
こじ 居士 133-C10 補キ⑥
こしき（甑） 201-6/68オ⑦
ごしき 五(色) 131-B1
ごじふよにん 五十(余)人 275-12
ごしやく 五尺 197-28/66オ⑦
こしら・ふ（誘）[→いひ—]
—へ(連用) 65-11
こしらへおどろか・す（誘驚）
—せ(已然) 205-87/74オ④
こしらへかたら・ふ（誘語）
—ひ 65-6
こぞ（去年） 113-197/22オ① 205-84/74オ①
ごたい 五(体) 195-39/63ウ③

ごだいさん 五台山　288山-上7
こたちばなうぢ（故橘氏） 265-A19
こた・ふ（答)[→ときー]
ーへ(連用） 77-B5 113-209/22ウ⑥, 213/23オ③ 133-C2 149-38/30ウ③ 179-24/50オ③ 183-11/53オ④ 193-18/62オ③ 201-28/70オ① 253-8 303-B6 補ア③
ーふ　21-1 23-B4 49-7 161-14/36オ④ 171-20/42ウ⑤ 185-41/55オ⑥, 43/55ウ① 191-34/59ウ④, 36/59ウ⑥ 補ア⑤ 補イ②⑦
ーふる　149-43/31オ①, 46/31オ④
ごぢよく 五濁　115-220/23ウ③ 補ノ④
ごぢよくすじやうりやうりく 五濁衆生令離苦　297山-下4/補ノ④⑤
こつしや 乞者　165-2/38ウ③ 171-13/42オ⑤, 18/42ウ③, 21/42ウ⑥, 25/43オ③, 27/43オ⑤ 173-66/46オ② 201-12/68ウ⑥
こと 事(言・事)[→いむー、そらー、なにー] 17-2 21-5 23-A1, A3, A5, A6, B6, B11 39-6, 11, 18 41-39, 40 49-6 55-4 65-6, 8, 12 77-A4, A7 79-1, 2, 6, 8, 12, 21 91-4/1オ④, 14/1ウ⑦ 93-73/6オ③ 95-85/7オ①, 98/7ウ⑦ 103-25/9ウ⑤ 105-68/12ウ⑥, 69/12ウ⑦ 107-79/13ウ③, 82/13ウ⑥, 93/14ウ③ 111-148/18ウ①, 173/20オ⑤ 113-204/22ウ①, 207/22ウ④, 212/23オ② 131-B4 133-B5, B7 141-2 147-6/28オ⑥, 16/29オ② 149〈42/30ウ⑦〉, 44/31オ②, 46/31オ④ 153-7/32ウ④, 21/33ウ③, 23/33ウ⑤ 157-上6/34オ⑤, 上12/34ウ④ 157山-下3, 下6, 下8, 下11 159-2/35オ② 159山-上8, 下2 161-2/35オ⑥ 163-34/37ウ③, 43/38オ⑤ 173-43/44オ⑦, 45/44ウ②, 53/45オ③, 58/45ウ①, 63/45ウ⑥ 179-4/48ウ④, 21/49ウ⑦, 24/50オ③, 25/50オ④, 36/51オ① 183-29/54ウ① 185-60/56ウ④ 189-24/59オ① 191-39/60オ②, 49/60ウ⑤ 193-5/61オ④, 8/61オ⑦, 28/62ウ⑥ 199-41/67オ⑥, 43/67ウ①, 49/67ウ⑦ 201-3/68オ④, 18/69オ⑤, 22/69ウ②, 35/70ウ①, 38/70ウ④ 203-43/71オ②, 48/71オ⑦, 52/71ウ④, 70/73オ①, 71/73オ②, 77/73ウ① 205-82/73ウ⑥, 88/74オ⑤, 89/74オ⑥, 91/74ウ①, 94/74ウ④ 207-3, 5 223-71/81オ① 227-8/81ウ③, 15/82オ③, 21/82ウ② 231-5 235-3, 4, 4, 5 237-10, 23 239-B4 247-A2 253-5, 19 259-B1, B2 265-B3 275-5 281-2/24オ② 283山-下5 288山-上6, 上12, 上13, 上18, 下15, 下15 289山-上3, 上4, 上6 293山-上2, 上10 補ソ① 294山-4/補ナ⑤, 7/補ニ④, 14 297山-上2, 上3, 下7 317-A3/189③ 補サ⑤ 補シ③ 補セ② 補マ⑦
コト　91〈6/1オ⑥〉〈9/1ウ②〉 131〈A6〉
［コト］　補ハ③
［こ］と　223-73/81オ③
ごと（毎)[→あしたー、せちにちー、たびー、ときー、としー]　補ケ①④
こどくをん（孤独園)[→きふー]
ことごとく（尽） 309-3
ことこ〈ハ〉→ことば
ことさらに（故） 77-B7 79-9 197-23/66オ②
ことと・す（事）
ーせ　157-上6/34オ⑤ 157山-下3
こと・なり（異）
ーなら　288山-上6, 上16 301-18/26オ⑥
ーに　147-20/29オ⑥
ことに（殊） 107-80/13ウ④ 259-B1 297山-上9/補ネ⑥
ことのよし（事由） 185-55/56オ⑤ 205-88/74オ⑤
ことば（詞） 91-22/2ウ① 147-13/28ウ⑥ 165-5/38ウ⑥ 補フ⑤
ことハ　49-3
ことこ〈ハ〉　297-2/25オ②
ことひと 異（人）・（異）人　179-36/51オ① 283山-下4
ことハ人　49-5
ことわり 理　105-68/12ウ⑥ 113-214/23オ④
ごねん 五年[→じようわー]
この 此（此） 17-6 23-B11 39-4, 5, 13, 15, 22/188②, 37 49-2, 6 63-B6 65-4 77-A3, A4, B6 79-2, 19 91-37/3ウ② 93-49/4オ⑦ 103-26/9ウ⑥, 30/10オ③ 105-46/11オ⑤, 49/11ウ①, 56/12オ①, 70/13オ① 107-76/13オ⑦, 78/13ウ②, 95/14ウ⑤ 109-108/15ウ④, 129/17オ③ 111-153/18ウ⑥, 174/20オ⑥ 113-189/21オ⑦ 133-B10, C8 147-23/29ウ②, 25/29ウ④ 149-34/30オ⑥,

44/31オ② 159−2/35オ② 159山−下3 161−11/36オ①, 16/36オ⑥, 33/37ウ② 167−4/39ウ④, 13/40オ⑥ 171−28/43オ⑥, 29/43オ⑦, 32/43ウ③ 173−44/44ウ①, 49/44ウ⑥, 53/45オ③, 57/45オ⑦, 59/45ウ② 175−3/46オ⑦, 28/48オ④ 179−8/49オ①, 23/50オ②, 35/50ウ⑦ 181−53/52オ④ 183−20/53ウ⑥ 185−63/56ウ⑦ 189−13/58オ④, 29/59オ⑥ 195−37/63ウ① 197−11/65オ④, 30/66ウ② 201−18/69オ⑤, 22/69ウ② 203−44/71オ③, 48/71オ⑦, 54/71ウ⑥, 70/73オ① 205−97/74ウ⑦, 107/75ウ③ 207−7 221−37/78ウ② 227−7/81ウ② 229−3 237−22, 23 241−5, 7 253−7 259−B4, B5, B7 261−11, 〈13〉 263−11 265−A14 269−B3 275−5, 8 281−5/24オ⑤ 283−13/24ウ⑥ 283山−上3, 上4, 上8, 下9 288山−上1, 上10, 上11, 下17 289山−上7 293山−上9, 上10, 上11 補ソ②③, 下3, 下6/補タ⑥ 294山−4, 5, 8/補ニ⑤, 9, 10/補ヌ① 301〈1/25オ③〉, 8/25ウ③, 8/25ウ③, 15/26オ③ 303−A31/27オ⑤ 315−4 317−A3/189③, B1 356−下4/83オ④ 補コ③ 補ヒ⑤ 補ホ②②⑤ 補マ⑤
〈この〉 補ナ⑤
コノ 153〈18/33ウ①a〉
このかた（以来） 93−62/5オ⑥
ごのぞう（権掾） 189−5/57ウ③
この・む（好）
—み 221−6/76オ⑥
このみ（木の実） 補ヘ⑥
このもとのおきな（木下翁） 補マ③
このよ（此世） 153−7/32ウ④
ごばう 五坊[→ろくでう—]
こは・し（強）
—く 107−106/15ウ②
ごひやく 五百 113−199/22オ③ 補エ②
ごひやくしやう 五百生[→いち—]
ごひやくそう 五百僧・五百(僧) 293山−下10/補ツ⑤
ごひやくねん 五百年 253−11
こふ（劫）[→こ、くじふいち—、けん—、さんじふ—、はちまん—、ひやくせんまん—、むらう—]
こ・ふ（乞・請）[→いのり—]
—は 63−B4
—ひ 95−81/6ウ④ 111−162/19ウ① 171−23/43オ① 239−A34 265−B6 288山−下8
—ふ(終止) 165−3/38ウ④ 189−10/58オ①
こ・ふ（恋）
—ひ(連用) 77−A6 288山−上19
こべのみやうじん 子部明神 294山−4/補ナ⑥
こぼ・つ（壊）
—ち 107−73/13オ④
こほり（郡）[→あいたの—、かがの—、かづらきの—、かみの—、さがの—、 さがらかの—、しがの—、しかまの—、そふのかみの—、たかいちの—、たかしまの—、むこの—、やつしろの—、やまだの—] 161−8/35ウ⑤, 10/35ウ⑦ 171−12/42オ④ 181−54/52オ⑤
こま（駒）[→こむま、くろ—]
こミ→こ{き}ミ
こむがう 金剛 309−2
こむがうせじ（金剛山寺） 271−4
こむがうはんにやきやう（金剛)般若経 185−48/55ウ⑥
こむがうふゑ 金剛(不壊) 288山−下17
こむじき 金(色) 103−5/8オ⑥
こむま（駒） 109−140/17ウ⑦
こもり・ゐる（籠居）
—ゐ(連用) 107−98/15オ①
こも・る（籠）
—れ(已然) 179−19/49ウ⑤
こ・ゆ（超）
—ゆる 303−A33/27オ⑦
こよひ（今宵） 171−34/43ウ⑤ 201−39/70ウ⑤ 203−65/72ウ③ 205−95/74ウ⑤
こ・る（伐）
—ら 131−B9
—り 207−6
これ 是(之・此・是) 19−5 23−B4, B10 39−1, 3, 6 63−A2 67−5 77−A5, B10 79−11 93−73/6オ③ 103−26/9ウ⑥ 105−62/12オ⑦ 107−86/14オ③, 98/15オ① 109−127/17オ① 113−183/21オ① 131−B3, B6 139−1 147−22/29ウ① 149−36/30ウ①, 49/31オ⑦ 153−6/32ウ③, 17/33オ⑦ 163−44/38オ⑥, 45/38オ⑦ 165−3/38ウ④, 5/38ウ⑥ 167−22/41オ① 171−15/42オ⑦, 28/43オ⑥ 183−27

/54オ⑥ 189-22/58ウ⑥, 30/59オ⑦ 191-39/60オ② 193-24/62ウ②, 25/62ウ③, 26/62ウ④, 33/63オ④ 195-38/63ウ② 199-41/67オ⑥, 49/67ウ⑦ 201-10/68ウ④ 221-8/76ウ①, 26/77ウ⑤ 227-9/81ウ④ 237-13 253-11, 18 259-B 8 261-11 263-7 269-B2, B6, B7, 281-11/24ウ④ 288山-上4 293山-下3/補タ⑦, 下8/補ツ② 294山-15 297山-上4 301-14/26オ② 303-B1, B14 309-5 補キ④ 補ハ④ 補ヒ① 補ヘ④
これら（此等・是等） 185-34/54ウ⑥ 237-9
ころ→こ{こ}ろ
ころ・す（殺）[→くひ—]
　—さ 79-17 175-25/48オ① 223-63/80オ⑦
　—し 39-16 41-40 81-A10 189-11/58オ②
　—す（終止） 95-76/6オ⑥
ころほひ（比） 93-55/4ウ⑥ 95-93/7ウ② 301-5/25オ⑦ 補ヘ④ 補マ②
ころも（衣） 39-2, 6, 7, 26/188⑥ 181-37/51オ② 221-5/76オ⑤, 15/77オ① 223-65/80ウ② 補セ③ 補ス④
ころもぬひのともつくり 衣縫伴造 153-2/32オ⑥
こゑ（声）[→ひと—] 77-B1 81-A12 91-21/2オ⑦, 22/2ウ① 95-74/6オ④ 147-18/29オ④ 157-上7/34オ⑥ 157山-下4 165-4/38ウ⑤ 173-61/45ウ④, 61/45ウ④ 175-20/47ウ③ 181-47/51ウ⑤ 197-33/66ウ⑤ 201-25/69ウ⑤ 293山-上13/補ソ⑥ 補エ⑤
　（こ）ゑ 補オ②
　コヱ 77[B4]
こんがう 金剛→こむがう
こんがうさんじ（金剛山寺）→こむがうせじ
こんけつしゃ
　[こんけつしゃ]（根闕者） 補ヒ②
ごんざう（勤操）→ござう
こんじき 金色→こむじき
ごんのじよう（権掾）→ごのぞう

さ

さ 沙[→ごう—、ひごうが—]
ざ 座（座）[→かう—、さう—、ざう—] 149-34/30オ⑥, 44/31オ② 173-37/44オ①, 44/44ウ①, 47/44ウ④, 49/44ウ⑥ 237-19
さいかう 齋衡 271-5
さいく（細工） 167-7/39ウ⑦
さいこく 西（国） 103-33/10オ⑥
さいじ 歳次 161-9/35ウ⑥
さいしよう 最勝 269-B6
さいしようせんにん（最勝仙人）→さいそうせんにん
さいしようゑ 最勝会 269-A1
さいそうせんにん（最勝）仙人 95-79/6ウ②
さい〈ぢ〉ゐん 西治院 251-2
さいはう 西方・（西）方 103-8/8ウ②, 15/9オ② 241-5
さいはひ（幸） 105-69/12ウ⑦
さいはひ・なり（幸）
　—なり（終止） 113-207/22ウ④
さいまうじ 西明寺（西明寺） 293山-下16/補ト① 294山-1/補ト⑦, 2/補ナ①
さいみやうじ（西明寺）→さいまうじ
さう（庄） 109-124/16ウ⑤
さう（相）[→げだつどう—] 239-B3
さう（姓） 231〈2〉
ざう（象）[→だい—] 補ウ②
ざう 像（像）[→ぐわ—、ぶつ—] 93-46/4オ④, 49/4オ⑦, 63/5オ⑦ 103-33/10オ⑥ 105-45/11オ④, 46/11オ⑤ 109-111/15ウ⑦, 〈121/16ウ③a〉 117-A2 293山-上9, 上10/補ソ②, 下1/補タ③ 297山-上8/補ネ④ 補ウ②
ざうかい 浄戒（浄戒）[→さんず—] 221-12/76ウ⑤ 303-A32/27オ⑥
ざうぐたいし 上宮太子・（上宮）太子 103-1/8オ② 117-B1 293山-上1
さうごむ（荘厳）[→じやうちくどく—しゆ] 229-3
さうざ 草座 135-13
ざうざ（上座） 179-1/48ウ①
さうざう（清浄） 309-4
さうざうなり（清浄なり）
　—に 補ス②
さうじ（生死） 39-20 303-A32/27オ⑥
さうしども 相師（共）
　さうしどもに 259-B3
さうしによらい 清身女（来） 237-30

さう・ず（請）
—じ　139-6 153-11/33オ① 167-13/40オ⑥ 185-54/56オ⑤ 237-27 293山-下10/補ツ⑤ 補ヒ①
—ぜよ　171-11/42オ③ 237-19
さうすく（星宿） 237-4
ざうたふえんめいきやう 造塔延命経　259-A7
ざうほふ（像）法　95-93/7ウ②
さうむてんわう 聖武天王・（聖武）天皇　167-1/39ウ① 183-1/52ウ① 293山-上3, 下12/補テ①
さうもかい 声門戒【声聞戒】 301-1/25オ③ 303-B14
ざうわう（蔵王） 315-6 補ホ④
さか（石）[→もも—、やそ—]
さか 尺迦・釈迦・（釈迦） 91-2/1オ② 293山-上8, 下1/補タ②
さかさま・なり（逆様）
—に　109-122/16ウ③
さか・し（賢）
—し　231-4
—しき　223-56/79ウ⑦ 265-B7
さかにょらい（釈迦）如（来）・（釈迦）女（来） 105-51/11ウ③ 253-14
さが〈ノ〉きみ 佐賀君　147-31/30オ③
さが〈ノ〉こほり 佐賀郡　147-30/30オ②
さかのらい（釈迦如来） 297山-下5/補ノ⑥
さかひ（境）[→さかゐ] 91-36/3ウ①
さかもにぶつ 尺迦（牟尼）仏　103-33/10オ⑥
サカ・ユ（栄）
—エ（連用） 93〈50a/4ウ①a〉
さがらかのきやう（相楽）京【相楽郷】 167-6/39ウ⑥
さがらかのこほり（相楽郡） 167-1/39ウ①
さかり・なり（壮・盛）
—なり（連用） 107-106/15ウ②
—に　93-67/5ウ④ 109-127/17オ①
—なる　237-8 288山-上14
さか・る（離）[→とほ—]
—り　189-27/59オ④
さかゐ（境） 111-143/18オ③
さき（先・前） 21-1 109-113/16オ② 111-154/18ウ⑦ 113-181/20ウ⑥, 196/21ウ⑦ 147-14/28ウ⑦ 159-2/35オ② 159山-下2 203-47/71オ⑥ 293山-下3/補タ⑥, 下14/補テ④ 303-B6
さきのよ（前世） 113-191/21ウ② 補セ⑥
さきやう 左京　117-A3
さ・く（割）
—き　21-4
—く（連体） 79-6 107-79/13ウ③
さくす（釈衆） 288山-下9
さぐり・う（探得）
—え（連用） 288山-上2
さぐ・る（探）
—り　113-201/22オ⑤
さけ（酒） 171-14/42オ⑥ 203-72/73オ③, 73/73オ④ 205-92/74ウ② 259-A1
さけ・ぶ（叫）
—び　157-上8/34オ⑦, 上11/34ウ③ 157山-下4, 下6 197-31/66ウ③
ささ・ぐ（捧）
—げ（未然） 319-B3
—げ（連用） 109-113/16オ② 191-41/60オ④ 263-7
さしいだ・す（指出）
—し　167-8/40オ①
さしい・る（指入）〈下二〉
—る　197-17/65ウ③
さしお・く（差置）
—き　203-53/71ウ⑤
さ・す（刺・指）
—し　55-2 109-112/16オ①
—す（連体） 288山-上12
さた（讃歎） 207-3
さだま・る 定（定）
—れ（已然） 113-214/23オ④ 288山-上13
さだ・む 定（定）
—め（連用） 149-48/31オ⑥ 251-6 259-A3 301-9/25ウ④
—む　259-B5 297山-上4
さたむ・す（讃歎）
—せ　297山-下2/補ノ③
さだめがた・し（難定）
—し　223-51/79ウ②
さだめて（定） 241-5
さつき　五月→ごぐわつ

さづ・く（授）[→あひ—]

—け（未然） 補フ③

—け（連用） 65-11 141-5 283山-上5 303-B4

さと（郷・里）[→がう、きゃう、り、くひしろの—、やまむらの—] 171-13/42オ⑤ 175-7/46ウ④ 181-54/52オ⑤ 183-2/52ウ② 191-38/60オ①

さとり（悟） 17-3 91-14/1ウ⑦, 18/2オ④ 141-7 147-13/28ウ⑥ 173-42/44オ⑥ 221-39/78ウ④ 223-40/78ウ⑤ 231-5 293山-下13/補テ③ 補ヒ⑥

さ（とり） 131-A6

さと・る（悟）

—ら 91-6/1オ⑥

（さと）ら 265-B1

—り 309-3

—る（連体） 293山-下8/補ツ①

—れ（已然） 171-21/42ウ⑥ 288山-上2

さはり（障） 補コ②

ざふくゑへんじつぱう 雑花遍十方 319-B1

ざふやく（雑役） 161-4/35ウ①

さぶら・ふ（候）

—ひ 63-C2 297山-上3

—ふ（終止） 77-B10 113-205/22ウ②

さほう（作法） 269-B4

さほふ（作法）→さほう

さま（様）[→いか—] 175-27/48オ③ 203-A51/71ウ③ 237-21 293山-下17/補ト②

さま・す（覚）

—す（終止） 91-34/3オ⑥

さみ 沙弥（沙弥） 165-1/38ウ②, 3/38ウ④, 7/39オ①, 7/39オ① 185-54/56オ⑤ 191-43/60オ⑥ 197-19/65ウ⑤ 221-24/77ウ③ 303-B2, B5

さ・む（覚）

—め（連用） 173-38/44オ② 175-8/46ウ⑤ 239-C1 293山-下9/補ツ③

さむぎ 参議 263-10

さむ・し（寒）

—から 297山-上7/補ネ②

—く 235-3

ざむ・す（讒）

—し 131-B5

さむゑ（三会） 269-B6

さらに（更） 79-1 165-4/38ウ⑤ 173-51/45オ①, 63/45ウ⑥ 181-54/52オ⑤ 185-41/55オ⑥ 201-37/70ウ③

さらば（然）〈接続詞〉 補イ⑦

さり 舎利（舎利）[→おほむ—、ぶつ—] 231-8 288山-上11, 上14, 上16, 上19, 下12, 下12 289山-上1, 上7

さりぼさつ（舎利）菩薩 149-48/31オ⑥

さりほち（舎利弗） 239-B4, B6

さりゑ（舎利会） 287山-下1, 下2

さる（猿） 265-B6 補ウ④

さ・る 去（去・避）[→いで—、うせ—]

—ら 補ケ⑦

—り 65-14 91-33/3オ⑤ 109-141/18オ① 113-202/22オ⑥ 133-C4 161-33/37ウ② 179-17/49ウ③, 21/49ウ⑦ 181-45/51ウ③ 195-34/63オ⑤ 197-24/66オ③ 203-57/72オ② 223-66/80ウ③ 283山-下6 288山-上10, 下4, 下9 293山-上12/補ソ⑤

—る（終止） 105-39/10ウ⑤

—れ（已然） 163-34/37ウ③ 183-9/53オ②

さるひじり（猿聖） 147-23/29ウ②

ざわう（蔵王）→ざうわう

さわ・ぐ（騒）

〈さ〉わぎ 93-58/5オ②

—ぐ（連体） 77-B4

さゑこく 舎衛国（舎衛国） 95-87/7オ③ 293山-下19/補ト⑥

さゑじやう 舎衛城 149-51/31ウ②

さん 三 185-51/56オ②

さん（算） 163-43/38オ⑤

さんぎ（参議）→さむぎ

さんきごかい 三帰五（戒） 179-27/50オ⑥

さんぐわつ 三月 161-10/35ウ⑦ 289山-上6

さんざう 三蔵[→ぐゑんざう—]

さんしちにち 三七日 167-13/40オ⑥, 17/40ウ③ 補ケ⑤

さんしぢやう 三四丈 111-150/18ウ③

さんじふくわん 卅貫 183-3/52ウ③

さんじふこふ 卅（劫） 283-13/24ウ⑥

さんじふに 三十（二） 239-B3

さんじふにち 卅日 103-26/9ウ⑥

さんじふよにん 卅(余)人 197-29/66ウ①
さんじやく 三尺 111-150/18ウ③
さんじやくごすん 三尺五寸 147-12/28ウ⑤
さんじやくよ 三尺(余) 197-27/66オ⑥
さんじゆじやうかい 三聚浄戒→さんずざうかい
さんじん 三身 293山-下7/補チ⑥
ざん・す (讒)→ざむす
さんずざうかい 三(聚浄戒) 303-A39/27ウ⑥
さんたん (讃歎)→さた、さたむ
さんねん 三年[→じんごけいうん一、ぢやうぐわん一、わどう一] 133-B4
さんびやくろくじふよねん 三百六十(余)年 93-62/5オ⑥
さんぼう 三法・三【宝】 105-55/11ウ⑦ 107-83/13ウ⑦,88/14オ⑤.93/14ウ③ 175-29/48オ⑤,30/48オ⑥
さんぼうゑ 三宝絵 91-1/1オ①
さんまいぢやう 三(昧)定 111-177/20ウ②
さんらん 散乱[→にやくにん一しん]
さんゑ (三会)→さむゑ

し

し→し{し}
し 氏[→へい一]
し 師(師)[→かう一、さう一、だう一、りつ一、ゑ一] 131-B4 141-4 149-32/30オ④ 171-9/42オ①,〈34/43ウ⑤〉 193-15/61ウ⑦,16/62オ①,29/62ウ⑦,31/63オ② 195-37/63ウ①,38/63ウ② 201-16/69オ③,28/70オ①,32/70オ⑤,33/70オ⑥ 203-43/71オ② 251-7 265-B3 288山-上8 補ヒ① 補フ①②
じ 字 113-188/21オ⑥
じ 寺[→ぐわんごう一、こくぶ一、こむがうせん一、さいまう一、しちだい一、してんわう一、すふく一、だいあん一、だいくわんだい一、だいけん一、とうだい一、に一、はんにや一、ほふくゑ一、ほふりう一]
しう 宗[→す] 301-8/25ウ③
しう 衆[→す] 149-35/30オ⑦
しうしやうぐわつ 修正月 227-1/81オ③
しうそう (衆僧)→すそう
しうと (舅) 189-6/57ウ④,11/58オ② 191-42/60オ⑤
じおうだいとく 慈應大徳 157山-下1
慈〈應〉大徳 157-上2/34オ①
しおん 四恩 167-3/39ウ③
しか (然) 237-23
しが 志(賀) 263-9
しかい (四海) 237-7
じかくだいし 慈覚大師 287山-下2
しかじ (不如) 153-9/32ウ⑥ 223-51/79ウ②
〈し〉かじ 223-50/79ウ①
しかしか (然) 179-32/50ウ④
しがのこほり (志賀郡) 231-3 補ホ⑦
しかまのこほり 餝磨郡 157-上1/33ウ⑦ 157山-下1
しかるに (而) 105-60/12オ⑤
しかれども (然) 259-A5
しき (職) 141-5
じき (食) 165-3/38ウ④ 171-23/43オ① 183-24/54オ③,29/54ウ① 185-36/55オ①,59/56ウ③,59/56ウ③,62/56ウ⑥
しきかい (色界)[→む一] 補イ①
しきしゆ (色衆)→しきず
しきず (色衆) 275-10 288山-上12
し・く (及・如)
一か 221-35/78オ⑦ 294山-8/補ニ④
し・く (敷)
一き 173-47/44ウ④ 237-19
一け(命令) 173-37/44オ①
しぐわつ 四月 287山-下1 297山-上2,上6
しげ・し (繁)
一けれ 317-A3/189③
しげ・る (繁)
一り 93-42/3ウ⑦
しごむ 真言(真言) 221-3/76オ③ 271-1
しごむゐ (真言院) 271-2
じざい (自在) 301-30/27オ④
しし (肉) 185-31/54ウ③
し{し} (鹿) 79-7
しし 師子(師子) 39-1,4,23/188③,34 補エ③④⑦
しじふくさい 四十九歳 109-136/17ウ③

しじふくにち 四十九日　197−11/65オ④
しじふよねん 四十(余)年　91−18/2オ④
しじま・る（縮）
—れ(已然)　167−19/40ウ⑤
ししむ 信心(信心)　17−3 153−12/33オ②
ししむら（肉叢）　147−4/28オ④ 149−55/31ウ⑥, 56/31ウ⑦, 59/32オ③
しぜじ 思禅師　113−198/22オ②
しぜんほふし 思禅法師　111−166/19ウ⑤
した（下）[→あめの—]　95−86/7オ② 263−6
した（舌）　81−A8
したい（身体）　235−2
しだいてんわう 四大天王　237−3
したが・ふ 随(従・随)〈四〉
—は　107−90/14オ⑦ 131−B9 161−17/36オ⑦
—ひ　27−8 67−1 91−13/1ウ⑥, 16/2オ② 111−164/19ウ③ 161−23/36ウ⑥ 171−11/42オ③ 175−14/47オ④, 19/47ウ② 265−B5 288山−上9, 下4, 下7, 下15 301−30/27オ④ 303−B10 補ス⑥
—ふ(終止)　149−50/31ウ① 288山−上13 補セ②
—ふ(連体)　173−44/44ウ① 247−A3
したが・ふ（従）〈下二〉
—へ(連用)　113−199/22オ③
した・し（親）
—しく　205−96/74ウ⑥
—しき　157−上13/34ウ⑤ 157山−下7 201−21/69ウ①
したん 紫檀　167−6/39ウ⑥
しぢう 四(重)　補コ④
しちさい 七(歳)　147−14/28ウ⑦ 231−4
しちしやく 七尺　159山−上3/補ク⑥
しちだいじ 七大寺　201−5/68オ⑥
しちねん 七年[→じようわ—]　261−10
しちはちじふ 七八十　179−32/50ウ④
しちはちすん 七八寸　275−14
しちはちねん 七八年[→ほうき—]
しちほう（七宝）[→しほう]
じつ（神通）　261−15
しづか・なり（静）
—に　補ウ⑤
じつぐゑつ 日月　237−4
じつぱう 十方[→ざふくゑへん—]　93−71/6オ① 297山−上5 317−A7/189⑦
しつぽう（七宝）→しほう
しづ・む（沈）
—み　191−35/59ウ⑤
—ミ　189−19/58ウ③
してんわう 四天王　109−111/15ウ⑦, 115/16オ④〈121/16ウ③a〉
してんわうじ 四天王寺　109−126/16ウ⑦ 117−A3
しなじな（品々）　91−13/1ウ⑥
しなののくに（信濃国）　111−143/18オ③
し・ぬ 死(死)[→まどひ—]
—な　81−A11 113−208/22ウ⑤ 153−9/32ウ⑥ 191−35/59ウ⑤
—に　111−159/19オ⑤ 171−4/41ウ③ 185−53/56オ④
—ぬ　39−30 81−A2 105−63/12ウ① 147−29/30オ① 163−42/38オ④ 173−60/45ウ③ 189−20/58ウ④ 221−16/77オ② 259−B5
—ぬる　77−A4, A5 105−57/12オ② 113−215/23オ⑤
—ヌル　303−B12a
しの・ぐ（凌）
—ぎ　113−202/22オ⑥
しの・ぶ（忍）〈四〉
—ば　39−18
—び　27−6 39−9 191−46/60ウ② 223−64/80ウ①
しの・ぶ（忍）〈上二〉
—ぶる　39−18 補ア⑥
しば（柴）　63−A6
しば〈し〉（暫）　205−99/75オ②
しばしば（数）　294山−6/補ニ②
シバシバ　93〈50a/4ウ①a〉
しばらく（暫）　39−10 77−B10 183−22/54オ① 203−57/72オ②, 71/73オ②
しばラク　103−6/8オ⑦
しば・る（縛）
—ら　133−C8 189−31/59ウ① 191−33/59ウ③
—り　67−2 161−18/36ウ①, 29/37オ⑤ 189−15/58オ⑥
じひ 慈悲　288山−下16
しひて（強）　39−13 65−1, 11 139−1 193−27/62ウ⑤ 203−72/73オ③

しひやくにん 四百人 141-5
し・ふ (癈)[→め—]
—ひ(連用) 153-4/32ウ①
しぶ 四(部) 253-13
じふいちぐわつ 十一月 147-3/28オ③
じふく 十九 109-129/17オ③
じふごにち 十五日 27-3 103-18/9オ⑤,26/9ウ⑥ 147-3/28オ③
じふさんねん 十三年[→こうにん—]
じふし 十四 103-25/9ウ⑤
じふしちねん 十七年[→てんびやう—]
じふしねん 十四年[→じようわ—] 294山-2/補ナ②
じふぜん 十善・十(善) 17-1 83-7
じふに 十二 231-6
じふににん 十二人 補ケ④
じふにん 十人 113-191/21ウ② 149-53/31ウ④
じふぱう 十方→じつぱう
じふまい 十枚 149-53/31ウ④
じふろく 十六 109-108/15ウ④
じふろくだいこく 十六大(国) 91-27/2ウ⑥
じふろくねん 十六年[→てんびやう—]
じふろくゑ 十六(会)[→いち—]
しぶんりち 四分律 227-16/82オ④
しほう (七宝) 237-5
しほた→しほう
しぼ・む (萎)
—み 221〈13a/76ウ⑥a〉
—め(已然) 319-A6
しま (嶋)[→いづの—] 133-B8,B10
しまんびく 指縵比丘 223[45/79オ③]
しむちくわんきやう (心地)観経 301-23/26ウ④
しむでん 寝殿・(寝)殿 103-14/9オ① 111-170/20オ②
しめ・す (示)
—し 109-110/15ウ⑥ 237-21 補ホ④
—せ(已然) 173-45/44ウ②
—せ(命令) 161-32/37ウ①
しも (下)[→かみ—]
しもつき 十一月→じふいちぐわつ
しもつけのくに 下野国 287山-下2
しもと (笞) 67-4
しやう 生[→いちごひやく—、 おうしき—]
しやう (姓)[→さう、ぞく—]
しやう 請 157-上2/34オ① 157山-下1
じやう 城[→かびら—、しやゑ—]
じやうあん 静安 297山-上3
じやうかい 浄戒→ざうかい
しやうがく 正覚 91-2/1オ②
じやうぐうたいし 上宮太子→ざうぐたいし
じやうぐう〈ノ〉き 上宮紀【上宮記】 117-B5
しやうぐわつ 正月[→しう—] 103-11/8ウ⑤ 227-1/81オ③,5/81オ⑦,10/81ウ⑤
しやうぐん 将軍 109-109/15ウ⑤
しやうげう 正教【聖教】 149-40/30ウ⑤
しやうけふ 正(経)【聖経】 91-25/2ウ④
しやうごん 荘厳→さうごむ
じやうざ (上座)→ざうざ
しやうじ (生死)→さうじ
しやうじやう (清浄)→さうざう
しやうしゐげ 正四位下 263-10
しゃうしんにょらい→さうしにょらい
しやう・ず (請)→さうず
じやうたい 常啼 95-80/6ウ③
じやうちくどくさうごむしゆ 浄智功徳庄厳聚 297山-下3/補ノ④
しやうとくたいしでん 聖徳太子伝 117-B4
〈しやう〉にん 上人 147-27/29ウ⑥
しやうぼふ 正法 39-21/188① 253-11
じやうほむ 上(品) 301-23/26ウ④
しやうみやう 姓名 167-2/39ウ② 175-2/46オ⑥ 179-32/50ウ④ 191-38/60オ①
しやうむてんわう 聖武天皇→さうむてんわう
しやうもん 声聞 91-9/1ウ②
しやうもんかい (声聞戒)→さうもかい
しやか 釈迦→さか
しやかによらい (釈迦如来)→さかによらい、さかのらい
しやかむにぶつ (釈迦牟尼仏)→さかもにぶつ
しやくしゆ (釈衆)→さくす
しやくそむ 尺(尊) 91-28/2ウ⑦
じやけん 邪見[→ぐち—] 301-18/26オ⑥
しやみ 沙弥→さみ
しやもん 沙門 111-165/19ウ④ 117-B5 221-22/

77ウ①,26/77ウ⑤ 223−71/81オ① 303−B12a
しやり 舎利→さり
しやゑ 舎衛→さゑ
しゆ（主）[→す、ぐわん—、くゑ—]
しゆ（衆）[→しう、す、じやうちくどくさうごむ—、だい—]
じゆ 呪[→じん—] 161−7/35ウ④
じゆかい 受戒 301−1/25オ③
[受戒] 補ハ④
じゆき・す 授記→ずきす
じゆぐわん・す 呪願
—せ 181−40/51オ⑤
しゆじやう 衆生→すざう、すじやう
じゆ・す 誦→ずす、ずんず
じゆそ・す 呪咀
—し 107−102/15オ⑤
しゆだつちやうじや 須達長者 149−51/31ウ② 223−60/80オ④
しゆだなたいし（須太那太子）→すだなたいし
しゆだらく（修多羅供）→すだうく
しゆだゑてん（須陀会天）→すだゑてん
しゆつけ（出家）→すけ
しゆみとうくわうによらい（須弥灯光如来）→すみとうくわうによらい
じゆんわゐん 淳和院 251−3
しよ（疏）[→そ、りつろん—]
じよう（掾）[→ごのぞう]
しようまんきやう 勝鬘経 111−146/18オ⑥
しようもん 證文 301−12/25ウ⑦
じようわごねん 承和五年 288山−上7
じようわしちねん 承和七年 297山−上2
じようわじふしねん 承和十四年 288山−上10
じようわにねん 承和二年 271−3
しよくにほんぎ 続日本紀→つぎのにほんぎ
しよこく 所(国)・[諸](国) 229−4
しよによらい 諸如来[→がこんくわんもく—、くやういつさい—]
しらみ（虱） 161−20/36ウ③,21/36ウ④
しり（後） 303−B5
しりがた・し（難知）
—し 223−49/79オ⑦
しりぞきかへ・る（退帰）
—る(終止) 109−107/15ウ③
しりへ（後） 109−109/15ウ⑤
しる（汁） 193−19/62オ④ 239−A35
し・る（知）
—ら 91−9/1ウ② 105−68/12ウ⑥ 107−94/14ウ④ 113−185/21オ③ 117−B3 171−35/43ウ⑥,36/43ウ⑦ 173−43/44オ⑦,51/45オ① 179−28/50オ⑦ 181−52/52オ③ 185−41/55オ⑥ 195−43/63ウ⑦ 203−44/71オ③,56/72オ① 223−47/79オ⑤ 253−9
—り 113−203/22オ⑦ 133−C6 153−23/33ウ⑤ 173−53/45オ③,65/46オ① 175−30/48オ⑥ 181−50/52オ①,55/52オ⑥ 191−50/60ウ⑥ 199−36/67オ① 288山−上6 303−B1,B4 補キ④
—る(終止) 167−25/41オ④ 195−47/64オ④ 227−25/82ウ⑥ 265−B2
シル(終止) 131〈A6〉
—れ(已然) 185−44/55ウ② 193−15/61ウ⑦ 231−5 288山−上4
—れ(命令) 171−30/43ウ①
しるし（験） 161−31/37オ⑦ 173−67/46オ③
しるしお・く（注置）
—け(已然) 91−26/2ウ⑤
しる・す（注・記）
しる(さ) 317−A1/189① 補マ⑦
—し 161−4/35ウ①
—す(終止) 227−7/81ウ②,26/82ウ⑦
—せ(已然) 157山−下12 167−27/41オ⑥ 173−68/46オ④
しろがね（銀） 239−C3
しろ・し（白）
—く 161−21/36ウ④ 補セ①
—き 109−138/17ウ⑤,140/17ウ⑦ 263−1
しわう 四王(四王) 183−19/53ウ⑤ 288山−上19
しん 心【信】 259−A1
しん 臣[→おみ] 107−84/14オ①
しん（身）[→おう—、さん—、ほう—、ほふ—]
しんぎやう 心経[→はんにや—] 159−1/35オ① 159山−上8,下2
じんごけいうんさんねん 神護景雲三年 161−9/35ウ⑥
じんごけいうんにねん 神護景雲二年 229−6

しんごん　真言→しごむ
しんごんゐん（真言院）→しごむゐ
じんじゆ（神呪）→じんず
しんじん 信心→ししむ
じんず 神(呪)　173–67/46オ③
しんたい（身体）→したい
しんだん 震旦　91–36/3ウ①
しんちくわんきやう（心地)観経→しむちくわんきやう
じんつう（神通)→じつ
しんでん（寝殿）→しむでん
しんはんにや 心般若　159–2/35オ②　159山-下3
しんら 臣(等)　107–81/13ウ⑤
しんら 新(羅)　103–31/10オ④
しんわう 親王　103–2/8オ③

す

す（主)[→けう—、ぐわん—]
す（宗)[→てんだい—]
す（衆)[→さく—、しき—、たう—]
す（為)[→あるじ—、いちへ—、かう—、かうぶり—、かぢ—、きえ—、く—、くやう—、くゑ—、こころはしり—、ことと—、さたむ—、ざむ—、じゆぐわん—、じゆそ—、ず—、ずき—、ずきやう—、すけ—、ずん—、せい—、だん—、てむと—、なむと—、にむ—、ねがひ—、ねむ—、ひでり—、へん—、むと—、やまひ—、よう—、らいはい—、るふ—、ろん—、をとこ—]
　—せ　111–162/19ウ①　131–B4, B12　157山-下11　171–19/42ウ④　175–14/47オ④　288山-下1　297–1/25オ①, 1/25オ①　297山-下6, 下6　補ウ⑤
　—し　105–55/11ウ⑦　111–176/20ウ①　141–4　149–50/31ウ①　157山-下11　183–16/53ウ②　195–45/64オ②　227–8/81ウ③,　253–18　269–B4　275–7　283山-下2
　—シ　109〈121/16ウ③a〉
　—す　103–26/9ウ⑥　171–10/42オ②　237–23　297山-上9/補ネ⑥　301–19/26オ⑦, 19/26オ⑦　303–A33/27オ⑦, A35/27ウ②, A36/27ウ③A38/27ウ⑤
　—する　77–B7　149–37/30ウ②　237–23　補ア⑤　補テ②
　—せよ　171–9/42オ①　237–19
すいこてんわう 推古天皇・(推古)天王　109–130/17オ④　111–145/18オ⑤　117–B1　293山-上3
す・う（据）
　—ゑ(連用)　105–47/11オ⑥, 48/11オ⑦　167–8/40オ①　171–17/42ウ②　201–4/68オ⑤　239–B7　251–3　補フ③
すがた（姿）　39–15
すがめ（眇）　165–12/39オ⑥
ずき・す 授記(授記)
　—し　283山-上2, 上3
ずきやう（誦)行【誦経】　157山-下11　175–11/47オ①, 14/47オ④, 27/48オ③, 30/48オ⑥
すぎやうじや（修)行者　161–13/36オ③
ずきやう・す（誦)行【誦経】
　—せ(已然)　175–9/46ウ⑥
す・く（食）
　—か　183–26/54オ⑤
す・ぐ（過)[→ゆき—、わたり—]
　—ぎ(未然)　269–B7　293山-下9/補ツ②
　—ぎ(連用)　111–159/19オ⑤　203–41/70ウ⑦, 78/73ウ②　259–B2
　—ぐる　193–22/62オ⑦　303–A34/27ウ①
すぐ・す（過）
　—し　167–17/40ウ③
　—す(連体)　163–39/38オ①
すくな・し（少）
　—く　93–66/5ウ③
　—し　265–A14　283山-上2
　すくな〈く〉　補ヒ⑥
すくね（宿祢)[→そがのうまこの—]
すくひと・る（救取）
　—ら　189–20/58ウ④
すく・ふ（救）
　—は　157–上10/34ウ②　157山-下6
　—ふ(終止)　275–2
　スクフ(終止)　95–78/6ウ①
　—ふ(連体)　103–6/8オ⑦
すぐ・る（勝）
　—れ(連用)　221–12/76ウ⑤, 37/78ウ②　237–29　259–B1　283山-上8　293山-下8/補ツ②　297山-上

9/補ネ⑥ 301-28/27オ② 303-B7
すけ 出家(出家) 39-28 253-17
すけ・す 出家(出家)
—せ 147-15/29オ①
—し 149-57/32オ① 283山-下7
すこし（少） 167-16/40ウ② 183-26/54オ⑤ 203-78/73ウ② 237-26 293山-下4
〈すこし〉 補チ①
すざう（衆生） 227-6/81ウ① 288山-上18
ずしたも・つ（誦持）
—ち 171-22/42ウ⑦
—つ(終止) 191-37/59ウ⑦
—て(已然) 161-7/35ウ④
すじやう 衆生・(衆)上[→いさい—、ごぢよく—りやうりく] 27-6 91-13/1ウ⑥ 288山-下16 293山-上11 補ソ④ 301-24/26ウ⑤ 303-A31/27オ⑤ 315-7 356-下4/83オ④ 補シ⑥
すしゆんてんわう（崇俊天皇)→すすんてんわう
ず・す（誦)[→ずんず]
—せ 173-67/46オ③ 297山-下2/補ノ③
—し 147-15/29オ① 221-4/76オ④ 239-C2
—す 159山-上6 189-2/57オ⑦ 補ク⑦
—する 159山-上8 189-27/59オ④
—すれ 159-1/35オ① 159山-下2
〈誦す〉 補ノ②
すす・む（進・勧）
—め(連用) 109-117/16オ⑥ 203-72/73オ③ 253-7 275-5
—む 139-1 221-7/76オ⑦,〈13a/76ウ⑥a〉
—むれ 63-B5 193-11/61ウ③
すすめまう・す（勧申）
—し 253-16
すすんてんわう 崇俊天王 109-128/17オ②
すそう（衆僧） 239-B1
すだうく（修多羅供） 183-3/52ウ③
すだなたいし（須太那)太子 63-B2
すだらく（修多羅供)→すだうく
すだゑてん（須陀会)天 237-24
す・つ（捨）
—て(未然) 95-82/6ウ⑤
—て(連用) 93-53/4ウ④ 95-79/6ウ② 147-7/28オ⑦ 221-6/76オ⑥
—つ 95-84/6ウ⑦ 107-75/13オ⑥ 221-16/77オ② 265-B5
—つる 23-A2
ずつ（術） 191-35/59ウ⑤
すて→すで{に}
すてお・く（捨置）
—き 283山-下5
すでに（已・既） 27-1 39-7 63-C3 193-6/61オ⑤ 239-C4 281-6/24オ⑥ 補ヘ⑤
すで{に} 205-102/75オ⑤
すなち→すな{は}ち
すなど・る（漁）
—る(連体) 157-上4/34オ③ 157山-下2,下11
すなはち 即(即・則) 21-7 39-30,35 67-6 111-165/19ウ④,169/20オ① 133-B3 139-2 157-上3/34オ② 157山-下2 163-36/37ウ⑤ 165-7/39オ① 167-20/40ウ⑥ 175-22/47ウ⑤,29/48オ⑤ 179-26/50オ⑤ 181-49/51ウ⑦ 183-18/53ウ④ 185-53/56オ④ 197-33/66ウ⑤ 199-43/67ウ① 201-36/70ウ② 221-32/78オ④,33/78オ⑤ 223-66/80ウ③ 239-C1 253-2 261-14 269-B1 275-8 281-1/24オ① 293山-下19/補ト⑤ 補ア①
スナハチ 107〈76/13オ⑦〉
すな〈ハ〉ち 203-75/73オ⑥
すな{は}ち 173-59/45ウ②
すふくじ 崇福寺 265-A13
すべて（惣） 91-25/2ウ④ 203-42/71オ① 221-26/77ウ⑤ 223-51/79ウ②,68/80ウ⑤ 303-B13
すま・ふ（拒）
—ひ 67-3
すみ（炭） 288山-下13
すみか（住） 27-1
すみとうくわう〈にょらい〉（須弥灯)光如来 283-14/24ウ⑦
す・む（住）
—ま 93-44/4オ② 117-B2 223-61/80オ⑤ 251-5
す(ま) 63-A7
—み 111-160/19オ⑥ 補エ②
—む(終止) 63-A2 159山-上3/補ク⑤ 175-15/47オ⑤ 183-2/52ウ② 189-4/57ウ② 193-3/61オ② 201-20/69オ⑦

—む(連体)　161-22/36ウ⑤　179-32/50ウ④　288山-下3
—め(命令)　251-6
するが（駿河）　133-B9
すゑ（末)[→ゆく—]　301-4/25オ⑥, 5/25オ⑦
すゑのよ（末世）　237-15　253-20　288山-下16
ずん・ず　誦[→ずす]
—シ　39〈29〉
—ず　159山-上4　297山-下1

せ

せ（施)[→ほふ—]　265-A20
せい→せい{し}
せいしゆく（星宿)→さうすく
せい・す（制)
せイせシ　223[60/80オ④]
—し　149-41/30ウ⑥
せい{し}　205-92/74ウ②
せいらうでん（清涼)殿　297山-上2
せいりう　青龍　113-198/22オ②
せうえう（逍遥)→せうよう
せうこく　小国　113-218/23ウ①
せうじようきやう　小乗経[→だい—]
せウタイ〈ノてら〉招提寺　289山-上5
せうめいでん　昭明殿　294山-11
せうめいでん　照明殿　補ヌ④
せうよう（逍遥）　259-A2
せきくゑん　赤縣　111-157/19オ③
せぎやう（施)行　191-44/60オ⑦
せけむ（世間）　221-7/76オ⑦
ぜごむ（善根）　288山-下16
ぜざい　善財　95-81/6ウ④
ぜざいどうじ（善財童子）　275-12
せさう（殺生）　103-28/10オ①, 31/10オ④
せじ（宣旨）　107-72/13オ③
ぜじ（禅師)[→あい—、し—、てんぎ—、ねむ—]　153-13/33オ③, 16/33オ⑥, 19/33ウ①　195-40/63ウ④
ぜちしき（善知識）　275-13
せちにちごと（毎節)日　185-61/56ウ⑤
せつしやう（殺生)→せさう
せつせんどうじ　雪山(童子)　95-78/6ウ①
雪山〈童子〉　265-B5
せなか（背）　161-25/37オ①
ぜに（銭）　167-7/39ウ⑦　183-3/52ウ③, 21/53ウ⑦　187-67/57オ④　189-2/57オ⑦, 6/57ウ④, 8/57ウ⑥, 9/57ウ⑦, 13/58オ④　237-26
せば・し（狭）
—き　203-69/72ウ⑦
せふりちぎかい（摂律儀戒）　303-A39/27ウ⑥
せム　撰　133-C10
せむ（施无）　83-1, 6
せん　補カ⑥
せ・む（責）
セメ(未然)　303-B12a
—め(連用)　107　75/13オ⑥　131-B13　161-18/36ウ①　193-27/62ウ⑤
—む　157-上9/34ウ①　157山-下5
—むる　補イ⑤
せん・す(撰)
—せ　補キ⑥
ぜむごむ（善根）　227-24/82ウ⑤　259-A7
せむだむ（栴檀）　247-B1
せむだむかう（栴檀香）　221-14/76ウ⑦
せむほふ（懺)法・(懺法)　231-1　補ケ⑤
せめゆ・く（攻行）
—き　109-123/16ウ④
〈せ〉やくゐ（施薬院）　275-2
せん　千　221-15/77オ①　223-58/80オ②　補エ④
セン　撰[→せム]　117-B4, B5
ぜん　善[→じふ—]
ぜんあく　善悪　227-7/81ウ②
せんくゑゑ　千花(会)　317-A4/189④
ぜんけんむすうぶつ　漸見無数仏　319-B 5
ぜんごん（善根)→ぜごむ、ぜむごむ
ぜんざい（善財)→ぜざい
せんさうの山（仙聖の山）補エ①
せんじ（宣旨)→せじ
ぜんじ（禅師)→ぜじ
せんじゆ　千手　161-7/35ウ④
せんじゆきやう　千手経　161-26/37オ②, 32/37ウ①
ぜんだう（禅定）　221-6/76オ⑥

せんだん（栴檀）→せむだむ
ぜんちしき（善知識）→ぜちしき
ぜんぢやう（禅定）→ぜんだう
ぜんぢやうはらミち 禅定波羅（蜜） 補ゥ①
せんにん 千人 91–24/2ウ③
せんにん 仙人［→さいそう—］ 19–4 21–1, 3 131–B2 補イ②
仙（人） 19–7
（せん）人 補ア①
せんふく（千輻） 221〈13a/76ウ⑥a〉
せんぼふ（懺法）→せむぼふ
せんまん 千万 23–B9

そ

そ（疏）［→しよ］ 111–174/20オ⑥
そう 僧（僧）［→ごひやく—、す—、だう—、たふ—、ひやく—、みやう—］ 81–A14 93–44/4オ② 103–5/8オ⑥ 111〈167/19ウ⑥〉 113–185/21オ③, 190/21ウ①, 196/21ウ⑦ 141–6 143–A4 147–24/29ウ③, 25/29ウ④, 28/29ウ⑦ 157–上2/34オ① 157山–下1 159山–上4 167–12/40オ⑤ 189–1/57オ⑥, 6/57ウ④, 14/58オ⑤, 15/58オ⑥, 26/59オ③, 31/59ウ① 191–40/60オ③, 41/60オ④, 42/60オ⑤, 44/60オ⑦, 46/60ウ② 193–2/61オ①, 〈5/61オ④〉, 9/61ウ① 201–1/68オ②, 19/69オ⑥, 28/70オ① 205–98/75オ① 221–10/76ウ③, 36/78ウ① 223–52/79ウ③, 54/79ウ⑤, 58/80オ②, 59/80オ③, 72/81オ② 227–15/82オ③, 20/82ウ① 237–10, 13, 17, 28 239–A34, C2 241–5 265–A13, B7 287山–下3 293山–下2/補タ⑤, 下13/補テ③ 297山–下1/補ノ③ 301–8/25ウ③ 317–A7/189⑦ 補キ⑦ 補ク⑦ 補シ④ 補セ⑥
そうぎりち（僧祇）律 227–17/82オ⑤
そうぐ（僧供） 191–40/60オ③
そうごと（毎僧） 201–9/68ウ③
そうざう（僧正）［→だい—］
そうじやう（僧正）［→そうざう、ばらもん—、らうべん—］
そう・す 奏（奏）
—し 103–23/9ウ③ 105–59/12オ④ 107–71/13オ②, 81/13ウ⑤, 90/14オ⑦ 297山–上4
—す 103–25/9ウ⑤ 105–64/12ウ②
（そ）うす 143–A1
そうぢゐ（惣持院） 288山–上11
そうぢゐん（惣持院）→そうぢゐ
そうづ（僧都） 271–5
そうばう（僧房） 201–8/68ウ②
そうほうゑ（僧法会） 294山–3/補ナ③
そうほふゑ（僧法会）→そうほうゑ
そうみやう・なり 聡明
—なり（終止） 147–14/28ウ⑦
そがのうまこのすくね（蘇我）馬子（宿祢） 105–46/11オ⑤
そがのおほおみ（蘇我）大臣 105–60/12オ⑤ 107–89/14オ⑥, 102/15オ⑤
ぞく（俗）［→だう—］ 161–15/36オ⑤ 165–5/38ウ⑥, 6/38ウ⑦ 193–15/61ウ⑦, 20/62オ⑤, 26/62ウ④, 32/63オ③ 195–34/63オ⑤, 39/63ウ③ 231〈2〉
そくさい（息災） 259［A2］
ぞくさんわう 粟散王 105–41/10ウ⑦
ぞくしやう 俗姓 131–A1
ぞく〈ども〉（俗共） 193–33/63オ④
そこ（底） 93–47/4オ⑤ 189–24/59オ①, 26/59オ③ 197–30/66ウ②, 34/66ウ⑥, 35/66ウ⑦ 199–39/67オ④
そこ（其） 111–160/19オ⑥ 183–18/53ウ④
そこばく（若干） 173–60/45ウ③
そしり（誹） 23–B1
そし・る（誹）
—り 259–A4
そそ・く（注・灌）
—き 27–9 294山–14
—く（終止） 239–B6
—け（已然） 91–15/2オ①
そなた（其方） 117–B13
そなは・る（具）
—る（終止） 293山–下7/補チ⑥
そな・ふ（具）〈四〉
—へ（已然） 237–12
そな・ふ（具・備）〈下二〉
—へ（連用） 185–30/54ウ② 197–20/65ウ⑥ 239–B3 253–13

その（園） 109-124/16ウ⑤ 239-B5
その 其(其) 19-3 39-2, 7 49-1, 1 63-A4 79-8 81-A5, A8 107-106/15ウ② 109-122/16ウ③ 111-151/18ウ④ 131-B4 147-4/28オ④, 18/29オ④, 19/29オ⑤ 149-50/31ウ① 157-上4/34オ③ 157山-下2, 下9 161-3/35オ⑦, 10/35ウ⑦, 22/36ウ⑤, 24/36ウ⑦, 31/37オ⑦ 163-43/38オ⑤ 171-33/43ウ④ 173-46/44ウ③, 61/45ウ④, 64/45ウ⑦ 175-6/46ウ③, 22/47ウ⑤ 179-17/49ウ③ 181-43/51ウ① 183-2/52ウ②, 14/53オ⑦ 185-36/55オ①, 44/55ウ②, 55/56オ⑤ 191-37/59ウ⑦, 43/60オ⑥ 199-47/67ウ⑤ 205-84/74オ①, 100/75オ③, 101/75オ④, 102/75オ⑤, 110/75ウ⑥ 223-42/78ウ⑦, 43/79オ① 239-A35 251-1 259-A1 263-12 271-2 281-10/24ウ③ 283山-上8 289山-上1, 上2 294山-6/補ニ①, 12/補ヌ⑤ 297山-上3, 下1 301-29/27オ③ 303-B8 補ウ② 補マ⑥
〈そ〉の 179-30/50ウ②
そ〈の〉 265-A16
〈ソノ〉 補ノ②
{そ}の 補オ①
そ・ふ（副）〈四〉
—ひ 183-10/53オ③ 195-35/63オ⑥ 205-96/74ウ⑥
—へ(已然) 109-142/18オ②
そ・ふ（副・添）〈下二〉
—へ(連用) 171-26/43オ④ 297山-下5/補ノ⑦ 補ケ②
そふのかみのこほり（添上郡） 175-1/46オ⑤
そま（杣） 231[7]
そまん 蘇蔓 149-52/31ウ③
そもそも 抑(抑) 91-34/3オ⑥ 149-41/30ウ⑥ 203-44/71オ③ 288山-下13
そら（空） 27-9 55-5, 6 113-200/22オ④ 147-27/29ウ⑥ 163-37/37ウ⑥, 38/37ウ⑦, 42/38オ④ 197-27/66オ⑥ 293山-上12, 上13, 上13 319-A4 補ソ⑤⑥⑦
そ[ら] 317-A7/189⑦
〈ソラ〉 補エ⑥
そらこと（虚言） 171-35/43ウ⑥
そ・る（剃）
—り 147-16/29オ② 253-18
—る(終止) 231-6
—れ(已然) 223-63/80オ⑦
それ（其） 91-26/2ウ⑤ 171-30/43ウ① 185-31/54ウ③ 191-33/59ウ③ 265-A18 283山-下6

た

た 田 265-A17
だいあんじ 大安寺[→だいやじ] 183-2/52ウ② 185-54/56オ⑤ 201-1/68オ② 293山-上1, 上14 294山-2/補ナ①, 3/補ナ④ 補タ①
〈だいい〉きやう 提韋経 補ハ③
だいいち 第一(第一) 265-A21 283山-下8
だい{い}ち 309 4
だいかくじ（大覚寺)→だいけんじ(大賢寺)
だいくわんだいじ 大官大寺 294山-3/補ナ④
たいげふ 大(業) 93-56/4ウ⑦
だいけんじ 大賢寺 251-1
たいさ（帝釈） 237-5
だいざう 大(象) 223-62/80オ⑥
たいさく（帝)尺・(帝釈） 103-27/9ウ⑦ 227-5/81オ⑦, 25/82ウ⑥ 265-B6 288山-下4
たいし 太子[→ざうぐ—、すだな—] 23-B1, B10 27-2 63-A5, B5, B6, 〈C3〉 65-2, 6 67-5, 7 103-9/8ウ③, 23/9ウ③, 32/10オ⑤ 105-35/10ウ①, 38/10ウ④, 38/10ウ④, 42/11オ①, 50/11ウ②, 54/11ウ⑥, 66/12ウ④ 107-77/13ウ①, 86/14オ③, 91/14ウ①103/15オ⑥ 109-108/15ウ④, 120/16ウ②, 〈121/16ウ③a〉, 128/17オ②, 129/17オ③, 130/17オ④, 132/17オ⑥, 134/17ウ①, 137/17ウ④, 139/17ウ⑥ 111-145/18オ⑤, 153/18ウ⑥, 170/20オ②, 177/20ウ② 113-198/22オ②, 204/22ウ①, 206/22ウ③, 213/23オ③, 218/23ウ① 115-222/23ウ⑤ 117-A3, A6, B2, B7, B11, B14 223-58/80オ② 253-4, 14 293山-上2
(たい)し 65-1
だいし 大師(大師)[→じかく—、でむげう—、ひえの—] 143-A2 193-5/61オ④ 195-45/64オ② 231-2 253[14] 287山-下2 301-6/25ウ①, 7/25ウ②, 10/25ウ⑤ 補ケ⑥
だいじ（大臣） 315-1

だいじ（大慈）[→ぐせ一くわんぜおんぼさつ]

だいしふきやう 大(集)経　221-30/78オ②

たいしやく（帝釈）→たいさ、たいさく

だいしゆ 大衆　157山-下10

だいじよう（大乗）→だいぜう、だいぞう

だいじん 大臣[→おとど、おほおみ、だいじ]　23-B1 41-42 223-60/80オ④ 補セ⑦

だいじんぐう（大神宮）→おほみわでら

だい[ぜ]う 大(乗)[→はうくわう一]　221-4/76オ④

だいぜうかい 大少(戒)【大乗戒】 301-15/26オ③

だいせうじようきやう 大小乗経　265-A15

たいそう 大宗 太宗　294山-11/補ヌ②

だいぞう 大(乗)　167-25/41オ④ 171-34/43ウ⑤ 185-57/56ウ① 221-4/76オ④

だいぞうきやう 大(乗)経　161-28/37オ④ 191-49/60ウ⑤

だいぞうきやうてん 大(乗)経(典)　93-72/6オ②

だいそうざう 大(僧正)[→へんぜう一]　141-5

だいたう 大唐(大唐)　93-65/5ウ② 187-64/57オ①

だいだんをつ 大檀越　195-46/64オ③

だいち→だい{い}ち

だいち 大地　39-30 55-4 65-2

だいとく 大徳・大(徳)[→かいみやう一、じおう一]　153-15/33オ⑤ 189-17/58ウ①

だいはなかう 大(般若経)　294山-12/補ヌ⑤

だいはにやきやう 大(般)若経　294山-8/補ニ④, 10/補ヌ①

だいはんにやきやう（大般若経）→だいはなかう、だいはにやきやう

だいひ　大悲(大悲)　149-39/30ウ④ 288山-下17

だいひきやう 大非経【大悲経】 221-28/77ウ⑦

だいひやく（第)百　143-A4

だいぶつ 大仏　315-3

たいほうぐわんねん 大宝元年　293山-下14/補テ⑤

だいほふし 大法師[→ちくわう一]

だいやじ 大安寺　149-32/30オ④

だ〈い〉り（内裏）　107-91/14ウ①

だいりやう 大領　147-30/30オ②

たいれん 大連　105-57/12オ②

だいわう 大王・大(王)　81-A1 237-1 288山-下5

たウ（唐)[→もろこし、だい一]　95〈94/7ウ③〉

だう　堂(堂)[→ひむがし一]　117-A1 153-10/32ウ⑦ 171-6/41ウ⑤, 36/43ウ⑦ 173-48/44ウ⑤, 61/45ウ④ 205-99/75オ②, 104/75オ⑦ 263-3 293山-下10/補ツ⑤, 下11/補ツ⑦

だう 道[→あく一、ぐゐ一、ぶつ一] 補カ④

だう[こム]ら 道欣(等)　113-191/21ウ②

だうし 道士(道士)　63-A4 113-193/21ウ④

だうし（導師)[→おほむ一]

だうじ 道慈　293山-下13/補テ②, 下18/補ト③, 下19/補ト⑤

［だうじ］道慈　補テ②

だうじりし 道慈(律師)　294山-4/補ナ④

だうしん 道心　179-2/48ウ②

たうす（聴衆）　229-1

だうせうくわしやう 道昭和尚　133-C1

[だう]そう 堂僧　補ケ④

だうぞく 道俗　149-49/31オ⑦

だうたふ 堂塔(堂塔)　107-73/13オ④ 315-3

たうと・し（貴）

一く　173-54/45オ④

一し　77-B9 221-21/77オ⑦

一き　223-42/78ウ⑦, 69/80ウ⑥, 72/81オ②

たうと・ぶ（尊）

一び　275-1

たうりてん（忉利)天　95-89/7オ⑤

たえう・す（絶失）

一せ(連用)　107-86/14オ③

たかいち（高市）　293山-上13/補ソ⑦

たかいちのこほり（高市）郡　294山-4/補ナ⑤

たか〈か〉ものあそん（高賀茂)朝臣　131-A2

たかさ（高）　197-28/66オ⑦ 259-B9

たか・し 高(高)

一く　179-12/49オ⑤ 259-B6 288山-下2

タカク　91〈9/1ウ②〉

一し　141-7

一き　23-B8 91-7/1オ⑦

たかしまのこほり（高嶋郡）　183-7/52ウ⑦

たかのひめのみかど（高野姫御門)→かうやひめのみかど

たかはしのむらじあづまひと（高橋連東)人　171-1/41オ⑦

たが・ふ（違）〈四〉

—は　113-207/22ウ④ 293山-上11/補ソ③

—ハ　203-46/71オ⑤

—へ（已然）　147-20/29オ⑥

タカヒニ（互）　91〈14/1ウ⑦〉

たから 宝（財・宝）　23-B5, B5 27-7 63-C3 109-124/16ウ⑤ 171-3/41ウ② 223-69/80ウ⑥ 237-1 288山-上16, 上17 補サ①③④⑦ 補セ③

たか［ら］　補カ④

たきぎ（薪）　131-B9 207-3, 5

た・く（焚）

—き　27-3 103-24/9ウ④

—く（連体）　247-A2

たくは・ふ（貯）

—へ（連用）　189-2/57オ⑦

たぐひ（類）　83-2

たくみ 工（工）　293山-下2/補タ④, 下4/補チ①

たけ（竹）　55-1 93-41/3ウ⑥

たけ（丈・長）　147-12/28ウ⑤ 159山-上3/補ク⑤ 167-22/41オ① 275-14

たけ・し（猛）

—き　補ヒ③

たけち（高市）→たかいち

たす・く（扶・助）［→あひ—］

—け（連用）　83-2 175-25/48オ① 193-7/61オ⑥, 31/63オ② 197-15/65ウ① 補マ⑥

—くれ　195-48/64オ⑤

—けよ　157-上9/34ウ① 157山-下5 179-24/50オ③ 197-32/66ウ④

たすけおこ・す（扶起）

—し　79-13

たすけやしな・ふ（扶養）

—は　補カ⑥

ただ（只・但）　77-A4 79-10 111-159/19オ⑤ 133-B10 147-21/29オ⑦ 171-21/42ウ⑥ 173-43/44オ⑦ 179-26/50オ⑤ 203-64/72ウ② 293山-下5/補チ③ 309-2 補イ⑥ 補ホ⑥

ただし　153-15/33オ⑤

たたかひ（戦）　109-114/16オ③

たたか・ふ（戦）

—ひ　117-B11 288山-下5

—ふ（終止）　107-105/15ウ①

—ふ（連体）　109-117/16オ⑥

たた・く（叩）

—け（已然）　179-21/49ウ⑦

ただ・し（正）

—しき　288山-下10

ただし（但）　173〈44/44ウ①〉 185-36/55オ①, 45/55ウ③ 191-37/59ウ⑦

ただ・す（糺）

—さ　193-21/62オ⑥

たたまふ→たまふ

ただよ・ふ（漂）

—ふ（終止）　189-30/59オ⑦

たち（舘）　105-37/10ウ③ 175-15/47オ⑤

たち（太刀）　19-7

たちばなうぢ（橘氏）［→こ—］

たちばなでら 橘寺（橘寺）　111-152/18ウ⑤ 117-A4

たちばなのあそみなうらまろ 橘朝臣奈良麿　263-10

たちまちに（忽）　133-C7 153-3/32オ⑦ 161-31/37オ⑦ 171-17/42ウ② 175-23/47ウ⑥ 185-62/56ウ⑥ 261-10

た・つ（立）〈四〉［→いで—、おもひ—］

—ち　67-5 109-109/15ウ⑤ 173-47/44ウ④ 281-7/24オ⑦

—つ（終止）　287山-下3

た・つ（立・建）〈下二〉［→うつし—］

—て（未然）　109-115/16オ④

—て（連用）　251-1 271-2 275-2, 5 288山-上17 289山-上5 293山-上14 補タ② 301-15/26オ③ 303-B5 315-7

—つ　105-49/11ウ① 109-127/17オ① 111-152/18ウ⑤

—つる　301-21/26ウ②

た・つ（絶）

—ち　105-66/12ウ④

たづ・ぬ（尋）

—ね（連用）　63-A1

たづねきた・る（尋来）

—〈れ〉（已然）　63-B6

たづねと・ふ（尋問）

たづねと〈ハ〉　181-53/52オ④

たづねゆ・く（尋行）
　—き　77-B2
たてまつ・る（奉）
　—り　263-7
　—る(終止)　183-21/53ウ⑦　201-12/68ウ⑥　203-68/72ウ⑥
　—る(連体)　179-4/48ウ④　283山-上5　319-A5
　—れ(已然)　39-36　103-32/10オ⑤　109-139/17ウ⑥　117-A2　301-12/25ウ⑦
たてまつ・る（奉）〈補助動詞〉
　—ら　111-178/20ウ③　167-5/39ウ⑤　171-5/41ウ④　173-56/45オ⑥　195-45/64オ②　197-13/65オ⑥, 14/65オ⑦, 16/65ウ②　201-31/70オ④　288山-下3　297山-上9/補ネ⑦　補コ①　補シ⑥
　—り　79-17　105-47/11オ⑥　109-132/17オ⑥, 134/17ウ①　117-B2　167-4/39ウ④　173-52/45オ②, 56/45オ⑥　193-30/63オ①　221-27/77ウ⑥　237-27　253-5　288山-上19　293山-上10/補ソ②
　—る(終止)　107-102/15オ⑤　117-B9　237-31　293山-上9, 上10/補ソ①
　—る(連体)　117-B3　167-9/40オ②　247-A6　288山-上5　289山-上3, 上3　293山-上10　317-A5/189⑤
　—れ(命令)　185-49/55ウ⑦　289山-上7　297山-上10/補ノ①
　たて(まつら)　補サ⑦
たとひ（縦）[→たとゐ]　21-4　95-83/6ウ⑥　221-11/76ウ④, 13/76ウ⑥　301-27/27オ①　補フ⑤
たとゐ（縦）　補フ⑤
たなごころ 心【掌】　95-97/7ウ⑥　103-18/9オ⑤　105-39/10ウ⑤　294山-13/補ヌ⑥
　たたなごころ　223-72/81オ②
たに（谷）　79-20　91-10/1ウ③
たにがは（谷)河　181-41/51オ⑥
たね（種）　65-4　91-16/2オ②　239-B2
たのしび（楽）　227-18/82オ⑥　237-7, 8　301-26/26ウ⑦　319-A2
たのし・ぶ（楽）
　—ぶ(終止)　補オ②
たのしみ（楽）　95-90/7オ⑥
たのみ（馮）　221-28/77ウ⑦
たの・む（馮）
　—ま　203-43/71オ②
　—み　77-A2　221-39/78ウ④
　—ミ　181-43/51ウ①
　—む(終止)　65-9　259-A2　319-B5
　—め(命令)　79-10
　—[め](命令)　221-39/78ウ④
たは→た{ま}は
たばか・る（謀）
　—り　185-42/55オ⑦
たはぶれ（戯）　139-4　179-16/49ウ②　223-54/79ウ⑤　247-A1　259-B6, B8　261-12　補フ⑤
たび（度）[→み—、もも—]　111-175/20オ⑦　113-189/21オ⑦　288山-下11
だび 荼毘　289山-上2
たびごと（毎度）　165-6/38ウ⑦
　た〈ひ〉ごと　165-7/39オ①
たひめ 鯛女　179-1/48ウ①
たひらか・なり（平）
　—に　203-64/72ウ②
たひら・ぐ（平）
　(たひらぐ)る　263-1
たふ 塔(塔)[→ざう—えんめいきやう、だう—]　105-49/11ウ①, 50/11ウ②, 54/11ウ⑥　109-115/16オ④,　259-B1, B7, B9　283山-下1, 下1　288山-上17, 下18　293山-上14/補タ②　301-21/26ウ②
た・ふ（堪）
　—へ(未然)　79-4　167-10/40オ③　179-9/49オ②　189-20/58ウ④　193-5/61オ④　288山-上13　303-B9　補フ①
たふそう 塔僧　補ケ④
たふと（貴）　93-67/5ウ④
たふと・し（貴）[→たうとし]
　—く　147-18/29オ④　265-A13
　—き　181-42/51オ⑦　221-36/78ウ①　265-B5
たふと・ぶ（貴）〈上二〉[→たうとぶ]
　—び　141-3　199-44/67ウ②　223-57/80オ①　263-3
　—ぶる　185-60/56ウ④
たふと・む（尊）
　—み　105-60/12オ⑤
たぶらか・す（狂）
　—す(連体)　131-B6

たふ・る（倒）

—れ(連用)　175-22/47ウ⑤

たぶ・る（狂）

—れ(連用)　補ウ③

たふれまろ・ぶ（倒転）

—ぶ(終止)　259-A5

—ぶ(連体)　79-12

たへがた・し（難堪）

—し　107-82/13ウ⑥

—けれ　39-11

たへ・なり　妙(妙)

—に　147-13/28ウ⑥

—なり(終止)　111-148/18ウ①　149-46/31オ④

—なる　91-19/2オ⑤　95-98/7ウ⑦　107-93/14ウ③　113-218/23ウ①　275-13　293山-上9, 上13/補ソ⑥　297山-上10/補ネ⑦　補セ③　補マ⑦

たま　玉(玉・珠)　27-2, 4, 6　91-32/3オ④　113-179/20ウ④, 190/21ウ①　221-5/76オ⑤　227-25/82ウ⑥　303-B12a

たましひ（魂）　77-A4　113-186/21オ④

たまたま（適）　179-35/50ウ⑦

たまつくり（玉造）　109-125/16ウ⑥

たま・ふ　給(給・賜)〈四〉

—ひ　107-84/14オ①　227-11/81ウ⑥　251-6　301-15/26オ③

—ふ(終止)　141-6　203-60/72オ⑤　293山-下19/補ト⑤

—ふ(連体)　23-B1

たま・ふ　給(給・賜)〈下二〉

—へ(連用)　297山-下6/補ノ⑦

たま・ふ　玉・給(給)〈補助動詞〉

—はく　227-2/81オ④　281-6/24オ⑥

—は　111-176/20ウ①, 176/20ウ①　253-15　283山-上2　288山-下16

た{ま}は　77-A3

—ひ　39-37　91-2/1オ②, 35/3オ⑦　103-29/10オ②　107-88/14オ⑤, 91/14ウ①, 92/14ウ②　109-129/17オ③　111-144/18オ④　113-192/21ウ③　141-3　167-18/40ウ④　193-6/61オ⑤, 7/61オ⑥　203-46/71オ⑤　205-85/74オ②　253-3, 4, 17　263-3, 4, 6　283山-上8　293山-上2, 下17　315-3

〈たまひ〉　補ケ⑥

—ふ(終止)　41-42　63-C1　65-14　77-B5　79-14　93-70/5ウ⑦　103-23/9ウ③, 29/10オ②, 32/10オ⑤　105-44/11オ③, 67/12ウ⑤　109-130/17オ④, 132/17オ⑥, 138/17ウ⑤　111-146/18オ⑥, 151/18ウ④, 175/20オ⑦　113-206/22ウ③, 213/23オ③　115-223/23ウ⑥　141-4　149-40/30ウ⑤　171-19/42ウ④　193-9/61ウ①, 32/63オ③　253-8　293山-上14/補タ②, 下9/補ツ③, 下9/補ツ③, 下18/補ト④,　297山-上3, 上6/補ネ①　315-1, 6

—ふ(連体)　77-A7　91-3/1オ③, 6/1オ⑥, 9/1ウ②　149-41/30ウ⑥　153-1/32オ⑤　159山-上2/補ク③　167-26/41オ⑤　175-31/48オ⑦　193-8/61オ⑦, 30/63オ①　203-62/72オ⑦　251-3, 4　253-7, 19　263-8　265-A20　275-9　283山-上3　288山-上6, 下15　293山-下2/補タ⑤　297山-下5/補ノ⑥　301-9/25ウ④　補サ⑤　補マ①

たたまふ(連体)　103-20/9オ⑦

—へ(已然)　39-38　49-3　91-4/1オ④, 13/1ウ⑥, 20/2オ⑥, 28/2ウ⑦　93-71/6オ①　103-4/8オ⑤, 9/8ウ③, 14/9オ①　107-72/13オ③　109-109/15ウ⑤, 114/16オ③, 131/17オ⑤　111-178/20ウ③　113-179/20ウ④, 204/22ウ①　117-A5　133-B2　197-15/65ウ①　201-29/70オ②, 32/70オ⑤, 33/70オ⑥　205-92/74ウ②　237-14　251-7　253-13, 19　263-8　275-5, 5, 7　288山-上18, 下15, 下17　293山-上4, 上8

タマヘ(已然)　103[31/10オ④]

—へ(命令)　77-A1　167-14/40オ⑦　175-18/47ウ①　193-31/63オ②　195-45/64オ②　293山-下2/補タ④, 下6/補チ⑤　補ホ③

たみ（民）　23-B1　83-6　105-62/12オ⑦　197-3/64ウ③　237-32　309-1

たミ　65-5

だむをち（檀越）　269-B3

ため（為）[→おほむ—]　27-6　79-15　131-B7　149-40/30ウ⑤　167-4/39ウ④　171-4/41ウ③, 9/42オ①, 33/43ウ④　173-37/44オ①, 64/45ウ⑦　175-7/46ウ④　185-48/55ウ⑥　191-40/60オ③　195-48/64オ⑤　237-17　288山-下16　293山-下14/補テ④　315-7　補フ②

たも・つ（持）[→うけ—、ずし—]

—ち　81-A14 83-7
—つ(連体)　161-23/36ウ⑥ 301-23/26ウ④,25/26ウ⑥,26/26ウ⑦
—て(已然)　111-155/19オ①,161/19オ⑦ 113-182/20ウ⑦ 161-28/37オ④ 227-2/81オ④
た・ゆ（絶）
—え(連用)　91-21/2オ⑦ 205-86/74オ③,102/75オ⑤
—ゆる(連体)　補ヘ④
たより（便）　179-34/50ウ⑥ 189-11/58オ②
だらに（多羅尼）[→はんにや—]　161-25/37オ①,30/37オ⑥
たりお・つ（垂落）
—ち(連用)　193-19/62オ④
た・る（足）
—る(終止)　281-3/24オ③
た・る（垂）
—れ(連用)　93-59/5オ③,68/5ウ⑤ 107-92/14ウ② 115-222/23ウ⑤ 149-47/31オ⑤ 補マ④
たれ（誰）　19-6 63-B1 77-A2,A5,B4 91-31/3オ③ 133-C1 223-46/79オ④
だんおつ 檀越　157-上2/34オ① 157山-下1 173-46/44ウ③
ダン・ズ 断
—ズル　303-A40/27ウ⑦
だんをつ 檀越[→だむをち、だんおつ、だい—]　167-10/40オ③,16/40ウ②

ち

ち（血）　55-2 67-4
ち 地[→だい—]　67-6 111-151/18ウ④ 195-39/63ウ③ 293山-上14/補ソ⑦
〈地〉　補エ⑥
ち（乳）　147-10/28ウ③
ち→{なむ}ち
ちう 中　補サ⑥
ちうぐうじ 中宮寺→なかみやでら
ちうぶん 中分　補サ②
ちうほむ 中品　301-25/26ウ⑥
ちか・し 近(近)
—く　183-28/54オ⑦ 201-19/69オ⑥ 289山-上3
—き　153-21/33ウ③
ちかづきゆ・く（近付行）
—く(連体)　55-3
ちかづ・く 近(近)
—き　39-2
—く(連体)　157-上11/34ウ③ 157山-下6
ちか・ふ（誓）
—ひ　21-7 109-118/16オ⑦ 281-3/24オ③ 288山-上2 補ケ②
ちから 力(力)　153-23/33ウ⑤ 161-24/36ウ⑦,26/37オ② 167-25/41オ④ 173-54/45オ④,66/46オ② 175-30/48オ⑥ 181-51/52オ② 185-57/56ウ① 187-65/57オ② 191-37/59ウ⑦,49/60ウ⑤ 193-4/61オ③ 199-46/67ウ④,49/67ウ⑦ 205-110/75ウ⑥ 221-36/78ウ① 283-12/24ウ⑤ 288山-上13,下17 293山-上1 294山-8/補ニ④ 301-28/27オ② 補フ⑥
ちぎ・る 契(契)
—り(連用)　補キ②
—れ(已然)　179-36/51オ① 288山-上14
ぢく（軸）　113-190/21ウ①
ちくさう（畜生）　301-18/26オ⑥ 補ヒ④
ちくしやう（畜生）→ちくさう
ちくわうだいほふし 智光大法師　141-6
ちしき（知識）[→ぜん—]　199-45/67ウ③
ちち（父）[→おほむ—]　79-11 81-A5,A12 83-1 147-9/28ウ② 189-17/58ウ① 201-35/70ウ① 247-B2 補カ②
ちぢ 千々　113-210/22ウ⑦
ちとく 智徳　149-45/31オ③
ちどろ（智度論）　265-A19
ちはらのむら 茅原(村)　131-A4
ちひさ・し（小）
—く　221-23/77ウ②
ち[ヒ]さく　221-23/77ウ②
—き　139-3 193-14/61ウ⑥ 259-B2
ぢぶ 治部　143-A4
ちふこ(さ)（乳房）補ノ⑦
ちぶさ（乳房）　297山-下6/補ノ⑦
ぢやうぐわん 貞観　93-61/5オ⑤
ぢやうぐわんさんねん 貞観三年　93-39/3ウ④
ちやうくわんにねん 長寛二年　288山-上11

ちやうじや 長者[→しゆだつ—] 149-54/31ウ⑤
ちやうじゆ (聴衆)→たうす
ぢやうろく 丈六 293山-上7, 下1/補タ③
ちやくす 探手 259-B9
ちよく 勅 107-83/13ウ⑦
ちら・す (散)[→なげ—]
—し 319-A4
ちり (塵) 21-5 237-12 補ス⑦
ち・る (散)
—れ(已然) 21-2
ちゑ 智恵 283山-下9

つ

つ (津) 183-4/52ウ④, 17/53ウ③
ついたち 一日 103-11/8ウ⑤
ついで (次) 143-A4
つかうまつ・る (仕)
—ら 113-211/23オ①
—る(終止) 229-3 297山-上4
—る(連体) 251-5
つかさ (司)[→うた—、くにの—] 175-5/46ウ② 293山-上6
つかさつかさ (司々) 229-3
つかは・す (遣)
—し 107-73/13オ④
—す(終止) 111-156/19オ②
—す(連体) 133-B5
—せ(命令) 81-A2
つかは・る(使)
—るる 補ス⑥
つかひ (使) 109-133/17オ⑦, 141/18オ① 111-154/18ウ⑦, 160/19オ⑥, 166/19ウ⑤, 168/19ウ⑦ 171-7/41ウ⑥, 11/42オ③, 15/42オ⑦ 175-26/48オ② 183-13/53オ⑥, 15/53ウ①, 19/53ウ⑤ 185-56/56オ⑦ 187-67/57オ④ 195-43/63ウ⑦ 223-40/78ウ⑤ 247-A6
つかひと→つか{ひ}ひと
つか{ひ}ひと (仕人) 65-5
つか・ふ (使)[→おひ—、かり—、めし—]
—は 63-B2
—ひ 173-52/45オ②, 56/45オ⑥ 189-7/57ウ⑤
—ふ(終止) 201-5/68オ⑥
—ふ(連体) 173-47/44ウ④
つかへ〈ま〉つ・る (仕)
—り 81-A13
つかまつ・る (仕)
—る(終止) 113-191/21ウ②
つか・む (摑)
—む(終止) 147-28/29ウ⑦
つか・る (疲)
—れ(連用) 183-24/54オ③ 193-4/61オ③, 6/61オ⑤
つき 月(月)[→とし—、ひと—、や—、よ—] 27-3 103-25/9ウ⑤ 147-5/28オ⑤ 205-84/74オ① 227-7/81ウ② 317-A3/189③ 補ケ④
つぎ (次) 91-8/1ウ① 201-32/70オ⑤
つぎのにほんぎ 続日本紀・(続)日本紀・(続)日本(紀) 133-C10 275-7 317-A1/189①
つきひ (月日) 203-67/72ウ⑤
つ・く (付・着・就)〈四〉[→おひ—、ちか—]
—き 107-87/14オ④ 109-129/17オ③, 131/17オ⑤ 163-36/37ウ⑤ 189-2/57オ⑦ 補へ③
(つ)き 133-A1
つ・く (付・着)〈下二〉[→み—]
—け(連用) 109-132/17オ⑥ 161-5/35ウ② 197-34/66ウ⑥ 199-38/67オ③ 288山-下11
つ・く (尽)〈上二〉
—き(未然) 281-5/24オ⑤
—き(連用) 63-C3
つ・く (突)
—き 111-167/19ウ⑥
つ・く (築)
—き 107-105/15ウ①
つ・ぐ 告(告)
—げ(連用) 107-96/14ウ⑥ 159山-上7 171-35/43ウ⑥ 281-6/24オ⑥
—ぐ 111-166/19ウ⑤ 175-28/48オ④
つ・ぐ (継)[→あひ—]
つ(ぐ)(連体) 303-B14
つくえ (机)[→つくゑ] 259-A4
つくしのくに 筑紫国 149-32/30オ④
つく・す (尽)
—し 283山-下4 補カ④

—す　補サ⑤
つぐの・ふ（償）
—は　189-10/58オ①
—ふ(連体)　171-33/43ウ④
つくり（造）　293山-下6/補チ⑤
つくりわた・す（造渡）
—せ(命令)　131-B12
つくりを・ふ 作(畢)・(作畢)
—へ(連用)　293山-上8 294山-2/補ナ②
つく・る 作(造・作)[→うつし—、きざみ—]
—ら　107-85/14オ② 167-5/39ウ⑤ 293山-下1/補タ③, 下12 補テ②, 下16/補テ⑦, 下18 補ト④ 補シ④
—り　63-A6 65-3 105-47/11オ⑥ 111-171/20オ③, 175/20オ⑦ 117-A5 153-9/32ウ⑥ 171-18/42ウ③ 199-37/67オ② 203-51/71ウ③ 223-61/80オ⑤ 259-B9 263-3 275-6 288山-上17 293山-上3, 上7 301-11/25ウ⑥ 補タ⑥ 補ニ①
—る(終止)　259-B7 293山-上5
—る(連体)　227-6/81ウ① 259-B1 293山-上2 301[21/26ウ②]
—れ(已然)　93-46/4オ④ 247-A5 275-14 283-下4 293山-下3, 下12/補テ①, 下17/補ト① 294山-1/補ト⑦, 2/補ナ①, 2/補ナ②, 6 補キ① 補ホ①
つくろ・ふ（繕）
—へ(已然)　165-9/39オ③ 239-A33
つくゑ（机）　113-180/20ウ⑤
づたづたと（段々）　181-49/51ウ⑦
つたは・る（伝）
—り　95-95/7ウ④
—〈り〉　91-36/3ウ①
—れ(已然)　289山-上2 301-4/25オ⑥
つたはれ→つたは〈り〉
つた・ふ（伝）[→あひ—、うけ—]
—へ(未然)　265-B7
—へ(連用)　91-23/2ウ② 135-12 221-3/76オ③ 223-68/80ウ⑤ 265-A16 301-2/25オ④
つたへう・く（伝受）
—く(終止)　301-8/25ウ③
つたへお・く（伝置）
—け(已然)　288山-上12
つち 土(土・地)[→あめ—]　21-2 67-5, 6 93-47/4オ⑤ 105-39/10ウ⑤ 111-150/18ウ③ 197-5/64ウ⑤ 263-6 288山-下3 補サ⑥
つ(ち)　27-10
つちのえとら（戊寅）　185-43/55ウ①
つちのとゐ 己亥　133-B4
つちまろ（槌丸）　185-51/56オ②
つつがな・し（无恙）
—く　201-28/70オ①
つつしみ（慎）　79-15 227-21/82ウ②
つつし・む（慎）
—み　95-91/7オ⑦ 167-17/40ウ③ 263-2 294山-13/補ヌ⑦
—む(終止)　227-10/81ウ⑤
つづミ（鼓）　95-74/6オ④
つつ・む（包・裹）
—み　191-43/60オ⑥
—め(已然)　221-18/77オ④ 265-B4
つづ・む（縮）
—め(連用)　253-12
つて（伝）　263-12 補ホ②
つと・む（勤）[→おこなひ—]
—め(連用)　173-65/46オ① 207-6 227-12/81ウ⑦ 229-3 補サ①
つとめ（勤）　201-20/69オ⑦ 221-38/78ウ③, 38/78ウ③ 319-A6
つとめおこな・ふ（勤行）
—ふ(終止)　231-7
つな（綱）　199-38/67オ③
つなぎがた・し（難繋）
—し　補ウ③
つな・ぐ（繋）
—が　303-B11
—げ(已然)　303-A35/27ウ②
つね（常）　65-8 77-A1 113-216/23オ⑥ 185-58/56ウ② 189-31/59ウ①
つねに（常）　161-7/35ウ④ 179-3/48ウ③ 189-1/57オ⑥ 191-36/59ウ⑥ 203-62/72オ⑦ 283山-下6 288山-下13 301-29/27オ③ 補ウ⑤ 補ス③ 補へ③
つね〈に〉　補ス①
つのくに（摂津国）　143-A1 179-31/50ウ③ 181-

つ

52/52オ③
つばさ（翼） 221-35/78オ⑦
つばひらか・なり（詳）
—なら 167-3/39ウ③
つハひらかなら 175-2/46オ⑥
つはもの 物【兵】 107-97/14ウ⑦, 99/15オ②, 100/15オ③, 104/15オ⑦
つひ（終)→つゐ
つひえ（費） 294山-7/補ニ②
つひに（終・遂)[→つゐに] 21-6 39-25/188⑤, 27/188⑦ 91-24/2ウ③ 191-47/60ウ③, 48/60ウ④ 253-16 288山-上4, 下9
[つひ]に 319-A3
つぶさなり（具）
—なり 補ハ②
—に（具） 39-38 195-37/63ウ① 199-43/67ウ①
つぼ（壺） 105-53/11ウ⑤ 288山-下11
つまびらか（詳)→つばひらか
つみ 罪(罪） 49-2 65-3 83-4 153-6/32ウ③ 157山-下10 161-29/37オ⑤ 171-33/43ウ④ 185-38/55オ③, 47/55ウ⑤, 58/56ウ② 193-10/61ウ② 195-44/64オ① 223-53/79ウ④ 227-4/81オ⑥ 288山-上16, 下19
つミ 93-54/4ウ⑤ 133-B11
つみびと（罪人） 223-64/80ウ① 補ヒ②
つ・む（摘）
—み 179-4/48ウ④ 207-6
—む(連体） 179-6/48ウ⑥
つ・む（積）
—み 183-5/52ウ⑤ 259-B7 補サ⑦
つミ 201-8/68ウ②
—め(已然） 173-67/46オ③
つよ・し（強）
—く 163-36/37ウ⑤ 179-2/48ウ②
つるが（敦賀） 183-4/52ウ④
つるぎ（剣） 303-A36/27ウ③
つるのはやし（鶴林） 91-21/2オ⑦
つれな・し
—き 203-50/71ウ②
つゐ（終） 77-A5
つゐに（終・遂） 65-7 91-33/3オ⑤
つゑ（杖)[→もも—] 63-B5 111-167/19ウ⑥ 185-38/55オ③

て

て（手） 23-A4 27-5 67-1 81-A4, A7 107-92/14ウ② 147-28/29ウ⑦ 165-11/39オ⑤ 263-7
ていき 帝姫・帝(姫） 189-4/57ウ② 193-2/61オ① 197-2/64ウ②
ていし（天子)[→くわいしやうの—]
てう→て[ら]
てうしまろ 調使丸 109[141/18オ①]
てうよう 調用【調庸】 161-4/35ウ①, 17/36オ⑦
でし 弟子(弟子)[→ぶつみ—、ほとけのみ—] 113-184/21オ② 159山-上8 193-5/61オ④, 12/61ウ④ 251-7 253-13 263-12
てすさび（手遊） 247-A1
てつ（哲)→{ぶつ}てつ(仏哲)
てづから（手） 79-13 81-A4 173-47/44ウ④ 191-41/60オ④
でむげうだいし（伝教)大師 231-1
てら 寺(寺)[→あま—、いけじり—、いはふち—、おほみわ—、かづらき—、くだら—、くまこり—、せうたいの—、たちばな—、なかみや—、のお—、はちをか—、はなやま—、ひむか—、やま—、やましな—] 105-47/11オ⑥, 49/11ウ① 107-73/13オ④, 85/14オ② 109-115/16オ④, 125/16ウ⑥ 111-152/18ウ⑤, 153/18ウ⑥ 117-A1 157-上4/34オ③, 上13/34ウ⑤ 157山-下2, 下7 159山-上4/補ク⑦, 上10 183-3/52ウ③, 20/53ウ⑥ 187-67/57オ④ 195-36/63オ⑦ 201-4/68オ⑤ 203-56/72オ① 205-97/74ウ⑦, 107/75ウ③ 223-61/80オ⑤ 227-3/81オ⑤, 22/82ウ③ 263-12 265-A13 275-8 288山-下18 293山-上2, 上5, 上5, 上7, 下16/補テ⑦, 下18/補ト④ 294山-4/補ナ⑤, 7/補ニ③, 10/補ニ⑦ 315-7 317-A2/189② 補マ①
〈て〉ら 181-39/51オ④
〈てら〉 補ナ⑤
て[ら] 251-3
てら・す（照）
—し 227-25/82ウ⑥

—す（終止） 283山-下9
—す（連体） 91-7/1オ⑦, 10/1ウ③ 237-5
てらでら 寺々・寺（々）・（寺々） 227-13/82オ① 229-2 289山-上7
てりかかや・く（照耀）
—く（終止） 159山-上5
てん 天［→すだゑ—、たうり—、とそ—、にん—、ぼん—、よく—］ 111-149/18ウ② 237-29 283山-上7 288山-上16, 上19, 下2 317-B1
てん［→—りう］ 294山-13/補ヌ⑥
でん（伝）［→しゃうとくたいし—、にほんこくめいそう—］
てんぎぜじ 天義禅師 153-11/33オ①
でんげうだいし 伝（教大師）［→でむげうだいし］ 301-2/25オ④
てンけう大師 288山-上5
てんげん 天眼 283山-下7
てんし（天子）→ていし
てんじやうのにき 殿上日（記） 297-上5
てんだい 天台 301-6/25ウ①
てんたいさく（天帝釈）［→たいさく, たいさ］ 補カ②
てんだいさん 天台山 288山-上7
てんだいしう 天台宗→テンダイス
テンダイス 天台宗 301〈4a/25オ⑥a〉
てんぢく 天竺・天（竺）・（天竺） 91-34/3オ⑥ 93-40/3ウ⑤, 63/5オ⑦ 95-95/7ウ④ 237-22 288山-下18 293山-下19/補ト⑥ 補マ⑤
てんちてんわう 天（智）天皇 293山-上7
でんとう 伝灯 105-41/10ウ⑦ 109-136/17ウ③
てんによ 天女 293山-上8
てんはうそうふく→てんぴやうしようほう（天平勝宝）
てんぴやうぐわんねん 天平元年 293山-下18/補ト③
てんぴやうじふしちねん 天平十七年 294山-3
天平〈十〉七年 補ナ③
てんぴやうじふろくねん 天平十六年 141-4
てんぴやうしようほう（天平勝宝） 補マ①
てんぴやうしようほうぐわんねん 天平勝宝元年 補キ⑤
てんぴやうしようほうはちねん 天平勝宝八年 263-10
でんぽふゑ 伝法会 263-11
てんむてんわう 天武天皇 293山-上13, 上14/補ソ⑦
［天］む天王 補タ①
てんりう 天龍 294山-13/補ヌ⑥
てんわう 天皇［→あに—、あはい—、きむめい—、くわうみやう—、げんめい—、しやうむ—、すいこ—、すすん—、てんち—、てんむ—、びんたつ—、もんむ—、ようめい—、わうこく—］

と

と（戸） 111-176/20ウ① 237-20
どうじ 童子（童子）［→せつせん—、ぜざい—］ 149-56/31ウ⑦ 193-12/61ウ④, 13/61ウ⑤ 201-24/69ウ④
とうだいじ 東大寺 275-4 317-A1/189①
とうはう 東方 105-41/10ウ⑦ 109-136/17ウ③ 113-200/22オ④
どうほう（同法） 111-158/19オ④ 205-95/74ウ⑤
どうほふ（同法）→どうほう
とうみやう（灯）明 227-13/82オ①
とうろ（灯炉） 263-5
とお・し 迹
—く 109〈121/16ウ③a〉
とが（咎） 79-15 107-80/13ウ④ 139-4 223-42/78ウ⑦
とき 時（時）［→いつ—、かた—、とらの—、むま—、むまの—］ 17-6 63-B6 65-1, 10 93-41/3ウ⑥ 95-95/7ウ④ 103〈3/8オ④〉 105-56/12オ① 109-108/15ウ④ 111-160/19オ⑥ 113-182/20ウ⑦, 193/21ウ④ 131-B1 147-27/29ウ⑥ 149-51/31ウ② 159山-上1/補ク② 163-41/38オ③ 171-31/43ウ② 203-46/71オ⑤, 78/73ウ② 229-1 237-18, 21, 32 239-B1 247-A5 261-11 283山-下1, 下2 287山-下3 288山-上18 289山-上2 293山-下16/補テ⑦ 294山-11/補ヌ②, 11/補ヌ④ 297山-上10/補ノ② 303-B12 補エ⑤ 補ネ③
トキ 93〈50a/4ウ①a〉
ときこた・ふ（説答）
—ふる 111-148/18ウ①

ときごと（毎時） 補ク①

ときどき 時々(時々) 113-193/21ウ④ 133-C5 203-60/72オ⑤ 289山-上6

ときに 時【于時】 39-30 141-6 161-5/35ウ②,19/36ウ② 197-28/66オ⑦

ときのほど 時(程) 297山-上7

とく（徳） 195-41/63ウ⑤ 223-43/79オ①,50/79ウ①,71/81オ①

と・く 説(説)

—か 139-7 171-36/43ウ⑦

—き 19-4,4 39-24/188④ 49-3 91-3/1オ③,6/1オ⑥,13/1ウ⑥,35/3オ⑦ 113-192/21ウ③ 115-219/23ウ② 193-8/61オ⑦ 221-1/76オ① 227-2/81オ④,17/82オ⑤ 237-14 265-A20 288山-上18 補サ⑤

—い 297山-下5/補ノ⑥

—く(終止) 17-1 171-34/43ウ⑤ 173-43/44オ⑦ 297山-上8/補ネ⑤

—け(已然) 275-11 297山-上3

と・く（解）

—か 133-C9

とく（疾） 153-9/32ウ⑥ 175-18/47ウ① 197-16/65ウ② 203-47/71オ⑥,53/71ウ⑤

どく 毒(毒) 23-B7 39-3,10,14 81-A9 95-74/6オ④ 191-48/60ウ④ 195-48/64オ⑤

とくぐゑん（徳玄)→いんぐゑん(隠玄)

どくりう（毒龍） 294山-14

とこ（床） 181-45/51ウ③,46/51ウ④

ところ 所(所)[→ふた—、ま—] 39-20 63-A2,A4 81-A2,A2,A5 91-4/1オ④ 105-65/12ウ③ 113-185/21オ③ 115-219/23ウ② 117-B11 133-B10 147-20/29オ⑥ 153-7/32ウ④ 161-22/36ウ⑤,23/36ウ⑥,33/37ウ② 163-38/37ウ⑦ 171-21/42ウ⑥ 179-23/50オ② 185-44/55ウ② 189-28/59オ⑤,29/59オ⑥ 193-8/61オ⑦ 221-9/76ウ② 227-6/81ウ① 251-3 275-6,11 283山-下7 288山-上1 289山-上2 293山-上4 294山-6/補ニ②,13/補ヌ⑥ 補ス①② 補セ②

トコロ 283[12/24ウ⑤]

ところどころ 所々(所々) 91-11/1ウ④ 275-12 289山-上6

とし 年・歳(年)[→あくる—、おほむ—、またの—] 77-A3 81-A10 103-11/8ウ⑤ 113-183/21オ①,195/21ウ⑥,210/22ウ⑦ 153-5/32ウ② 179-32/50ウ④ 185-40/55オ⑤,42/55オ⑦,43/55ウ①,44/55ウ②,63/56ウ⑦ 193-3/61オ② 201-17/69オ④,21/69ウ① 203-45/71オ④,69/80ウ⑥ 227-21/82ウ②,23/82ウ④ 259-A3 271-4 288山-上8 289山-上2 293山-下3/補タ⑥ 297-1/25オ① 297山-下6 301-4/25オ⑥ 補キ⑥ 補ハ④

と・し（利）

—き 303-A36/27ウ③

としごと（毎)年・(毎年) 205-109/75ウ⑤ 317-A2/189②

としごろ（年来） 193-30/63オ①

と〈し〉ごろ 173-51/45オ①

と〈し〉つき（年月） 189-10/58オ①

としどし 年々 289山-上5

どしや 度者 141-5

とそつてん（兜率天)→とそてん

とそてん（兜率)天 294山-1/補ト⑥

とたり 十人→じふにん

と・づ（閉）

—ぢ(連用) 111-176/20ウ① 159山-下2 179-18/49ウ④ 237-20

ととの・ふ（調）

—へ(連用) 143-A6 237-18 288山-上12 294山-9/補ニ⑦

ととのほ・る（調）

—れ(已然) 297山-上7/補ネ③

とどま・る（留）

—ら 補ウ④

—り 163-39/38オ① 補カ⑤

（とどま)り 239-C1

—れ(已然) 91-29/3オ① 93-68/5ウ⑤ 288山-下14

とど・む（止・留）

—め(連用) 91-25/2ウ④,30/3オ② 105-63/12ウ① 183-6/52ウ⑥ 193-22/62オ⑦ 288山-下3 303-B8

トトメ(連用) 103[31/10オ④]

—む 103-28/10オ①

とな・ふ（唱）

—へ(連用) 199-45/67ウ③ 297-3/25オ③ 297山

-下7
—ふ 319-B2
とねり 舎人 109〈121/16ウ③a〉
とば・す（飛）
—し 301-11/25ウ⑥
と・ふ（問）[→たづね—]
—は 39-38 111-147/18オ⑦
—ひ 63-A2 149-42/30ウ⑦ 183-11/53オ④, 16/53ウ② 293山-下15/補テ⑥ 補ア②
トヒ 149-45/31オ③
—ふ（終止） 21-1 149-43/31オ① 161-12/36オ② 183-25/54オ④ 185-40/55オ⑤ 191-34/59ウ④ 199-42/67オ⑦ 203-60/72オ⑤ 205-81/73ウ⑤ 283山-上1 303-B5 補ア④⑦
—ふ（連体） 193-25/62ウ③
—へ（已然） 49-7 77-B5 133-C2 171-19/42ウ④ 185-43/55ウ① 191-33/59ウ③, 36/59ウ⑥ 193-17/62オ② 201-27/69ウ⑦
と・ぶ（飛）
（と）び（連用） 補オ①
—ぶ（連体） 221-35/78オ⑦
〈トブ〉 補エ⑥
とぶらひ・う（訪得）
—え（未然） 167-11/40オ④, 13/40オ⑥
—え（連用） 167-6/39ウ⑥
とほ（十） 227-17/82オ⑤
とほざか・る（遠離）
—る（終止） 39-22/188②
とほ・し（遠）[→とおし、とをし]
—く 179-15/49ウ① 221-35/78オ⑦
—き 補ケ⑦
とぼそ（扉） 159山-下1
とほ・る（通）[→とをる、うげ—、ひらけ—]
—り 197-18/65ウ④
とま・る（留）[→おもひ—]
—ら 203-64/72ウ② 237-12
とみのいちひ 迹見赤檮 109〈121/16ウ③a〉
と・む（富）
—み 171-3/41ウ② 221-36/78ウ① 237-1
とむじ（貪嗔） 303-A35/27ウ②
とも（友） 39-21/188① 201-21/69ウ①
とも（供） 189-18/58ウ②
ともがら（輩） 91-32/3オ④ 157-上13/34ウ⑤ 157山-下7 265-A14 288山-上18 301-29/27オ③
とも・し（乏）
—しき 23-B6 79-1
ともしび（灯）火・【灯】 93-51/4ウ② 221-1/76オ① 223-68/80ウ⑤ 263-7 281-7/24オ⑦, 8/24ウ①, 8/24ウ①, 9/24ウ② 283山-上1, 上2, 上3, 上5, 下2, 下3, 下6, 下8 補ケ②
とも・す（灯）
—す（終止） 281-2/24オ②
とものみやつこ 伴造[→きぬぬひの—]
ともに（共） 65-6 77-B2 81-A7 105-58/12オ③ 113-209/22ウ⑥ 147-29/30オ① 149-57/32オ① 153-4/32ウ①, 20/33ウ② 165-2/38ウ③ 183-29/54ウ① 288山-上15 356-下4/83オ⑤ 補キ①
ともに→さうしども
とよふく 豊服 147-2/28オ②
とよふくのがう 豊服郷 147-2/28オ②
とら（虎） 55-3, 7
とら（寅）[→つちのえ—]
とら・す（取）
—せ（未然） 179-35/50ウ⑦
—する 65-1
とらのとき（寅時） 147-3/28オ③
とら・ふ（捕）
—へ（未然） 133-B1, B3 183-19/53ウ⑤
（とら）へ（未然） 133-B1
—へ（連用） 67-1, 3
—ふる 187-67/57オ④
—ふれ 補ウ④
とり（酉）[→きのと—、ひのと—]
とり（鳥） 39-31 79-18 81-B1 95-89/7オ⑤, 90/7オ⑥ 133-B7 補エ⑥
とりい・づ（取出）
—で（連用） 167-21/40ウ⑦
とりおこな・ふ（執行）
—ふ（連体） 161-2/35オ⑥
と・る（取・採）[→うけ—、うつし—、かひ—、すくひ—、ぬすみ—、よび—]
—ら 111-169/20オ① 113-187/21オ⑤
—り 27-5 55-2 67-4 81-A4 107-92/14ウ② 109

-111/15ウ⑦ 111-156/19オ② 113-202/22オ⑥ 147-9/28ウ② 288山-上19, 下1 317-A6/189⑥
　—る(連体)　157-上6/34オ⑤ 157山-下3 185-32/54ウ④ 197-2/64ウ②
とを（十)→とほ
とを・し（遠)
　—き　153-20/33ウ②
とを・る（通)
　—り　161-8/35ウ⑤
とんじん（貪嗔)→とむじ

な

な 名(名)[→おほむ—、み—]　95-76/6オ⑥ 131-A3 141-7 161-3/35オ⑦ 185-48/55ウ⑥ 247-B2 251-4 283-14/24ウ⑦
な（菜)　179-3/48ウ③, 5/48ウ⑤ 207-6
ないし 乃至　319-B4
ないによ（奈女)　補シ①
なか 中(中)[→うち、よ—、よの—]　23-B2 63-A1, A5 91-17/2オ③ 117-B10 147-7/28オ⑦ 149-35/30オ⑦ 157-上7/34オ⑥ 157山-下4, 下10 171-29/43オ⑦ 189-16/58オ⑦ 191-43/60オ⑥ 193-22/62オ⑦, 23/62ウ① 205-97/74ウ⑦ 221-16/77オ②, 17/77オ③, 30/78オ② 227-18/82オ⑥, 18/82オ⑥ 231-8 237-5 239-B5 259-A1, A5 265-A21 275-11 301-29/27オ③ 317-A7/189⑦ 319-B4 297山-上9/補ネ⑤ 補ハ① 補ヘ③
　な〈か〉　95-88/7オ④
なが・し（長)
　—く　39-16, 20 65-12 77-A1 153-8/32ウ⑤ 167-9/40オ② 195-46/64オ③ 221-1/76オ① 237-16 251-6 265-A17 288山-上11 319-A2 補カ⑤
　—き　237-6 288山-上12 補フ⑦
なが・す（流)
　—し　41-42 77-B1 79-5 93-61/5オ⑤ 133-B4 253-1
なかちまろ 中知(丸)　185-51/56オ②
ながつき 九月→くぐわつ
なかとみのかつみ（中臣勝海)→なかとむのかつうみ
なかとむのかつうみ 中臣勝海　105-58/12オ③
なかとむのかつうみのむらじ 中臣勝海連　107-99/15オ②
なかみやでら 中宮寺　117-A4
なが・る（流)
　—れ(連用)　93-67/5ウ④
　—る　67-6
な・く（泣)
　—き　41-41 79-14, 18 81-A12 93-57/5オ① 157-上8/34オ⑦ 157山-下4 173-50/44ウ⑦, 57/45オ⑦ 189-25/59オ② 205-94/74ウ④ 239-C1 288山-下9
　—く(終止)　65-6 77-B2 173-61/45ウ④ 201-34/70オ⑦ 205-81/73ウ⑤
　—く(連体)　67-7 201 25/69ウ⑤, 27/69ウ⑦ 205-89/74オ⑥ 288山-下8
な・ぐ（投)
　—げ(連用)　79-12 195-39/63ウ③
なくなく（泣々)　205-82/73ウ⑥
なけ→なげ{き}
なげ・く（歎)
　—き　79-21 93-57/5オ①, 60/5オ④ 167-10/40オ③ 173-58/45ウ① 197-9/65オ② 205-103/75オ⑥
　なげ{き}　175-9/46ウ⑥
　—く(終止)　175-9/46ウ⑥
　—く(連体)　205-94/74ウ④
　—け(已然)　131-B13
なげちら・す（投散)
　—し　317-A7/189⑦
なさけ（情)　247-A2
なし→な{やま}し
な・し（無・无)[→かぎり—、かひ—、きはまり—]
　—から　247-A4
　—かり　79-15 288山-下12
　—く　39-32 55-5 79-1 107-76/13オ⑦ 133-C7 147-29/30オ① 161-29/37オ⑤ 203-52/71ウ④, 63/72ウ① 227-22/82ウ③ 補ホ①
　—う　23-A2 39-33 315-5
　—し　65-8 79-2 91-5/1オ⑤ 131-B10 143-A7 153-22/33ウ④ 163-45/38オ⑦ 171-21/42ウ⑥ 173-42/44オ⑥ 175-10/46ウ⑦ 179-33/50ウ⑤

201-3/68オ④ 223-71/81オ① 259-B2 288山-上14 315-3
—き 113-188/21オ⑥ 115-219/23ウ② 181-54/52オ⑤ 221-38/78ウ③ 293山-下5/補チ③ 補ヒ④
—けれ 49-6 77-A1 179-34/50ウ⑥ 227-23/82ウ④
—かれ 157-上12/34ウ④ 157山-下6 183-29/54ウ①
な(かれ) 77-A7
な・す（成）
—さ 356-下4/83オ⑤
—し 79-16 109-125/16ウ⑥ 133-A2 179-15/49ウ① 251-4 293山-上8 294山-9/補ニ⑦
—す(終止) 21-5,6 23-B1 107-97/14ウ⑦ 203-49/71ウ①
—す(連体) 227-22/82ウ③
なずら・ふ（准）
—ふ(終止) 149-59/32オ③
なたね（菜種） 21-5
なつ 夏(夏) 239-B4 297山-上6/補ネ① 補ケ③ 補ヘ④
な・づ（撫）
—で(連用) 288山-上3
なづ・く（名付）
—け(連用) 149-48/31オ⑥ 223-69/80ウ⑥ 237-31 251-1 287山-下3 301-18/26オ⑥,19/26オ⑦ 補エ③
—く 111-171/20オ③ 251-1 275-10 293山-上14/補タ① 294山-3/補ナ④ 309-5
などか（何） 21-3 203-60/72オ⑤
なな（七） 175-17/47オ⑦,23/47ウ⑥
ななあゆみ（七歩） 227-3/81オ⑤
ななしのおよび（無名指） 263-4
ななたり 七人 205-95/74ウ⑤
ななつ（七） 227-10/81ウ⑤ 235-1,6 補セ②
ななよ 七夜 111-175/20オ⑦
なに（何） 65-13 149-37/30ウ② 193-17/62オ② 253-14 265-A21 283山-上2 補ア③④
なにかは（何） 193-11/61ウ③
なにごころ（何)心 113-211/23オ①
なにごと（何事） 201-27/69ウ⑦
なにの（何） 23-B6 149-41/30ウ⑥ 161-28/37オ④ 183-14/53オ⑦ 185-42/55オ⑦
なには 難波[→なは] 105-37/10ウ③ 115-222/23ウ⑤ 159山-上3/補ク⑤
なにひと（何)人 179-29/50ウ① 189-32/59ウ②
なにわざ（何業） 171-19/42ウ④
なぬか 七日 111-175/20オ⑦ 139-7 147-7/28オ⑦ 149-55/31ウ⑥ 179-16/49ウ② 253-3 259-B4 269-A1 356-下1/83オ②
なぬかなぬか 七日七日 205-107/75ウ③
なの・る（名告）
—り 111-160/19オ⑥
なは（縄） 67-2 161-32/37ウ① 189-29/59オ⑥
なは（難波） 107-74/13オ⑤ 143-A2,A6 179-34/50ウ⑥
なび・く（靡）
—き 149-49/31オ⑦
な・ふ（綯）
—ひ 199-37/67オ②
なほ（猶)[→なを] 65-11 95-84/6ウ⑦ 171-24/43オ② 189-10/58オ① 221-19/77オ⑤,21/77オ⑦ 259-A6 補チ①
なほ・し 直
—く 288山-下10
なほ・る（直）
—ら 165-9/39オ③
なます（膾） 139-2
なみ（波・浪） 23-B8,B8 55-4
なミ 189-19/58ウ③
なみだ（涙)[→なむだ、なんだ] 79-5
ナミタ 67〈6〉
なむえぶだい（南閻浮提） 227-6/81ウ①
なむがく（南岳） 301-6/25ウ①
なむだ（涙） 41-41 77-B1 93-60/5オ④ 147-19/29オ⑤ 173-58/45ウ① 203-49/71ウ①,52/71ウ④
(なむ)だ 253-1
なむたち（汝達） 288山-下2
なむぢ（汝） 17-2,4,5 23-B4,B5 77-B6 79-8 113-198/22オ② 147-26/29ウ⑤ 179-11/49オ④ 183-15/53ウ①,23/54オ② 185-35/54ウ⑦,37/55オ②,39/55オ④,42/55オ⑦ 189-17/58ウ① 193

-17/62オ②, 23/62ウ① 197-21/65ウ⑦ 201-37/70ウ③, 38/70ウ④ 239-C4 283-12/24ウ⑤ 303-B6, B8 補ア③ 補イ③⑦
{なむ}ぢ 203-41/70ウ⑦
(な)むぢ 補イ①
な(むぢ) 補ア⑦
なむぶつ 南无仏 103-19/9オ⑥
なめらかなり（滑）
—に 補ス⑤
なやまし（悩） 83-3
なやま・す（悩）
—し 195-43/63ウ⑦ 303-A36/27ウ③
な{やま}し 77-A7
—す(連体) 147-26/29ウ⑤
なよし（鯔） 193-13/61ウ⑤
なら（奈良） 179-1/48ウ① 183-1/52ウ①
なら 諾楽 117-B5
ならのいはしま 楢般(嶋)・(楢磐嶋) 183-1/52ウ①, 12/53オ⑤
ならのきやう 奈良京・(奈良)京 189-1/57オ⑥ 293山-下12/補テ①
ならひきた・る（習来）[→うけ—]
ならびなし（无比）
—し 補ス⑥
なら・ふ（習）
—は 63-A3
—ひ 301-3/25オ⑤
—へ(已然) 288山-上8
なら・ぶ（並）〈四〉
—び 201-19/69オ⑥
なら・ぶ（並）〈下二〉
—べ(連用) 63-A6 167-23/41オ②
なりがた・し（難成）
—し 補ホ②
な・る（成）
—ら 65-5 81-A3 179-11/49オ④ 237-30 253-20 283-13/24ウ⑥ 283山-上6 補ウ⑦
—り 21-4 27-1 39-8 65-9 91-2/1オ② 93-66/5ウ③ 95-88/7オ④ 103-20/9オ⑦ 107-102/15オ⑤ 109-128/17オ② 133-C7 139-3 143-A1 147-12/28ウ⑤, 17/29オ③ 149-53/31ウ④ 157山-下12 161-6/35ウ③ 163-41/38オ③ 175-25/48オ① 179-17/49ウ③, 32/50ウ④ 189-6/57ウ④, 21/58ウ⑤, 23/58ウ⑦ 191-45/60ウ① 193-5/61オ④, 6/61オ⑤ 195-39/63ウ③, 46/64オ③, 49/64オ⑥ 221-29/78オ① 294山-10/補ヌ① 補キ⑤ 補セ⑦
—る(終止) 161-20/36ウ③, 22/36ウ⑤ 165-12/39オ⑥ 195-50/64オ⑦ 281-4/24オ④ 283山-下8 301-29/27オ③
—る(連体) 235-6
—れ(已然) 195-42/63ウ⑥ 237-25 283山-下1 288山-上13
な・る（鳴）
—り 93-57/5オ①
—る(連体) 175-21/47ウ④
なを（猶） 39-12, 13, 14, 15 67-3 161-15/36オ⑤ 167-15/40ウ① 179-9/49オ②, 11/49オ④ 193-10/61ウ②, 25/62ウ③ 195-34/63オ⑤ 253〈6〉 293山-下4
なんえんぶだい（南閻浮提）→なむえぶだい
なんがく（南岳）→なむがく
なんだ（涙） 107-92/14ウ② 115-221/23ウ④
なんたふゐん 南塔院 185-54/56オ⑤
なんぢ（汝）[→なむち] 49-6 161-12/36オ②, 15/36オ⑤ 179-25/50オ④ 183-27/54オ⑥ 185-45/55ウ③ 197-22/66オ①

に

に 二 185-50/56オ①
に 丹 293山-下5
[丹] 補チ②
にえう（仁耀） 185-54/56オ⑤
にき（日記）[→てんじやうの—]
にぎはひ（繁）
ニギハヒ 補ハ②
に・ぐ（逃）
—げ(連用) 65-2 171-25/43オ③
にく・む（憎）
—ま 39-19 153-8/32ウ⑤
—み 147-25/29ウ④
にぐわつ 二月 103-18/9オ⑤ 263-11 補キ⑤
にし 西 183-2/52ウ②

にじ 西【尼寺】 179-1/48ウ①
にしちにち 二七日 167-14/40オ⑦
にじふくにち 廿九日 103-26/9ウ⑥
にじふくわん 廿貫 189-6/57ウ④
にじふさんにち 廿三日 103-26/9ウ⑥
にじふちやう 廿町 265-A17
にじふよにん 廿(余)人 91-26/2ウ⑤
にじふよね 廿(余年) 79-19
にじふよねん (廿余年)→にじふよね
にじふろくにち 廿六日 161-10/35ウ⑦
にちぐゑつ (日月)→じつぐゑつ
にちら 日(羅) 103-34/10オ⑦ 105-37/10ウ③,39/10ウ⑤,42/11オ①
にな・ふ (荷)
—ひ 39-35 203-55/71ウ⑦ 207-3 303-B2
ニニく (忍辱) 補ア⑤ 補イ⑥
にねん (二年)[→ふたとせ、じようわ—、じんごけいうん—、ちやうくわん—、ほうくゐ—、やうらう—]
には 庭(庭) 67-5 93-43/4オ① 133-B11 153-10/32ウ⑦ 159山-上10 173-62/45ウ⑤ 175-16/47オ⑥,21/47ウ④ 259-A6/189⑥
にはか・なり (俄)[→にわかなり]
—に 271-3
ニはかに 147-11/28ウ④
にはまろ 庭麻呂[→おののあそむ—]
にほひ (匂) 247-A2
にほ・ふ (匂)
—へ(已然) 221-15/77オ①
にほん 日本 133-C2 187-66/57オ③
にほんぎ 日本記【日本紀】[→つぎの—] 117-B4
にほんこく 日本国・日本(国) 109-136/17ウ③ 269-B6 補キ⑦
にほんこくげんぽうぜんあくれいい〈ノ〉き 日本国現報善悪霊異記 117-B6
にほんこくめいそうでん 日本国名僧伝 133-C10 補キ⑦
にむ・ず (任)
—ぜ 189-7/57ウ⑤
にやくにんさんらんしん 若人散乱心 319-B4
によいしゆ (如意珠)→によいす
によいす 如(意珠) 23-B2
によにん 女人 253-10,15
によらい 如来・女(来)[→ぐわんしよう—じやうほふじん、じやうしん—、しやか—、しよ—、すみとうくわう—] 221-29/78オ① 223-47/79オ⑤ 288山-上18
にる (似)
—に(連用) 91-33/3オ⑤ 161-22/36ウ⑤ 221-26/77ウ⑤
にわか・なり (俄)
—に 103-15/9オ② 165-10/39オ④ 183-5/52ウ⑤ 189-18/58ウ② 201-29/70オ② 203-80/73ウ④
ニわかに 157-上6/34オ⑤ 157山-下3
にんげん 人間 247-A7
にん・ず (任)→にむず
にんてん 人天 227-18/82オ⑥
にんにく (忍辱)→ニニく

ぬ

ぬかれ→{ま}ぬかれ
ぬ・く (抜)
—き 19-7
ぬ・ぐ (脱)
—ぎ 39-34 157山-下11 175-11/47オ①,13/47オ③ 181-37/51オ②,38/51オ③
ぬすびと (盗)人 191-33/59ウ③ 283山-下1
ぬすみと・る (盗取)
—る(連体) 283山-下5
ぬす・む (盗)
—ま 283山-下1,下2
—み 288山-下5
—ミ 171-31/43ウ②
ぬひ 奴婢 309-1
ぬりかざ・る (塗飾)
—る(連体) 288山-下11 315-5
ぬるで (白膠木)→ひやくもく(白木)

ね

ねがひ 願(願)[→おほむ—] 27-8 103-6/8オ⑦ 109-113/16オ② 167-2/39ウ②,12/40オ⑤ 197-14

/65オ⑦ **199**-49/67ウ⑦ **293**山-上1, 下1, 下17/
補ト③ 補ケ① 補ホ②
ねがひ・す 願
—し **109**-116/16オ⑤
ねが・ふ 願(願)
—はくは **27**-7 **39**-26/188⑥ **81**-A1 **103**-6/8オ⑦ **107**-82/13ウ⑥ **153**-15/33オ⑤ **195**-44/64オ① **281**-4/24オ④ **356**-下4/83オ④ 補ホ③
ねが〈が〉はくは 補シ⑥
子カハクハ 81〈A9〉
—ひ **95**-80/6ウ③ **147**-16/29オ② **185**-31/54ウ③ **288**山-上19
—ふ(終止) **191**-39/60オ②
—ふ(連体) **133**-B10
ねこう 年穀 補ハ②
ねざ・む(寝覚)
—め(連用) **19**-5
ねた・む(妬)
—み **131**-B5
ねはむ(涅槃) **237**-16
ねはん 涅般・涅槃・(涅槃)[→ねはむ] **91**-3/1オ③ **283**山-上8 **288**山-上18
ねぶり(眠) **239**-C1
ねぶ〈り〉→ねんせう
ねぶりい・る(眠入)
—れ(已然) **203**-73/73オ④
ねぶ・る(舐)
—り **81**-A8
—る(終止) **39**-2
ねむ(念) **193**-29/62ウ⑦
ねむごろ・なり 念(懇)
—に **77**-A6 **153**-17/33オ⑦ **171**-35/43ウ⑥ **193**-11/61ウ③ **205**-94/74ウ④ **253**-15 **288**山-下8
ねむ・ず(念)
—ず **193**-32/63オ③
—ずる **197**-17/65ウ③
[**ねむ**]**ぜじ** 念禅師 **113**-198/22オ②
ねむびく 念比丘 **111**[166/19ウ⑤]
ね〈や〉(寝屋) **179**-18/49ウ④
ねん(念)[→ねむ、いち—]
ねんごろ→ねむごろ
ねん・ず(念)→ねむ・ず
ねんせう(年小) **223**-54/79ウ⑤
ねんぢう(年中)[→りんとく—]
ねんぶん 年分 **301**-5/25オ⑦

の

のおでら 濃於寺・濃寺 **157**-上1/33ウ⑦ **157**山-下1, 下10
のが・る(逃・遁)
—れ(連用) **171**-25/43オ③ **181**-45/51ウ③ **315**-2
—るる **179**-25/50オ④ **271**-3
のがるる **193**-28/62ウ⑥
の・く(退)
—き **189** 27/59オ④
のこ・す(残)
—し **288**山-下15
—せ(已然) **221**-30/78オ②
のご・ふ(拭)
—ひ **203**-50/71ウ② **319**-A6
—ふ(終止) 補ス⑦
のこり(残) **77**-A3 **221**-16/77オ②
のこ・る(残)[→やけ—]
—る(終止) **105**-64/12ウ②
—れ(已然) **113**-197/22オ①
の・す(乗)
—せ(連用) **135**-14
のぞ・く(除)
—か **91**-31/3オ③
—く(終止) **235**-2
—く(連体) **235**-3, 3, 4, 5, 5
のぞ・く(覗)
—き **117**-B10
のぞ・む(臨)
—み **259**-A5
のたま・ふ 給(宣)
—はく **65**-7 **107**-93/14ウ③ **109**-113/16オ② **111**-156/19オ② **113**-181/20ウ⑥ **221**-11/76ウ④, 22/77ウ①, 31/78オ③ **253**-20 **283**山-上5, 上8 **288**山-上14 **317**-A6/189⑥ 補カ③ 補ホ④
のた〈ま〉はく **79**-5
[の]たまはく **281**-11/24ウ④

の(たまはく) 41-42
—ひ 103-20/9オ⑦
—ふ(終止) 63〈C3〉 83-5 103-17/9オ④ 105-50/11ウ②,66/12ウ④ 107-78/13ウ②,88/14オ⑤ 111-163/19ウ② 113-187/21オ⑤ 115-221/23ウ④ 283-14/24ウ⑦ 293山-下18
〈のたまふ〉 補ト③
—ふ(連体) 113-212/23オ②
ノタマフ(連体) 105〈52/11ウ④〉
—へ(已然) 77-B8 79-11 221-33/78オ⑤ 227-4/81オ⑥ 283山-上6,下8 288山-上17 294山-15 301-22/26ウ③ 303-A38/27ウ⑤ 309-5
のち 後(後)[→おほむ—] 91-19/2オ⑤,26/2ウ⑤ 93-64/5ウ① 95-93/7ウ② 103-17/9オ④ 107-78/13ウ②,95/14ウ⑤ 113-194/21ウ⑤ 131-B4 159-1/35オ① 159山-上8,下2 173-55/45オ⑤,62/45ウ⑤ 175-26/48オ② 185-61/56ウ⑤ 197-25/66オ④ 201-16/69オ③,16/69オ③ 237-20,30 239-C2 253-3 259-B5 271-2 283山-上5,上8,下6 288山-上2 294山-6/補ニ① 303-B12a
ノチ 93〈50a/4ウ①a〉
のちのよ 後(世)・(後世) 153-15/33オ⑤ 205-103/75オ⑥ 281-4/24オ④,11/24ウ④ 297山-上4
のちのをかもとのみや 後岡本宮 159山-上1/補ク③
のちのをかもとのみやにあめのしたをさめたまふみかど(後岡本宮治天下天皇) 補ク③
のちのをかもとみやのあめのしたをさめたまふみかど(後岡本宮治天下天皇) 159山上-1
の・ぶ(述)
—べ(連用) 91-8/1ウ①
—ぶ 195-38/63ウ②
の・ぶ(伸・延)〈上二〉
—び(連用) 167-16/40ウ②,20/40ウ⑥
の・ぶ(伸・延)〈下二〉
—べ(連用) 261-11
—ぶる 227-14/82オ②
のべ(野辺) 117-B10
のぼ・る(上・昇・登)
—ら 289山-上4
—り 109-118/16オ⑦ 111-146/18オ⑥ 163-37/37ウ⑥ 173-37/44オ①,40/44オ④,49/44ウ⑥ 197-4/64ウ④ 288山-上5,上8,下1 293山-上12/補ソ⑤ 補キ④
—れ(已然) 161-20/36ウ③ 173-44/44ウ①
の・む(飲)
—ま 63-C1 191-48/60ウ④ 205-92/74ウ②
—む(終止) 79-1 179-9/49オ②
—む(連体) 179-7/48ウ⑦
のり 法(法)[→み—] 19-4 39-7,26/188⑥ 81-A14 91-36/3ウ① 93-51/4ウ② 95-74/6オ④,89/7オ⑤,98/7ウ⑦ 105-61/12オ⑥ 115-219/23ウ② 139-7 153-22/33ウ④ 161-26/37オ② 171-9/42オ①,36/43ウ⑦ 195-48/64オ⑤ 221-1/76オ①,39/78ウ④ 223-65/80ウ② 265-B7 275〈13〉 288山-上8 293山-下14/補テ④ 294山-7/補ニ④,14,15 297山-上8/補ネ⑤ 303-B14 319-A3
の・る(乗)
—り 109-140/17ウ⑦ 113-199/22オ③ 131-B1 143-A5 163-37/37ウ⑥ 189-14/58オ⑤,29/59オ⑥ 199-39/67オ④ 239-C4
の・る(罵)
—り 149-36/30ウ①
—る(連体) 221-33/78オ⑤,33/78オ⑤
—れ(已然) 223-53/79ウ④

は

は(歯) 39-12
はう 方[→さい—、とう—]
ばう 房[→そう—] 201-18/69オ⑤
はうくわうきやう 方広経 153-13/33オ③ 189-26/59オ③
はうくわうだいぜう 方広大乗 191-36/59ウ⑥
はうどうきやう(方等)経 189-1/57オ⑥
はう〈どう〉ふ(方等部) 91-11/1ウ④
はうへ(方便)
ははうへ 288山-下17
はうべん(方便)→はうへ
はかま(袴) 157山-下9
はかりがた・し(難量)
—し 223-45/79オ③
はかりこと(謀) 133-A1

ハかりこと　107-96/14ウ⑥
はか・る（図・量）[→おし—]
ハかり　189-11/58オ②
—る(連体)　288山-下11
はきいだ・す（吐出）
—す(連体)　139-2
はきい・づ（吐出）
—で(連用)　179-14/49オ⑦
は・く（掃）
—き　153-10/32ウ⑦
は・ぐ（剥）
—ぎ　39-34
はくさい（百済）　117-A1
はくさいこく 百済国・百済(国)・百(済国)・(百済国)　103-21/9ウ①, 34/10オ⑦　105-44/11オ③　113-190/21ウ①　159山-上1
はくさい〈国〉　95-97/7ウ⑥
はくさ〈い〉こく　109-133/17オ⑦
はげ・し（激）
—しき　303-A34/27ウ①
はげ・む（励）
—む(連体)　23-A5
はこ（箱）　167-5/39ウ⑤, 8/40オ①, 9/40オ②, 15/40ウ①, 20/40ウ⑥, 23/41オ②　263-5
はこ・ぶ（運）
はこ(び)　131-B14
(は)こび　315-1
はし（端）　67-2
ハし　189-29/59オ⑥
はし（橋）[→うぢ—]　131-B11
はじ・む 始(初・始)
—め(連用)　199-46/67ウ④　275-9　293山-上3　315-1
—む　269-A1
はじめ（初・始）　91-5/1オ⑤　103-2/8オ③, 4/8オ⑤, 11/8ウ⑤　113-213/23オ③　131-B3　171-8/41ウ⑦　227-23/82ウ④　253-18　265-A15　294山-4/補ナ 5　補ケ③
ハしめ　179-3/48ウ③
はじめおこな・ふ 始行(始行)
—は　287山-下2
—ひ　288山-上11
—へ(已然)　294山-8/補ニ⑤
はじめて 始(始・初)　95-95/7ウ④　103-21/9ウ①　109-126/16ウ⑦　141-4　231-6　263-11　269-B2　294山-11/補ヌ③　297山-上2　301-6/25ウ①
(はじ)めて　補マ①
ハしめて　297山-上4
始テ　301〈4a/25オ⑥a〉
はしり（走）[→こころ—す]
はしり・く　走(来)
—き　39-2
はしりゆ・く（走行）
—き　19-2　157山-下7
はし〈り〉ゆき　157-上13/34ウ⑤
はし・る（走）
—り　補オ①
ハシリ　109〈121/16ウ③a〉
ハしる(終止)　39-31
—る(連体)　133-B5　補エ⑥
はた（幡）　27-3
はた 檮　109〈121/16ウ③a〉
はたのかはかつ（秦)川勝　109-110/15ウ⑥
はだへ（膚）　補ス⑤　補セ⑥
はたほこ（幢）　27-4
ハため・く（騒）[→をどり—]
はた・る（徴）
—り　189-10/58オ①
—る(終止)　161-5/35ウ②
はち 鉢(鉢)[→いつ—]　135-14　171-13/42オ⑤　221-2/76オ②　261-11, 14　263-1
はち（蜂）　175-20/47ウ③
はぢ（恥）　161-30/37オ⑥　193-31/63オ②
はちじふ 八十　補キ⑥
はちす（蓮）　111-149/18ウ②　239-C3　317-A4/189④
はちにん　八人→やたり
はちねん　八年[→てんぴやうしようほう—]　103-31/10オ④
はちまんこふ 八万(劫)　283山-上6
はちまんしじふし 八万四十四　301-21/26ウ②
はちをかでら 蜂岡寺　117-A4
は・つ（果）[→いり—、かくし—]
は・づ（恥）

—ぢ（連用） 157山−下11
はづか・し（恥）
—しき 283山−下5
はづかし・む（恥）
—め（連用） 149−36/30ウ①
はて（果） 205−111/75ウ⑦
はな 花（花） 39−32 55−6 111−149/18ウ②, 150/18ウ③, 153/18ウ⑥ 221−13/76ウ⑥,〈13a/76ウ⑥a〉 237−19 247−A4, A4, A5 288山−上14, 下18, 293山−上9 317−A5/189⑤, A6/189⑥ 319−B3 補サ③
{花} 補カ①
はな（鼻） 165−11/39オ⑤
はなかう（般若経） 補ヌ⑤
はな・つ 放（放）
—ち 109−138/17ウ⑤ 117−B8 293山−上6
ハなち 105−43/11オ②
—つ（終止） 105−42/11オ① 109−120/16ウ② 181−41/51オ⑥ 263−2
ハナツ（終止） 109〈121/16ウ③a〉
—つ（連体） 117−B9
—て（已然） 288山−下18 294山−12/補ヌ⑤
はなはだ 甚（甚） 77−B9 103−16/9オ③ 141−2 173−41/44オ⑤ 288山−下2
はなやまでら 花山寺 289山−上6
はな・る（離）
—れ（未然） 294山−14 補イ④
—れ（連用） 39−21/188① 補コ② 補シ⑦
—るる 303−A37/27ウ④
はなれがた・し（難離）
—く 補ウ⑥
はにや（般）若 187−65/57オ②
ハは→ハま
はは 母（母） 65−11,〈13〉 79−11 81−A6, A8, A12 83−1 103−4/8オ⑤ 133−B1, B2 135−14 171−4/41ウ③ 173−64/45ウ⑦, 175−6/46ウ③, 12/47オ②, 16/47オ⑥, 17/47オ⑦, 21/47ウ④, 26/48オ② 201−3/68オ④, 12/68ウ⑥, 15/69オ②, 33/70オ⑥, 35/70ウ①, 39/70ウ⑤ 203−44/71オ③, 53/71ウ⑤, 59/72オ④, 60/72オ⑤, 76/73オ⑦ 205−81/73ウ⑤,〈85/74オ②〉 247−B2 補カ②
ハハ 147−9/28ウ② 171〈29/43オ⑦〉
は〈ハ〉 205−101/75オ④
ははうへ→はうへ
ははきさき（母后） 269−A2
ははんた〈ノ〉みや 小墾田宮 153−1/32オ⑤
はひ（灰） 231−8 235−1 288山−下13
ば・ふ（奪）
—は 288山−下6
はふ・る（葬）
—り 205−98/75オ①
はま（浜） 143−A7
はみしろのさと 噉代郷→くひしろのさと
は・む（喰）
ハま 39−4
はやし（林）[→つるの—] 19−1 55−7 95−88/7オ④ 補へ⑦
はや・し（早）
—く 65−14 105−66/12ウ④
〈ハヤク〉 補カ⑦
はら（腹）[→おほむ—] 103−3/8オ④
はらないこく→はらなこく（波羅奈国）
はらなこく（波羅奈国）
はらないこく 23−A7 補エ①
はら・ふ（掃）
—ひ 27−9 補ス⑦
はらみち（波羅蜜）[→ぜんぢやう—]
はら・む（孕）
—ま 103−9/8ウ③
—み 147−2/28オ②
ハらみ 149−54/31ウ⑤
ばらもむ 波羅門[→かうじやう—]
ばらもんそうじやう（婆羅）門僧正 補キ① 補マ②
はりまのくに 播磨国・播广国 157−上1/33ウ⑦ 157山−下1
はる 春（春） 161−9/35ウ⑥ 203−67/72ウ⑤ 271−3 297山−上6/補ネ① 補ケ③ 補へ④
はるか・なり（遥）
—に 19−7 287山−下4 288山−下9
—なり（終止） 289山−上3
はんげ 半（偈） 95−78/6ウ①
はンにや（般）若[→はにや、しん—] 91−17/2オ③
はんにやきやう（般若経）[→だい—]

はんにやじ 般若寺 111-158/19オ④
はんにやしんぎやう 般若心経 159山-上3
はんにや〈しん〉ぎやう 般若心経 補ク⑥
はんにやだらに 般若(陀羅尼) 171-22/42ウ⑦

ひ

ひ 火 23-A2,A3 103-24/9ウ④ 283山-下2 293山-上6
ひ 日(日)[→あくる―、つき―] 39-32 91-2/1オ②,6/1オ⑥,〈9/1ウ②〉 103-27/9ウ⑦ 107-76/13オ⑦,〈76/13オ⑦〉 113-179/20ウ④,208/22ウ⑤ 133-B4 179-15/49ウ① 197-18/65ウ④ 203-74/73オ⑤ 205-110/75ウ⑥ 229-4 288山-上13,上13 293山-上12/補ソ⑤ 補カ①
ひ (妃)[→おほむ―] 113-209/22ウ⑥ 115-221/23ウ④
ひえ 比叡(比叡) 231-1 287山-下1 288山-上4,上5 301-1/25オ③
ひえのだいし 比叡大師 288山-上4
ひえのやま (比叡)山 231-6
ひかり 光(光) 39-33 55-5 103-15/9オ② 105-35/10ウ①,42/11オ①,43/11オ② 107[76/13オ⑦] 109-138/17ウ⑤ 117-B7,B8 159山-上5,上6 197-18/65ウ④ 237-4,12,29 241-6,7 263-2 281-5/24オ⑤,10/24ウ③ 283-12/24ウ⑤ 283山-下8,下8,下9 288山-下18 294山-12/補ヌ④ 補ケ②
ひきあ・ぐ (引上)
　―げ(連用) 199-39/67オ④
　―ぐる 189-30/59オ⑦
ひきうごか・す (引動)
　―す(終止) 197-35/66ウ⑦
ひき・ゐる (率)
　―ゐ(連用) 107-103/15オ⑥ 143-A3 175-5/46ウ②
ひ・く 引(引)
　―か 81-A1
　―き 39-3 81-A4
　―く(終止) 81-A7
びく (比丘)[→けうほむ―、しまん―、ねむ―] 303-B11 補コ④
ひげ (髭) 223-63/80オ⑦
ひごうがさ 被恒河沙 39〈29〉
ひごのくに 肥後国 147-1/28オ①
ひごろ (日来) 183-23/54オ②
ひさう→ひさ{し}う
ひさ・し 久(久)
　―しから 197-25/66オ④ 205-101/75オ④
　―しく 115-220/23ウ③ 157-上15/34ウ⑦ 157山-下8 193-3/61オ② 補ケ⑦
　ひさ{し}う 203-61/72オ⑥
　―し 289山-上2 293山-上10/補ソ①
ひざまづ・く (跪)
　―き 105-39/10ウ⑤ 173-49/44ウ⑥
ひじり (聖)[→さる―] 19-2 91-27/2ウ⑥ 93-69/5ウ⑥ 95-88/7オ④ 103-1/8オ②,33/10オ⑥ 133-C6 149-47/31オ⑤ 195-41/63ウ⑤,43/63ウ⑦ 261〈13〉 287山-下3 319-A3 補エ⑦
　ヒシリ 93〈50a/4ウ①a〉
びぜん〈ノ〉くに 備前国 147-30/30オ②
ひそか・なり (密)
　―に 189-11/58オ② 201-26/69ウ⑥
びだつてんわう 敏達天皇→びんたつてんわう
ひだり (左) 263-4
ひぢ (臂) 95-82/6ウ⑤ 171-13/42オ⑤
ひつ (櫃) 193-14/61ウ⑥,19/62オ④,32/63オ③
びづる (賓頭盧) 237-15,19
ひで (悲田) 275-2
ひでり・す (旱)
　―せ(已然) 239-B4
ひでん (悲田)→ひで
ひと 人(人)[→うかれ―、おもと―、かり―、こと―、つかひ―、つみ―、なに―、ぬす―、ふな―、まつりこと―、むら―] 27-8 39-4,5,13,15,18,19,28 63-A1 77-A1,B4 93-42/3ウ⑦ 95-91/7オ⑦ 103-34/10オ⑦ 105-57/12オ②,64/12ウ②,67/12ウ⑤ 107-93/14ウ③,95/14ウ⑤ 113-199/22オ③,215/23オ⑤ 115-224/23ウ⑦ 117-B9 131-A5 133-C3 135-12 139-4,5 141-1 143-A7 147-2/28オ②,17/29オ③,19/29オ⑤,22/29ウ①,31/30オ③ 153-8/32ウ⑤,22/33ウ④ 157〈上9/34ウ①〉,上10/34ウ② 157山-下5,下5 159山-上1/補ク① 161-3/35オ⑦,5/35ウ②,12/36オ②,13/36オ③ 163-44/38オ⑥ 165-2/

38ウ③ 167-2/39ウ② 171-2/41ウ①, 8/41ウ⑦, 26/43オ④ 179-35/50ウ⑦ 181-52/52オ③, 54/52オ⑤, 55/52オ⑥ 183-2/52ウ②, 11/53オ④, 14/53オ⑦20/53ウ⑥ 185-40/55オ⑤, 44/55ウ②, 63/56ウ⑦ 187-65/57オ② 189-28/59オ⑤ 191-38/60オ① 193-23/62ウ① 197-6/64ウ⑥, 12/65オ⑤, 30/66ウ②, 31/66ウ③, 35/66ウ⑦ 199-36/67オ①, 39/67オ④, 39/67オ④, 41/67オ⑥ 203-68/72ウ⑥ 221-7/76オ⑦, 25/77ウ④ 223-46/79オ④, 56/79ウ⑦, 67/80ウ④ 227-9/81ウ④, 16/82オ④, 22/82ウ③ 231-3 237-15, 23, 25 239-A34, B5, C3 253-7, 9 259-A2 265-A19, B2 269-B3, B7 275-1 283山-上8, 下5 287山-下2, 下3 288山-上4, 上7, 上9, 上13, 下3, 下12 289山-上3 294山-12 297山-下1 317-A6/189⑥, B1 補ア①③ 補イ⑥ 補カ④ 補ケ⑦ 補ス⑥ 補セ②④⑤ 補ハ③ 補ヒ⑥ 補フ③

〈ひと〉 補ノ②

ひとあした 人(朝)【一朝】 201-22/69ウ②

ひとえだ（一枝） 319-B3

ひとことぬし{の}かみ（一言主)神 133-C8

ひとこゑ（一音） 91-12/1ウ⑤

ひと・し（等）

―しく 288山-上15, 下10

―し 167-22/41オ① 補エ⑤

ひとたび 一(度)・(一度) 95-75/6オ⑤ 113-215/23オ⑤, 215/23オ⑤ 239-B1 288山-上16

ひとつ 一(一) 63-A6, A7 81-A7 91-4/1オ④, 15/2オ① 105-55/11ウ⑦ 109-138/17ウ⑤ 113-188/21オ⑥, 207/22ウ④ 117-A6 147-3/28オ③ 149-55/31ウ⑥ 167-23/41オ② 181-47/51ウ⑤ 185-46/55ウ④, 53/56オ④ 193-1/60ウ⑦ 201-11/68ウ⑤, 12/68ウ⑥, 13/68ウ⑦, 14/69オ① 221-9/76ウ②, 16/77オ②, 17/77オ③ 281-9/24ウ② 283山-下8 293山-下9/補ツ④ 303-A39/27ウ⑥ 補エ③

ひ(とつ) 補イ⑦

ひとつき 一月 111-171/20オ③

ひとひ 一日→いちにち

ひとびと 人々(人々) 107-96/14ウ⑥ 109-142/18オ② 113-194/21ウ⑤ 117-B9 149-45/31オ③ 159山-上7 167-18/40ウ④ 173-60/45ウ③ 205-95/74ウ⑤ 288山-下12 315-2 補マ④

ひとびと 203-63/72ウ①

ひとまき 一巻(一巻) 111-162/19ウ① 113-180/20ウ⑤, 189/21オ⑦, 201/22オ⑤ 205-109/75ウ⑤

ひとよ 一夜 159山-上8

ひとり→ひとびと

ひとり 一人(一人) 23-B9 111-164/19ウ③ 113-197/22オ① 153-14/33オ④ 165-1/38ウ② 175-2/46オ⑥ 179-33/50ウ⑤ 183-6/52ウ⑥ 185-41/55オ⑥ 189-1/57オ⑥ 193-2/61オ① 195-34/63オ⑤ 197-7/64ウ⑦, 12/65オ⑤, 19/65ウ⑤ 201-4/68オ⑤, 30/70オ③ 205-108/75ウ④ 239-C3 253-14 259-B2 288山-上3 293山-下2/補タ⑤301-20/26ウ① 315-2 補エ⑦ 補フ②

ひと〈り〉 201-9/68ウ③

ひによ（貧)女 281-9/24ウ②

ひのととり 丁酉 133-B4

びばしぶつ（毘婆尸)仏[→ゆいゑぶつ] 237-25

びばぶつ 毘婆仏 283山-上8

ひび 日々 103-30/10オ③ 149-34/30オ⑥

ひび・く（響）

―く(終止) 173-62/45ウ⑤

ひま（隙） 197-17/65ウ③, 19/65ウ⑤, 24/66オ③ 203-63/72ウ①

ひむがし 東(東) 93-67/5ウ④ 95-80/6ウ③ 103-19/9オ⑥ 105-47/11オ⑥ 109-141/18オ① 117-A1 288山-上9

ひむがしだう 東堂 117-A3

ひむかでら 日向寺 117-A5

ひめ（姫)[→おほむ―、かうや―のみかど]

ひめみこ（皇女)[→あなおべのまうとの―]

びやうどう 平等 149-39/30ウ④

ひやうぶきやう 兵部卿 263-10

ひやく 百 17-6 149-56/31ウ⑦

びやくえ 白衣 221-36/78ウ①

ひやくくわん 百巻 185-49/55ウ⑦

ひやくくわん 百貫 167-7/39ウ⑦

びやくしぶつ 白(支)仏【辟支仏】 261-11, 14

ひやくせんにん 百千人 301-22/26ウ③

ひやくせんまんこふ 百千万(劫) 227-4/81オ⑥

ひやくそう 百(僧) 143-A3

びやくだん 白檀 167-6/39ウ⑥
ひやくにん 百人 149-57/32オ① 197-3/64ウ③
ひやくへん 百返 159山-上8
ひやくもく 白木 109-110/15ウ⑥
ひ・ゆ（冷）
—ゆる 235-4
ひゆきやう（譬喩)経 283山-上6
ひら・く（開)〈四〉
—き 91-19/2オ⑤ 103-24/9ウ④ 159山-上9 237-20
ひら・く（開)〈下二〉
—け(連用) 17-3 147-8/28ウ① 149-56/31ウ⑦
ひらけとほ・る（開通）
—り 197-26/66オ⑤
—れ(已然) 159-1/35オ① 159山-下2
ひら・む（平)〈四〉
—み 165-11/39オ⑤
ひる（昼） 133-B7
ひる・む（怯）
—み 165-11/39オ⑤
—む(連体) 235-3
ひろさ（広） 111-150/18ウ③ 197-27/66オ⑥
ひろ・し 弘(広)
—く 131-A6 141-7 159山-上3/補ク⑥ 288山-上2 補ケ①
ヒロク 131〈A6〉
—き 293山-上4
ひろたり（広足)[→からくにのむらじ—]
ひろ・ふ（拾）
—ひ 63-B7 289山-上1
ひろひがたし（拾難） 補ヘ⑦
ひろま・る（広）
—り 93-56/4ウ⑦
—れ(已然) 91-36/3ウ① 297山-上5
ひろ・む 弘(弘)
—め(連用) 91-27/2ウ⑥ 93-70/5ウ⑦ 289山-上6 293山-下12/補テ②
—む(終止) 105-56/12オ①
ひろめつくる（弘作）
—ら 補テ②
びんたつてんわう 敏達天皇 103-10/8ウ④
びんづる（賓頭盧)→びづる
ひんによ（貧女)→ひによ

ふ

ふ（経）
—へ(連用) 79-19 147-8/28ウ①, 11/28ウ④ 153-5/32ウ② 189-8/57ウ⑥, 10/58オ①, 28/59オ⑤ 201-17/69オ④, 22/69ウ② 237-20 283-13/24ウ⑥ 283山-上6 297-2/25オ②
をへ(連用) 288山-上8
—へ(連用) 297-1/25オ①
—ふる 161-13/36オ③ 179-33/50ウ⑤
ふか・し 深(深)
—く 39-11, 36 79-15 81-A3 141-3 167-17/40ウ③ 179-2/48ウ②, 9/49オ② 221-22/77ウ① 288山-下2
—し 185-60/56ウ④ 205-94/74ウ④
—き 63-B3 91-10/1ウ③ 167-26/41オ⑤ 203-56/72オ① 221-39/78ウ④ 253-6 259-A1 303-A32/27オ⑥
—けれ 153-22/33ウ④
ふきやうぼさち（不)経(菩薩)【不軽菩薩】 223-47/79オ⑤
ふく（服)[→ほう—]
ふく（福） 235-6
ふ・く（吹）
—き 27-9 79-18 107-77/13ウ①
ふく・む（含）
—み 191-46/60ウ② 288山-上5
—め(已然) 39-14
ふくろ（袋） 163-44/38オ⑥ 171-13/42オ⑤ 221-19/77オ⑤ 265-B4 303-B2, B4
ふしぎ（不思議） 167-25/41オ④
ふしぎ・なり 不思議
—なる 159-3/35オ③ 159山-下3
ふじのやま（富士)山 133-B9
ふしまろ・ぶ（臥転）
—び 157-上7/34オ⑥ 157山-下4 203-80/73ウ④
ふしみのおきな（伏見翁） 補マ②
ふ・す（伏・臥)[→おき— →かくれ]
—し 23-B11 117-B13 173-49/44ウ⑥ 補シ②
—せ(已然) 115-224/23ウ⑦ 171-14/42オ⑥

ふせ（布施） 227-11/81ウ⑥
ふせ・く（防）
　一き　107-105/15ウ①
ぶぜんのくに 豊前国　147-24/29ウ③
ふだ（札） 227-26/82ウ⑦
ふた〈が〉・る（塞）
　一り　197-5/64ウ⑤
ふた・ぐ（塞）
　一ぎ　179-18/49ウ④
ふたたび（再） 189-23/58ウ⑦
　　フタタヒ　65〈14〉
ふたつ 二(二) 153-3/32オ⑦, 20/33ウ② 167-22/41オ① 185-34/54ウ⑥ 275-2 288山-下5 303-A40/27ウ⑦ 補ス①
ふたところ（二所） 91-37/3ウ②
ふたとせ 二年　107-88/14オ⑤ 175-6/46ウ③
ふたり 二人(二人) 23-B10 63-B3 67-1 77-B3 81-A4 105-67/12ウ⑤, 70/13オ① 107-80/13ウ④, 84/14オ① 147-25/29ウ④, 28/29ウ⑦ 175-4/46ウ①, 15/47オ⑤, 16/47オ⑥ 288山-上12 293山-上8 301-7/25ウ②
　二人　301-22/26ウ③
　ふた(り) 63-B7
ぶつ（仏)[→ほとけ、くわん一、しやかむに一、ぜんけんむすう一、だい一、なむ一、びば一、びばし一、びやくし一、ゆいゑ一]
ふつか 二日　185-56/56オ⑦ 189-28/59オ⑤
ぶつかい 仏(界) 247-A4
ぶつけう　仏教・仏(教) 159山-上3/補ク⑥ 221-8/76ウ①
ぶつげだつどうさうい 仏解脱幢相衣　39〈29〉
ぶつざう 仏像　103-31/10オ④
ぶつさり 仏(舎利) 105-50/11ウ②, 53/11ウ⑤
ぶつだう 仏道　356-下4/83オ⑤
{ぶつ}てつ 仏哲　補マ②
ぶつぽふ 仏法　93-48/4オ⑥, 67/5ウ④ 95-84/6ウ⑦ 105-63/12ウ①, 66/12ウ④ 107-86/14オ③ 109-127/17オ① 253-6, 10 288山-上9
ぶつみでし 仏御弟子[→ほとけのみでし] 237-14
ふで（筆） 301-10/25ウ⑤
ふなびと（船)人　189-15/58オ⑥, 30/59オ⑦, 32/59ウ②, 39/60オ②
ぶにん 夫人[→まや一] 103-4/8オ⑤, 11/8ウ⑤
ふね（船） 143-A5 183-5/52ウ⑤, 6/52ウ⑥ 189-14/58オ⑤, 19/58ウ③, 28/59オ⑤ 303-A33/27オ⑦
ふビヤう（風病） 235-2
ふみやう（普)明　95-82/6ウ⑤
ふ・む(踏)
　一み　113-200/22オ④
　一む(連体) 133-B6
ぶも 父母　287山-下4
ふゆ 冬(冬) 103-31/10オ④ 141-4 補ケ③
ふ・る（降)〈自四〉
　一る(終止) 107-77/13ウ①
　一れ(已然) 111-149/18ウ②, 153/18ウ⑥
ふ・る（雨・振)〈他四〉
　一り　27-7 39-32 55-6 288山-下18
ふる・し（古）
　一き　113-201/22オ⑤ 135-12 167-23/41オ② 175-6/46ウ③ 293山-下1/補タ②
ふる・ふ（振・震）
　一ひ　55-4 65-2 67-6 301-10/25ウ⑤
　一ふ(終止) 39-31
ふるみち（古道） 93-41/3ウ⑥
ふゑ（不壊)[→こんがう一]

へ

へいし 平氏　117-B4
へぐゑ（変)化　181-55/52オ⑥
べたう（別当） 288山-上12
へだ・つ（隔）
　一て(連用) 93-62/5オ⑥ 201-23/69ウ③
べつたう（別当)→べたう
へんぐゑ（変化)→へぐゑ
へん・ず（変）
　一じ　195-48/64オ⑤
へんぜうだいそうざう 遍照大(僧)正　289山-上5

ほ

ほう（宝)[→し一]
ほうあんぐわんねん 保安元年　356-下1/83オ②

ほうおん 報恩 173-65/46オ①
ほうかい（法界） 315-7
ほうきしちはちねん 宝亀七八年 147-30/30オ②
ほうくゐにねん 宝亀二年 147-2/28オ②
ほうし（法師）[→をむ―] 39-6,15 103-21/9ウ① 107-90/14オ⑦ 227-11/81ウ⑥ 251-2 301-19/26オ⑦ 309-2
ほうじん 報身 293山-下8
ほう(じん) 補チ⑦
(ほう)じん 補ツ①
ほうふき→ほうふ[く]
ほうふ[く]（法服） 171-18/42ウ③
ほうよう（法用） 275-10
ほうわう（法王） 301-24/26ウ⑤
ぼうわうきやう（梵)王経【梵網経】 301-16/26オ④
ほえかか・る 吼(掛)
―り 39-4
ほか（外） 39-14 161-2/35オ⑥ 175-4/46ウ① 185-59/56ウ③ 201-4/68オ⑤ 203-57/72オ② 223-50/79ウ① 237-7 253-1 補ヒ⑤
ほこ（鉾） 109-112/16オ①
ぼさかい（菩薩戒） 303-A36/27ウ③, A37/27ウ④, A38/27ウ⑤
ぼさち（菩薩)[→ぎやうき―、くわうち―、ふきやう―、みろく―] 303-B3 補コ③
(ぼさ)ち 303-B1
ぼさ〈ち〉かい（菩薩戒） 303-A34/27ウ①
ぼさつ 菩薩[→ぼさち、ぎやうき―、くわんぜおん―、さり―] 91-6/1オ⑥ 153-15/33オ⑤ 301-3/25オ⑤, 7/25ウ②, 17/26オ⑤20/26ウ① 303-A31/27オ⑤, B13 補ウ①
ぼさつかい 菩薩戒[→ぼさかい、ぼさちかい] 301〈4a/25オ⑥a〉 303-A33/27オ⑦ 309-4
ほしいひ（乾飯） 183-26/54オ⑤
ほ・す（乾）
―し 203-50/71ウ②
ほそ・し（細）
ほ(そく) 補ヒ⑦
(ほ)そく 補フ①
―き 27-9
ぼだい（菩提） 39-21/188① 221-9/76ウ②, 〈13a/76ウ⑥a〉
ぼだいずゐん（菩提樹)院 93-45/4オ③
ほど（程)[→ときの―] 113-204/22ウ① 143-A1 147-30/30オ② 163-42/38オ④ 173-59/45ウ② 183-9/53オ② 197-30/66ウ② 237-20
ほ(ど) 241-7
ほとけ 仏(仏)[→ぶつ] 39-8,17 49-3 65-9 81-A13 91-12/1ウ⑤, 35/3オ⑦, 38/3ウ③ 105-61/12オ⑥ 107-73/13オ④, 74/13オ⑤ 113-217/23オ⑦ 149-39/30ウ④, 51/31ウ② 173-42/44オ⑥ 181-50/52オ① 193-8/61オ⑦ 197-10/65オ③ 205-92/74ウ②, 105/75ウ① 221-27/77ウ⑥, 30/78オ② 223-40/78ウ⑤ 227-2/81オ④ 231-8 237-11, 27, 30 247-A3, A6 253-2, 〈3〉, 8, 13, 16, 20 259-B7 263-3 265-A20 281-1/24オ①, 4/24オ④, 5/24オ⑤, 11/24ウ④ 283-12/24ウ⑤, 13/24ウ⑥ 283山-上2, 上5, 上6, 上6, 上8, 下2, 下3, 下8 288山-上10, 上14, 上14, 上15, 下6, 下12, 下13, 下14 293山-上11/補ソ③, 下3/補タ⑥, 下6/補チ④, 下10/補ツ④, 下11/補ツ⑦ 294山-15 297山-上6, 上9/補ネ⑥ 317-A5/189⑤ 319-A3, A5 補コ① 補ホ①
ほとけのみでし 仏御弟子・(仏)御弟子[→ぶつみでし] 223-57/80オ① 288山-下1
ほどこ・す（施）
―す(終止) 227-20/82ウ① 補ヘ②
ほどに（程） 55-3 103-13/8ウ⑦ 105-41/10ウ⑦ 165-2/38ウ③ 183-5/52ウ⑤ 191-42/60オ⑤ 193-15/61ウ⑦, 22/62オ⑦ 197-8/65オ①
ほとほど・し（殆）
―しく 189-21/58ウ⑤
ほどよ・し（程良）
〈ほどよく〉 補ネ③
ほとり（辺） 63-A5 115-223/23ウ⑥ 193〈12/61ウ④〉 293山-上4 補ホ⑦
ぼなう（煩悩） 39-19 91-31/3オ③ 303-A33/27オ⑦ 補ウ⑥ 補シ⑦
ほね（骨） 163-43/38オ⑤ 288山-下14
ほのか・なり（仄）
―に 197-32/66ウ④
ほのほ（炎） 157-上9/34ウ① 157山-下5 294山-6/補ニ①, 15

ほふ 法[→けうー、ざうー、しやうー、せむー、どうー、ぶつー] 265-B2
ぼふ（凡夫） 223-44/79オ②, 52/79ウ③
ほふかい（法界）→ほうかい
ほふくゑいちぞう 法花一(乗) 193-31/63オ②
ほふくゑきやう 法花経・法華経 111-155/19オ①, 161/19オ⑦ 113-192/21ウ③ 147-14/28ウ⑦ 157-上3/34オ② 157山-下2 165-3/38ウ④, 9/39オ③ 167-4/39ウ④ 171-4/41ウ③, 19/42ウ④ 193-18/62オ③, 33/63オ④ 197-13/65オ⑥ 199-47/67ウ⑤, 49/67ウ⑦ 205-105/75ウ① 207-5 319-B3
　法花〈経〉 91-19/2オ⑤
ほふくゑじ 法花寺 275-6
ほふし 法師[→ほうし、ぎかくー、しぜんー、だいー、ゑじー] 175-17/47オ⑦, 23/47ウ⑥
ほふじ 法事 173-59/45ウ② 197-11/65オ④
ほふじん（法）身[→ぐわんしようによらいじやうー] 293山-下8/補ツ①
ほふせ 法(施) 265-A21
ほふふく（法服）→ほうふ[く]
ほふもん 法文 161-23/36ウ⑥
ほふもん 法門 93-66/5ウ③
ほふよう（法用）[→ほうよう] 229-2
ほふりうじ 法隆寺 117-A4
ほふわう（法王）→ほうわう
ほふゑ 法(会)・(法会)[→そうほうゑ] 139-6 171-6/41ウ⑤ 317-A2/189②
ほむ（品）[→ほん、げー、じやうー、ちうー]
ほ・む（讃）
　ーめ（未然） 223-51/79ウ②
　ーめ（連用） 17-1 181-41/51オ⑥ 259-A4 293山-上9/補ソ① 301-16/26オ④
　ーむ 223-44/79オ②
ぼむてん（梵天） 237-9
　ほむてん(梵)天 補サ⑥
ぼむわう（梵)王 103-27/9ウ⑦
ほゆ（吠）
　ーゆる（連体） 補エ⑤
ほりい・づ（掘出）
　ーで（連用） 263-1
ほりえ（堀江） 107-75/13オ⑥
ほ・る（掘）
　ーら 197-5/64ウ⑤
ほろぼ・す（亡）
　ーす（終止） 39-24/188④, 27/188⑦
ほん 本 223[45/79オ③]
ほん 品[→ほむ、くわんおんー] 165-3/38ウ④
ぼんてん（梵天）→ぼむて
ぼんなう（煩悩）→ぼなう
ぼんぷ（凡夫）→ぼふ
ぼんまうきやう（梵網経）→ぼうわうきやう
ぼんわう（梵王）→ぼむわう

ま

ま 魔 93-50/4ウ①
まい・る（参）
　ーり 201-15/69オ②
まう・く（設）
　ーけ（連用） 139-6 147-31/30オ③ 191-41/60オ④ 205-108/75ウ④ 237[27] 293山-下11/補ツ⑥
　ーく 107-99/15オ②
　ーけよ 107-97/14ウ⑦
まうし（申） 269-B1
まうしお・く（申置）
　ーき 301-5
まう・す 申(申)[→すすめー、ものー]
　ーさく 105-59/12オ④ 109-135/17ウ② 195-40/63ウ④ 253-2, 12 283山-上7 293山-下15/補テ⑤
　ーし 103-28/10オ①, 32/10オ⑤ 105-66/12ウ④ 107-103/15オ⑥ 143-A3 153-14/33オ④ 271-2 301-9/25ウ④ 補カ⑥
　ーす（終止） 23-B2 41-40 79-4, 14, 109-137/17ウ④ 113-194/21ウ⑤, 209/22ウ⑥ 117-A7, B1 131-B7 193-5/61オ④ 199-43/67ウ① 205-89/74オ⑥ 253-8 283山-上4 293山-下3/補タ⑥, 下17/補ト② 補シ③
　ーす（連体） 103-1/8オ② 105-41/10ウ⑦, 65/12ウ③
　ーせ（命令） 203-61/72オ⑥
まう・す（申）〈補助動詞〉

—さ　149-42/30ウ⑦ 315-6
—す(終止)　107-81/13ウ⑤
まう・づ（詣）
—で(連用)　113-194/21ウ⑤ 157山-下10 289山-上7
まか・す（任）
—せ(連用)　補イ④
まがだこく（摩竭陀国）　93-44/4オ②
まか・る（罷）
—り　79-3
まが・る（曲）
—り　133-C3
まき（巻)[→ひと—、み—、や—、やそ—]
ま・く（負）
—く(終止)　165-7/39オ①
ま・く（巻）
—き　221-24/77ウ③
まこと（実・信・真・誠）　113-182/20ウ⑦ 167-26/41オ⑤ 171-35/43ウ⑥ 173-66/46オ② 181-51/52オ② 195-40/63ウ④ 205-83/73ウ⑦, 90/74オ⑦ 221-29/78オ① 223-41/78ウ⑥, 49/79オ⑦ 259[A1] 283山-上5 293山-上11/補ソ③
まこと・なり（実・信・真・誠）
—なら　91-5/1オ⑤
—に　83-2 153-22/33ウ④ 161-30/37オ⑥ 173-50/44ウ⑦, 65/46オ① 175-19/47ウ② 221-37/78ウ②
まさに（正・当・将）　65-10 93-50/4ウ① 165-10/39オ④ 167-24/41オ③ 173-37/44オ① 195-47/64オ④ 227-19/82オ⑦, 24/82ウ⑤ 247-A7 265-B2 294山-13 297山-下1/補ノ②303-B9 補ヒ⑥
まさ・る（勝）
—り　221-14/76ウ⑦
—る(終止)　281-11/24ウ④
—れ(已然)　301-21/26ウ②
ましま・す（在・坐）
—す(終止)　161-31/37オ⑦ 237-17
—す(連体)　288山-下13
まじ・る（交）
—り　19-1 105-36/10ウ② 149-37/30ウ② 191-43/60オ⑥ 259-B8
ます（升)[→よ—]
ま・す（増）
—さ　237-15
—し　185-59/56ウ③
—す(終止)　39-20
ますます（益々）　167-17/40ウ③ 175-12/47オ②, 29/48オ⑤
また 又(又・復・亦)　17-5 21-3 23-A6, B7 39-5 49-5 55-3 63-B2 79-2 81-A8, A12 91-11/1ウ④ 93-50/4ウ①, 56/4ウ⑦, 58/ 5 オ② 105-43/11オ②, 44/11オ③ 107-83/13ウ⑦, 85/14オ②, 〈86/14オ③〉, 100/15オ③, 101/15オ④ 109〈121/16ウ③a〉, 130/17オ④ 111-143/18オ③, 153/18ウ⑥, 174/20オ⑥ 113-190/21ウ①, 195/21ウ⑥ 117-B1, B11, B14 147-24/29ウ③ 157-上11/34ウ③ 157山-下6 159-1/35オ① 159山-下2 167-11/40オ④, 22/41オ① 175-12/47オ②, 13/47オ③ 181-38/51オ③, 55/52オ⑥ 183-20/53ウ⑥ 185-47/55ウ⑤, 58/56ウ② 191-34/59ウ④ 197-24/66オ③ 201-20/69オ⑦ 203-42/71オ① 221-10/76ウ③, 21/77オ⑦ 227-5/81オ⑦, 14/82オ② 229-1 237-14, 23 239-B3, C2 253-12 263-1 283山-上6, 下5 294山-13/補ヌ⑦ 297山-上8/補ネ④, 下5/補ノ⑥ 301-4a/25オ⑥a, 23/26ウ④ 303-B2, B4 補ア④⑦ 補カ⑤ 補サ② 補ハ② 補ヘ①
マタ　65〈14〉
また→{い}まだ
また・し（全）
—く　17-7 159山-下1 221-3/76オ③
—き　191-49/60ウ⑤ 補サ①
またのとし（又年）　203-67/72ウ⑤
まだら・なり（斑）
—なる　185-33/54ウ⑤
ま・つ（待）
—つ(連体)　79-6
まづ（先）　91-7/1オ⑦ 171-8/41ウ⑦ 183-15/53ウ① 201-14/69オ①, 30/70オ③ 203-70/73オ① 237-18
まづ・し（貧）
—しく　175-9/46ウ⑥ 201-20/69オ⑦
—しう　201-2/68オ③

ーし　63-B1
　ーしき　237-25
　(まづし)き　23-B1
まつ・ふ（纏)〈四〉
　ーひ　303-A35/27ウ②
　ま[つ]へ(已然)　223-65/80ウ②
まつりごと（祀)事【政】　103-27/9ウ⑦　109-131/17オ⑤　117-B3
まつりごとひと（政)人　109-110/15ウ⑥
まど（窓）　159山-上5
まどか・なり（円)
　ーなる　237-12
まどころ（政所）　201-7/68ウ①
まどひし・ぬ（迷死)
　ーに　203-46/71オ⑤
まなこ（眼）　283山-上7
まな・ぶ（学)〈四〉
　ーび(連用)　131-A6　159山-上3/補ク⑥　294山-1/補ト⑦, 1/補ナ①, 2/補ナ②
　ま〈な〉び　補ナ①
まな・ぶ（学)〈上二〉
　ーぶる　265-A14
まぬか・る（免)[→まのかる]
　ーれ(未然)　77-A6
　{ま}ぬかれ(未然)　185-47/55ウ⑤
　ーれ(連用)　157山-下9　187-68/57オ⑤
まね・く（招)
　ーく(連体)　153-6/32ウ③
まね・ぶ（学)
　ーび　165-4/38ウ⑤
まのか・る（免)
　ーれ(連用)　185-58/56ウ②　187-66/57オ③
まば・る（瞻)
　ーり　179-13/49オ⑥
まひ 舞　294山-9/補ニ⑥
まへ 前(前)[→おー、みー]　19-3　23-B11　55-3　65-2　93-60/5オ④　163-35/37ウ④　181-46/51ウ④　201-9/68ウ③　293山-下6/補チ④, 下10/補ツ④
まへへ→ま[つ]へ
まぼ・る（守)→まば・る(瞻)
ままに（儘）　205-85/74オ②　269-B2
まもり 守　294山-10/補ヌ①
まも・る（守・護)
　ーら　171-27/43オ⑤　288山-下6　294山-7/補ニ③
　ーり　91-28/2ウ⑦　175-31/48オ⑦　221-2/76オ②　288山-上1
　ーる(終止)　303-B10
　ーる(連体)　237-4　補ホ⑥
まやぶにん（摩耶夫)人　253-3
まゆ（眉)[→おほむー]　105-43/11オ②　109-137/17ウ④
まらうど（客人）　203-69/72ウ⑦, 72/73オ③
まれいせん（摩黎山）　237-16
まろ（丸)[→かうさー、つちー、てうしー、なかちー]
まろ・ぶ（転)[→たふれー、ふしー]
　ーび　67-7
まゐあ・ふ（参遇)
　ーへ(已然)　289山-上1
まゐ・る（参)[→まい・る]
　ーら　203-66/72ウ④
　ーれ(命令)　193-11/61ウ③
まんどう 万灯　283山-下8
まんどころ（政所)→まどころ

み

み　身(身)[→おほむー、わがー]　21-1, 4　39-8, 8　49-1　79-11　91-23/2ウ②　93-46/4オ④, 52/4ウ③　95-80/6ウ③, 84/6ウ⑦　105-35/10ウ①, 42/11オ①　111-154/18ウ⑦　113-181/20ウ⑥, 216/23オ⑥　147-12/28ウ⑤　153-4/32ウ①, 12/33オ②　157-上9/34ウ①, 上12/34ウ④　157山-下5, 下7　159山-上3/補ク⑤　171-32/43ウ③　173-41/44オ⑤　179-19/49ウ⑤　193-5/61オ④, 7/61オ⑥　201-2/68オ③, 20/69オ⑦　203-77/73ウ①　221-20/77オ⑥, 28/77ウ⑦　223-55/79ウ⑥　235-5　237-8　239-A33, B3　288山-上15, 下17　補エ④　補コ③　補ス③⑤　補セ⑤
　ミ　193-4/61オ③
みあは・す 見(合)
　ーする　113-188/21オ⑥
みい・る（見入)
　ーるれ　159山-上4

みか 三日 111-144/18オ④, 148/18ウ①, 185-56/56オ⑦
ミかた（御方） 107-106/15ウ②
みかど 御門・御(門)・(御門)[→あめの一、かうやひめの一、きよみはらの一] 103-29/10オ② 107-101/15オ④ 111-151/18ウ④ 159山-上2/補ク④ 263-2, 4 269-B3 293山-上1, 上3, 上10/補ソ①, 下15/補テ⑤, 下17/ 補ト② 309-6
ミかど 153-1/32オ⑤
みかど（朝） 149-58/32オ② 159山-上1/補ク②
ミかへ・る（見返）
一り 183-8/53オ①
みかほ（御顔） 189-23/58ウ⑦
みかを（御顔） 補キ②
みぎ（右） 109-142/18オ②
みこ（皇子）[→むまやどのとよとみみの一] 103-4/8オ⑤
みこ（親王）→しんわう
みこころ 御心 63-C2 283山-上3
〈み〉こし 三(越) 111-143/18オ③
みことのり（詔） 103-30/10オ③ 105-64/12ウ② 269-B1
みさい 御齋 269-B5
ミじか・し（短）
一く 167-9/40オ②
み・す（見）
一せ(連用) 193-32/63オ③
みそか 卅日→さんじふにち
みそか・なり（密）
一に 105-35/10ウ①
ミそかに 107-95/14ウ⑤ 171-25/43オ③
みたけ（御嶽）[→かねの一]
みたび（三度） 95-83/6ウ⑥ 109-107/15ウ③ 111-172/20オ④ 281-9/24ウ②
みたり 三人(三人) 105-48/11オ⑦ 107-75/13オ⑥, 83/13ウ⑦ 111-159/19オ⑤, 167/19ウ⑥ 113-184/21オ② 183-8/53オ① 185-48/55ウ⑥ 193-15/61ウ⑦ 301-22/26ウ③
ミだりがは・し（濫）
一しく 149-37/30ウ②
みだりに（濫） 288山-下7
みだ・る（乱）〈四〉
一る(終止) 補ウ⑥
みだ・る（乱）〈下二〉
一れ(連用) 319-B2
ミだれ(連用) 109-123/16ウ④
ミタルル 93〈50a/4ウ①a〉
みだれお・つ（乱落）
一つ(終止) 55-7
みち 道(道)[→かよひ一、ふる一] 17-1 63-A2 77-A5,〈B2〉, B6 91-19/2オ⑤ 93-70/5ウ⑦ 113-216/23オ⑥, 217/23オ⑦ 147-17/29オ③, 21/29オ⑦ 171-14/42オ⑥ 179-28/50オ⑦ 183-25/54オ④ 193-7/61オ⑥, 15/61ウ⑦ 221-25/77ウ④, 36/78ウ① 223-45/79オ③, 70/80ウ⑦ 227-11/81ウ⑥ 259-A5 275-1 288山-上8 289山-上3 293山-下15/補テ⑥ 294山-15 301-3/25オ⑤ 303-A34/27ウ①, B3 補ア⑤ 補イ① 補ヒ④
ミチ 93〈50a/4ウ①a〉
ミち 93-54/4ウ⑤
ミ〈ち〉 251-7
みち（蜜） 288山-下11
みちび・く（導）
一か 65-10 153-16/33オ⑥ 205-104/75オ⑦
一く(終止) 301-24/26ウ⑤
みつ（三） 63-A5 117-A6 補ス③
みつ（蜜）→みち
み・つ（満）〈四〉
一ち 227-24/82ウ⑤ 239-C4 241-7 293山-上13/補ソ⑥, 下17/補ト③
一つ(終止) 293山-上13/補ソ⑦
ミて(已然) 111-150/18ウ③
み・つ（満）〈下二〉
一てよ 27-8
みづ 水(水) 23-A4 131-B8 189-27/59オ④ 191-47/60ウ③ 207-6 221-4/76オ④ 239-B5, B7 297山-上10/補ノ①, 上10/補ノ②
ミつ 23-A4
みづから（自） 39-26/188⑥ 63-A7 135-13 153-5/32ウ② 175-10/46ウ⑦ 201-13/68ウ⑦, 16/69オ③ 275-6 288山-上6 303-B2
ミづから 39-24/188④
ミつ・く（見付）

—け(連用) 191-44/60オ⑦

みつのうぢ（三津氏） 231-2

みでし 御弟子[→ぶつ—、ほとけの—]

み〈な〉 御(名)[→おほむな] 153-15/33オ⑤

みな（皆） 21-1 23-B5 55-6 65-8 77-A6 81-A9, B1 83-2 93-47/4オ⑤ 109-125/16ウ⑥, 132/17オ⑥ 111-159/19オ⑤ 117-B13 139-3 141-1 147-11/28ウ④, 15/29オ① 149-50/31ウ①, 53/31ウ④ 157山-下9 159山-下1 193-26/62ウ④ 221-7/76オ⑦, 29/78オ① 223-50/79ウ①, 57/80オ①, 71/81オ① 227-10/81ウ⑤ 229-4 237-10, 22 247-A3 275-10 288山-上9 297山-上6 301-7/25ウ② 303-B14 309-4 356-下4/83オ⑤ 補イ② 補オ② 補カ④ 補セ⑥ 補ヒ⑤

ミな 105-63/12ウ① 173-61/45ウ④

ミナ 281〈9/24ウ②〉

みなづき（六月）→ろくぐわつ

みなみ 南(南) 95-81/6ウ④ 111-157/19オ③

みね（峰）[→あまべの—、わしの—] 91-7/1オ⑦ 133-B6, B9 補ケ⑥ 補へ⑤

みのうへ（身上） 227-20/82ウ①

みのり（御法） 91-38/3ウ③

ミのり 91-2/1オ②

みまかはのり 御馬河里 161-10/35ウ⑦

みまき 三(巻) 301-11/25ウ⑥

みまさかのくに（美作国） 197-1/64ウ①

みまへ（御前）[→おまへ] 205-105/75ウ① 283山-下2

みみ（耳）[→かた—] 153-20/33ウ②

ミミ 153-4/32ウ①

みや 宮(宮)[→いかるがの—、のちのをかもとの—、ははんたの—] 17-6 27-2 93-59/5オ③ 103-12/8ウ⑥ 183-12/53オ⑤ 237-5 294山-1/補ト⑦

みやうじん 明神[→こべの—]

みやうぞう 名僧 111-147/18オ⑦ 149-45/31オ③

みやこ 宮(処)【都】 131-B2 288山-下6 補キ③

み・ゆ 見(見)

—え(未然) 19-6 175-23/47ウ⑥

—え(連用) 117-B6 135-11 143-B1/28オ① 149-60/32オ④ 163-46/38ウ① 181-56/52オ⑦ 187-68/57オ⑤ 199-50/68オ① 207-1 229-7 263-9 275-8 297山-上5 317-A1/189① 補ヌ①

ミえ(連用) 153-24/33ウ⑥ 159-3/35オ③ 159山-下3 165-12/39オ⑥ 191-50/60ウ⑥ 195-50/64オ⑦

—へ(連用) 294山-10

—ゆ 159山-上10

ミゆ 175-12/47オ② 197-27/66オ⑥

—ゆる 283山-下3

みゆき 行幸(行幸) 229-1 303-B11

みよ 御世・御(世) 109-129/17オ③ 117-B2 153-2/32オ⑥ 167-1/39ウ① 183-1/52ウ① 189-5/57ウ③ 193-2/61オ① 197-2/64ウ② 229-6

みらい（未来） 223-48/79オ⑥

みる 見(見)

—み(未然) 65-12 103-24/9ウ④ 189-18/58ウ②, 23/58ウ⑦

—ミ(未然) 193-28/62ウ⑥

—み(連用) 19-2 21-2 39-1 103-9/8ウ③ 105-38/10ウ④ 111-151/18ウ④, 165/19ウ④, 172/20オ④ 149-36/30ウ① 163-45/38オ⑦ 171-15/42オ⑦ 193-33/63オ④ 201-22/69ウ② 221-27/77ウ⑥ 223-64/80ウ① 239-B6, C1, C3 259-B4 287山-下4 288山-上5, 上6 289山-上3 319-A3 補ア①⑥ 補キ③

—ミ(連用) 175-8/46ウ⑤, 18/47ウ①, 27/48オ③ 189-30/59オ⑦ 193-17/62オ② 197-31/66ウ③ 199-41/67オ⑥ 247-B2 293山-下9/補ツ③

—みる(終止) 103-28/10オ① 105-37/10ウ③ 109-142/18オ② 117-B10 241-5 288山-上4 補チ⑦

—ミる(終止) 179-7/48ウ⑦ 補イ⑤

—みる(連体) 79-6 93-73/6オ③ 103-25/9ウ⑤ 109〈121/16ウ③a〉 139-4 143-A7 161-30/37オ⑥ 167-15/40ウ① 203-74/73オ⑤ 223-46/79オ④ 237-20 293山-下7

—ミる(連体) 67-6 193-33/63オ④

—みれ 49-1 147-8/28ウ① 159山-上9, 下1 185-53/56オ④ 205-105/75ウ①

—ミれ 93-45/4オ③ 159山-上6 181-47/51ウ⑤ 195-36/63オ⑦

みろく（弥勒） 117-A2 263-7 補ホ⑤

みろくぼさち（弥勒菩薩） 105-44/11オ③

む

むかし 昔(昔) 23-A7 65-3 93-43/4オ①, 45/4オ③, 69/5ウ⑥ 95-86/7オ② 103-1/8オ② 111-158/19オ④ 113-216/23オ⑥ 149〈50/31ウ①〉 153-6/32ウ③ 165-1/38ウ② 197-12/65オ⑤ 201-1/68オ② 223-52/79ウ③, 56/79ウ⑦ 237-24, 32 259-B2 283山-上7, 上8 288山-上6, 上14, 下19 301-1/25オ③ 補エ①
むか・ふ（向）
　―は 39-26/188⑥, 28
　―ひ 93-54/4ウ⑤ 103-19/9オ⑥ 195-37/63ウ① 227-6/81ウ①
　―へ(已然) 227-4/81オ⑥
むか・ふ（迎）
　―へ(未然) 143-A2
　―へ(連用) 237-28 247-A6 補シ⑤
　―ふる 補フ①
むぎこ（麦粉） 261〈13〉
むくい（報） 49-2 237-9 297山-下6/補ノ⑦ 319-A4 補セ⑦
むクサ（六種） 39-31
むく・ゆ（報）
　―ゐ(未然) 167-3/39ウ③
　―い(連用) 181-50/52オ① 補カ⑦
　―ゆ 185-36/55オ①
　―ゆる 95-85/7オ①
むこ（聟） 175-4/46ウ① 189-11/58オ②, 14/58オ⑤ 191-38/60オ①, 39/60オ②, 44/60オ⑦
むこのこほり（武庫郡） 179-31/50ウ③
むし（虫） 161-22/36ウ⑤ 223-53/79ウ④
むしきかい（無色界） 補イ①
むしろ（莚） 77-B10
むすうぶつ 無数仏[→ぜんけん―]
むす・ぶ（結）
　―ば 補へ⑥
　―び 199-37/67オ② 231-7
むすめ（娘・女）[→おほむ―] 149-52/31ウ③ 175-3/46オ⑦, 7/46ウ④14/47オ④, 23/47ウ⑥, 28/48オ④ 179-2/48ウ② 189-3/57ウ①, 5/57ウ③
　ムスメ 197〈2/64ウ②〉
　む〈す〉め 189-22/58ウ⑥
むつ(六) 補ス⑦
むつき 正月→しやうぐわつ
むつのくに（陸奥国） 189-5/57ウ③
むなくるま（空車） 201-7/68ウ①
むな・し 空(空・虚)
　―しから 153-23/33ウ⑤ 319-A7 補フ⑥
　―しく 27-1 77-A7 288山-下9
　―し 補へ③
　―しき 91-18/2オ④ 189-24/59オ① 288山-下14 293山-下8/補ツ①
むね 旨 297山-上3
むね（胸） 203-80/73ウ④
　ム子 109〈121/16ウ③a〉
　〈む〉ね 81-A7
むばらのこほり（菟原郡）→むこのこほり(武庫郡)
むま 馬(馬)[→くろ―] 109-142/18オ② 163-35/37ウ④, 37/37ウ⑥ 183-6/52ウ⑥
むまとき（午時） 163-40/38オ②
むまのとき 午時 161-10/35ウ⑦
むまや（厩） 103-12/8ウ⑥ 117-A7
むまやどのとよとみみのみこ 厩戸豊聡耳皇子 117-A6
むま・る（生）
　―れ(連用) 39-21/188① 65-5 95-87/7オ③, 89/7オ⑤ 103-13/8ウ⑦ 149-58/32オ② 237-2, 29 239-B2 241-5 253-3 317-B1 319-A2 補セ④ 補マ⑤
　―る 283山-下7 288山-上16
　―るる 補ス① 補セ②
むみやう 無明・无明 91-33/3オ⑤ 95-75/6オ⑤ 283山-下9 補フ⑦
む・む（生）
　―ま 103-3/8オ④
むら（村）[→くまこりの―、ちはらの―] 139-5
むらうこふ 無(量劫) 93-71/6オ①
むらさき 紫 287山-下3 293山-上13/補ソ⑥
むらじ（連）[→おほ―、からくにの―ひろたり、たかはしの―あづまひと、なかとむのかつうみの―]
むらびと（村)人 197-28/66オ⑦

むりやうこふ（無量劫)→むらうこふ

むろ（室） 93-43/4オ① 113-201/22オ⑤ 159山-上4, 上9, 上10, 下1 201-3/68オ④, 5/68オ⑥, 6/68オ⑦ 203-69/72ウ⑦ 241-6 補ヘ③

め

め 目(目) 77-B3 81-A10, B1 83-1 159山-上9 165-12/39オ⑥ 235-6

め 妻(妻) 63-A7, B7 147-2/28オ② 149-54/31ウ⑤ 175-6/46ウ③ 179-11/49オ④ 189-17/58ウ①

めいそうでん 名僧伝[→にほんこく—]

めいてい 明帝 95-94/7ウ③

めうけう 妙教 109-136/17ウ④

めうし（牝牛） 171-27/43オ⑤, 30/43ウ① 173-48/44ウ⑤

めぐりある・く（廻歩）

—き 159山-上10

めぐりいた・る（廻到）

—り 161-8/35ウ⑤

めぐ・る（廻）[→ゆき—]

—り 19-1 103-12/8ウ⑥ 111-144/18オ④ 237-7

—る(連体) 207-3

めこ（妻子） 175-5/46ウ② 189-3/57ウ① 197-9/65オ②, 21/65ウ⑦

めし（召） 183-13/53オ⑥ 187-66/57オ③

めしつか・ふ（召仕）

—ひ 131-B8

めし・ふ（盲）

—ひ(連用) 81-A11 83-1

—〈ひ〉(連用) 77-B3

め・す（召）[→わかち—]

—さ 175-5/46ウ② 185-45/55ウ③

—し 107-84/14オ①, 91/14ウ① 113-181/20ウ⑥ 197-3/64ウ③

—す(連体) 183-15/53ウ①

めちど（滅度） 95-92/7ウ①

めつど（滅度）→めちど

めをくは・す（目)〈慣用句〉

—せ(連用) 203-75/73オ⑥

も

も（文） 294山-12/補ヌ⑤ 301-10/25ウ⑤ 309-3 補ハ③

も（裳） 181-38/51オ③

もえう・す（燃失）

—せ(連用) 221-14/76ウ⑦

もくれむ（目連） 281-6/24オ⑥, 7/24オ⑦

もし 若(若) 23-B11 39-7, 15 49-6 83-3 165-9/39オ③ 167-19/40ウ⑤, 19/40ウ⑤ 183-24/54オ③ 185-37/55オ②, 39/55オ④ 205-90/74オ⑦, 91/74ウ① 221-31/78オ③, 32/78オ④ 247-A4 253-11 281-3/24オ③ 294山-12/補ヌ⑤ 297山-上9/補ネ⑥ 301-19/26オ⑦ 317-A6/189⑥ 319-B2 補ウ⑤ 補カ⑦ 補コ③ 補サ⑥

もしは（若） 223-41/78ウ⑥, 41/78ウ⑥

もず（文殊） 補キ②④

〈文〉す 補サ④

もた・ぐ

—げ(連用) 179-13/49オ⑥

もた・り（持）

—り(終止) 179-29/50ウ①

—る 193-17/62オ②, 23/62ウ①

もちて（以）[→もて、ここを—] 39-3, 34 81-A7, A8 147-28/29ウ⑦ 161-32/37ウ① 165-8/39オ② 179-20/49ウ⑥ 185-38/55オ③ 223-44/79オ② 227-15/82オ③, 19/82オ⑦ 239-A35 261〈13〉, 15 265-A21 281-10/24ウ③ 283山-下3 288山-下17 294山-14 297山-上3, 下1/補ノ③ 317-A5/189⑤ 319-B2 補ケ④

もち・ゐる（用）

—ゐ(連用) 237-21 293山-上6

—ゐる(終止) 247-A5 275-11 補ホ⑤

—ゐる(連体) 237-3

も・つ（持）

—ち 181-39/51オ④ 183-26/54オ⑤ 261-12

もて（以） 297山-上6 356-下4/83オ④

もてい・く（持行）

—く(終止) 203-51/71ウ③

もてかく・す（持隠）

—し 201-39/70ウ⑤

もてきた・る（持来）
　—り　113-183/21オ①
　—れ（已然）　111-169/20オ①
　—れ（命令）　111-162/19ウ①
もてゆ・く（持行）
　—く（連体）　193-16/62オ①
もてわた・る（持渡）
　—り　103-23/9ウ③
　—れ（已然）　103-22/9ウ②　105-45/11オ④　288山-上11
もと（元・本）　17-6　113-198/22オ②　159山-上1/補ク①　167-20/40ウ⑥　189-9/57ウ⑦　191-38/60オ①　203-43/71オ②, 59/72オ④　205-96/74ウ⑥　251-4　315-4　補ア①
もと（許・下）　63-B5　103-12/8ウ⑥　193-16/62オ①　239-B7
　も{と}　77[B3]
もとどり（髻）　109-112/16オ①
もと・む（求）
　—め（未然）　23-B3　293山-下14/補テ④
　—め（連用）　95-78/6ウ①, 81/6ウ④　157-上14/34ウ⑥　157山-下7　171-7/41ウ⑥　183-24/54オ③　185-31/54ウ③　288山-上8
　—む　19-7　23-B7
　—むる　19-5　23-A6　133-C7　167-6/39ウ⑥, 11/40オ④
もとめ・う（求得）
　—え（連用）　183-18/53ウ④　237-26
もとめがた・し（求難）　補へ⑥
もとめ・く（求来）
　—き　237-27
もとより　105-59/12オ④　173-42/44オ⑥
もと・る（悖）
　—り　165-11/39オ⑤
もの　物（者・物）[→うつは—、くひ—]　23-B9, B9　83-4　103-17/9オ④　105-61/12オ⑥　109-125/16ウ⑥　113-214/23オ④　131-B6, B10　147-19/29オ⑤, 22/29ウ①　153-2/32オ⑥　161-6/35ウ③, 24/36ウ⑦　163-45/38オ⑦　165-10/39オ④　171-31/43ウ②　175-10/46ウ⑦, 13/47オ③　183-4/52ウ④, 20/53ウ⑥　193-16/62オ①, 24/62ウ②　197-22/66オ①　223-46/79オ④, 48/79オ⑥　253-21　259-A2　275〈3〉　283山-下1, 下2, 下4　288山-下8　293山-下3/補タ⑦　297山-上6/補ネ②　301-17/26オ⑤　309-5　315-3　補ヒ①
もののべのうぢ（物部氏）　109-119/16ウ①
もののべのもりやのおほむらじ　物部守屋大連　109-117/16オ⑥
もののべのゆげのもりや　物部弓削守屋　105-58/12オ③
ものまう・す（物申）
　—し　173-42/44オ⑥
もはら・なり（専）
　—なら　283山-上4
もむ（文）　221-28/77ウ⑦
ももさか（百石）　297山-下5/補ノ⑥
ももたび（百度）　185-39/55オ④
ももつゑ（百杖）　185-58/56ウ②
も・ゆ（燃）
　—え（未然）　281-2/24オ②
もりや（守屋）[→もののべの—のおほむらじ、もののべのゆげの—]　107-104/15オ⑦　109-123/16ウ④　117-B12
　モリヤ　109〈121/16ウ③a〉
もりやのおほむらじ（守屋）大連　107-96/14ウ⑥, 100/15オ③, 104/15オ⑦
　もり〈ヤ〉の大連　107-72/13オ③
もろこし（唐）[→たう]　93-39/3ウ④, 50/4ウ①　95-94/7ウ③　111-154/18ウ⑦　113-195/21ウ⑥　135-14　288山-上7, 上9　293山-下14/補テ⑤, 下15/補テ⑥　294山-1/補ト⑦, 10/補ヌ②　301-2/25オ④　309-6
もろともに（諸共）　189-13/58オ④, 14/58オ⑤
もろもろ　諸（諸）　23-A1　27-7　39-16　55-5　83-1, 5　91-4/1オ④　105-36/10ウ②　111-146/18オ⑥, 174/20オ⑥　149-44/31オ②　163-44/38オ⑥　221-14/76ウ⑦, [18/77オ④], 27/77ウ⑥　223-59/80オ③　227-8/81ウ③, 12/81ウ⑦, 20/82ウ①　237-4, 13　253-13, 18, 21　259-B5　261-12　265-A15, A20　275-13　281-7/24オ⑦　297山-上5, 上9/補ネ⑤, 上10/補ネ⑦　301-26/26ウ⑦, 29/27オ③　303-A31/27オ⑤, A39/27ウ⑥　309-1　315-2　319-A2　補イ⑤　補コ②　補フ①
もん　文[→も、もむ、しよう—、ほふ—]　294山-9

/補ニ⑥ 補ケ① 補マ⑦
もん（門）[→ほふ―]
もんむてんわう 文武天皇 133–B3

や

や 矢・箭(矢・箭) 39–3 81–A7 109–120/16ウ② 283山–下3
ヤ 109〈121/16ウ③a〉
や（屋）[→ね―] 111–171/20オ③ 175–16/47オ⑥, 17/47オ⑦, 19/47ウ②, 22/47ウ⑤,〈25/48オ①〉 181–44/51ウ② 251–1
やう（様） 175–17/47オ⑦
やうか 八日 103–25/9ウ⑤ 113–179/20ウ④ 297山–上2, 上6
やうけむわう 影賢王 223–57/80オ①
やうじ（楊枝） 235–1
やうやく（漸） 39–10 91–10/1ウ③, 38/3ウ③
やうらうにねん（養老)二年 293山–下14
〈やうらう二年〉 補テ⑤
やがて 297山–上4
や・く（焼)〈四〉
―き 93–58/5オ② 95–82/6ウ⑤ 107–79/13ウ③ 293山–上7
―く(終止) 107–74/13オ⑤
―く(連体) 157山–下8
―け(已然) 157–上12/34ウ④ 157山–下7
や・く（焼)〈下二〉
―け(連用) 294山–4/補ナ⑤
やくしじ 薬師寺 117–B5 269–A1, A2
やくわう（薬)王 95–81/6ウ④
やけこが・る（焼焦)
―れ(連用) 157山–下9
やけのこ・る（焼残)
―れ(已然) 107–74/13オ⑤
やしな・ふ（養)[→あひ―]
―は 203–41/70ウ⑦ 補カ⑥
―ひ 173–56/45オ⑥ 205–101/75オ④ 223–58/80オ② 251–3 253–5
―ふ(終止) 83–3 105–49/11ウ① 147–10/28ウ③ 171–23/43オ① 189–3/57ウ① 275–3
―へ(命令) 288山–上1
やしろ 社 293山–上6 294山–5/補ナ⑥
やす・し 安(安)
―から 77–A5
―けれ 39–6
やす・む（休)〈四〉
や(すみ)(連用) 77–B10
―む(終止) 205–99/75オ②
やす・む（休)〈下二〉
―め(連用) 23–A3
やすらか・なり（安)
―なる 235–2
―なり 補ス①
やそくゑごむきやう 八十花(厳)経 149–33/30オ⑤
やそさか（八十石) 297山–下5/補ノ⑦
やそまき 八十巻 147–15/29オ①
やたり 八人 205–98/75オ①, 106/75ウ②, 110/75ウ⑥
やちうれむ 野中廉 133–C10
[野《ヤ》チウレム] 補キ⑥
やつ（八) 193–13/61ウ⑤
やつき 八月 147–11/28ウ④
やつしろのこほり 八代郡 147–1/28オ①
やどり（宿) 303–A35/27ウ②
やど・る（宿)
―ら 103–7/8ウ①
やはらか（柔)→やわらか
やぶ・る（破)〈四〉
―り 39–8, 17 301–27/27オ①
―る(終止) 95–80/6ウ③
―る(連体) 39–8
―れ(已然) 221–10/76ウ③, 12/76ウ⑤
やぶ・る（破)〈下二〉
―れ(連用) 109–123/16ウ④ 221–20/77オ⑥
―るる 159山–上1/補ク②
やま 山[→かたをかの―、かづらきの―、ひえの―、ふじの―、よしの―] 63–A1, A2, A5, B3 67–7 77–B6 79–2, 7, 12, 18, 19 93–57/5オ① 111–157/19オ③ 133–B6 147–7/28オ⑦ 179–5/48ウ⑤ 197–2/64ウ②, 4/64ウ④, 29/66ウ① 203–56/72オ① 205–97/74ウ⑦ 241〈6〉 288山–上14 289山–上4 補エ①② 補ホ②⑤

やまき 八巻 147-14/28ウ⑦ 193-33/63オ④ 205-106/75ウ②, 111/75ウ⑦
やましなでら（山階)寺 269-B4
やましろ 山(城) 183-9/53オ②
やましろのくに（山城国） 165-1/38ウ②
やましろ{の}くに 167-1/39ウ①
やまだのこほり（山田郡） 171-2/41ウ①
やまでら 山(寺)・(山寺) 179-23/50オ② 193-1/60ウ⑦, 3/61オ② 補へ②
やまとのくに 大倭国・大和国・(大和国) 131-A3 175-1/46オ⑤ 275-7
やまひ（病)[→かさの—、かぜの—] 91-31/3オ③ 95-77/6オ⑦ 105-56/12オ①, 62/12オ⑦ 107-81/13ウ⑤ 153-3/32オ⑦ 183-5/52ウ⑤ 193-6/61オ⑤, 9/61ウ① 235-1
やまひ・す（病）
—する 251-2 275-3
やまむらのさと（山村郷） 175-1/46オ⑤
やまやま 山々・山(々) 161-8/35ウ⑤ 227-13/82オ①
やみ（闇） 237-4 283山-下9
やみくも・なり（闇雲）
やみくも□ 補カ②
や・む（止)〈四〉
—ま 223-60/80オ④ 239-A33
—み 281-11/24ウ④, 11/24ウ④ 補オ②
—む(終止) 103-31/10オ④ 補h②⑤
や・む（病）
—み 107-79/13ウ③
—む(終止) 107-80/13ウ④
—む(連体) 183-28/54オ⑦
やや（稍） 157-上15/34ウ⑦ 157山-下8 293山-上10/補ソ①
やよひ 三月→さんぐわつ
や・る（遣)[→おもひ—]
—り 113-187/21オ⑤ 175-26/48オ② 181-52/52オ③ 201-9/68ウ③ 203-76/73オ⑦
—る(終止) 171-7/41ウ⑥ 193-12/61ウ④
やわらか・なり（柔）
—なる 27-8
—に 補ス⑤

ゆ

ゆ 湯(湯) 223-62/80オ⑥ 227-7/81ウ② 237-2, 10, 13, 17, 18, 21, 26, 〈28〉 239-A34, B1, C2 297山-上8/補ネ⑤ 補シ⑤ 補セ⑦
ゆいな 維那→いな
ゆいま（維摩） 269-B5
ゆいまゑ（維摩会） 269-B4
ゆいゑぶつ 維衛仏[→びばしぶつ] 239-B1
ゆか（床） 95-86/7オ②
ゆが・む（歪)〈四〉
—み 165-8/39オ②, 11/39オ⑤
ゆが・む（歪)〈下二〉
—め(連用) 165-4/38ッ⑤
ゆきす・ぐ（行過）
—ぐ 197-30/66ウ②
ゆきめぐ・る（行廻）
—り 93-40/3ウ⑤
ゆ・く（行)[→いく、せめ—、たづね—、ちかづき—、はしり—、もて—、わたり—]
—き 19-7 23-B3, B7 63-B4 79-20 93-44/4オ② 113-196/21ウ⑦ 133-B9 147-8/28ウ① 179-23/50オ②, 34/50ウ⑥ 183-4/52ウ④, 8/53オ①, 16/53ウ②, 17/53ウ③ 185-54/56オ⑤ 189-13/58オ④ 193-13/61ウ⑤ 265-B8 288山-上1, 上7 補シ②
—[き] 183-16/53ウ②
—く(終止) 143-A2, A6 163-37/37ウ⑥ 183-10/53オ③ 189-14/58オ⑤ 261-12 303-B2
—く(連体) 23-B9 67-3 183-11/53オ④, 13/53オ⑥
—け(命令) 189-13/58オ④
ゆくすゑ（行末） 223-70/80ウ⑦
ゆけ→ゆ[き]
ゆげのもりや 弓削守屋[→もののべの—]
ゆたか・なり（豊）
—なら 補ハ②
—なり(終止) 171-3/41ウ②
—なる 237-1
ゆばり（尿） 147-21/29オ⑦
ゆふべ（夕） 113-210/22ウ⑦ 179-17/49ウ③ 259

-A4 補カ⑤
ゆへ（故） 149-39/30ウ④ 161-28/37オ④ 173-46/44ウ③ 183-14/53オ⑦
ゆみ 弓 39-3
ゆめ 夢(夢) 103-5/8オ⑥ 111-172/20オ④ 171-27/43オ⑤ 173-38/44オ②, 45/44ウ② 175-8/46ウ⑤, 12/47オ②, 27/48オ③ 239-C3 241-7 288山-上3, 上3, 上6 293山-下2/補タ⑤, 下9/補ツ③
ゆめどの（夢殿） 111-171/20オ③ 113-203/22オ⑦ 179-36/51オ①
ゆめゆめ（努々） 77-A6
ゆるが・なし（揺無）
—う 補ハ②
ゆるしくだ・す（許下）
—し 301-14/26オ②
ゆる・す（免）
—さ 23-B11 131〈B13〉 133-B11 171-24/43オ② 173-40/44オ④ 181-38/51オ③ 253-7, 11 補ヒ⑤
ユルサ 303〈B12a〉
—し 17-5 179-14/49オ⑦ 185-37/55オ②, 45/55ウ③ 193-9/61ウ① 195-45/64オ② 253-10, 15, 17, 19, 19
—す(終止) 17-4 23-B10 179-10/49オ③
—せ(已然) 183-23/54オ② 288山-下4
—せ(命令) 179-8/49オ①, 12/49オ⑤, 30/50ウ② 183-22/54オ① 185-34/54ウ⑥
ゆゑ 故(故)[→ゆへ] 39-22/188② 49-1 149-41/30ウ⑥ 171-32/43ウ③ 173-44/44ウ① 221-38/78ウ③ 265-A14 283山-上7 288山-下17 301-8/25ウ③ 303-A31/27オ⑤, B9
ゆ(ゑ) 265-A21

よ

よ 世・代(世・代)[→この—、さきの—、すゑの—、のちの—、み—] 93-52/4ウ③, 56/4ウ⑦ 95-94/7ウ③, 96/7ウ⑤ 103-6/8オ⑦ 107-79/13ウ③ 115-220/23ウ③ 131-B6 147-22/29ウ① 149-51/31ウ② 159山-上2/補ク④ 161-13/36オ③, 27/37オ③ 179-33/50ウ⑤ 189-2/57オ⑦ 221-6/76オ⑥ 223-68/80ウ⑤ 237-25 289山-上1 293山-上4, 上7, 上13/補ソ⑦, 上14/補タ②, 下11/補ツ⑥, 下13/補テ③ 294山-7/補ニ② 補シ③ 補セ④ 補フ⑦ 補ホ⑤
ヨ 93〈50a/4ウ①a〉 105〈62/12オ⑦〉
よ 夜(夜)[→よる、なな—、ひと—] 91-3/1オ③ 111-149/18ウ② 157山-下9 173-45/44ウ② 181-43/51ウ① 189-28/59オ⑤ 203-54/71ウ⑥ 241-6 281-6/24オ⑥ 293山-上8, 下2/補タ⑤ 補フ⑦
よう・す（用）
—し 171-31/43ウ②
ようめいてんわう 用明天皇・(用明)天王 103-2/8オ③ 107-87/14オ④
よか 四日 205-111/75ウ⑦ 補ケ⑥
よく（能） 103-17/9オ④ 167-18/40ウ④ 221〈13a/76ウ⑥a〉 223-64/80ウ① 297山-上7
よく〈かい〉（欲界） 補イ③
よくざうきやう 浴像経 297山-上8/補ネ④
よくて〈ん〉（欲天） 237-8
よくよく（能々） 288山-上1
よこた・ふ（横）
—へ(連用) 165〈4/38ウ⑤〉
よし（由）[→ことの—] 175-28/48オ④, 28/48オ④ 195-37/63ウ① 201-15/69オ② 203-44/71オ③
よ・し（良・善・好・吉）[→こころ—]
—く 補セ⑤ 補サ①②
—き 39-21/188① 105-68/12ウ⑥ 147-6/28オ⑥ 223-70/80ウ⑦ 227-8/81ウ③ 247-A7 253-21 283山-下7 293山-下1/補タ④, 下4/補チ①, 下5 303-A38/27ウ⑤
〈よき〉 補チ②
—い 181-42/51オ⑦
よしのやま（吉野)山 193山-1/60ウ⑦
よ・す（寄）
—せ(連用) 107-94/14ウ④
—する 289山-上6
よそ（他所） 289山-上4
よつ（四） 109-140/17ウ⑦ 159山-上9 189-15/58オ⑥ 201-11/68ウ⑤ 227-16/82オ④ 237-3 補ス④

よつき 四月 103-17/9オ④
よなか 夜中(夜中) 159山-上4/補ク⑦ 185-52/56オ③ 281-2/24オ②
よのなか（世中） 185-32/54ウ④
よば・ふ（呼）
—ひ 185-48/55ウ⑥ 197-31/66ウ③
ヨハヒ 67[7]
—ふ(終止) 157-上10/34ウ② 157山-下5
よびと・る（呼取）
—り 171-15/42オ⑦
よ・ぶ（呼）
—び 81-A12 149-33/30オ⑤ 157-上14/34ウ⑥ 157山-下8 201-26/69ウ⑥ 239-B6
よます 四升 201-10/68ウ④
よみすする 補サ②
よ・む（読）
—ま 153-13/33オ③ 185-49/55ウ⑦,56/56オ⑦ 265-A16 補ケ②
—み 185-56/56オ⑦ 193-30/63オ① 294山-9/補ニ⑥
—ミ 165-3/38ウ④
—む(終止) 165-5/38ウ⑥ 175-18/47ウ① 265-B8
—む(連体) 175-20/47ウ③
ヨモスガラ（終夜） 281〈5/24オ⑤〉
よよ（代々・世々） 309-6 補ウ①
よる（夜） 131〈B8〉 133-B9 263-2 補シ②
よ・る（因・依）
—り 65-13 79-9 105-62/12オ⑦ 117-B4 161-26/37オ② 185-58/56ウ② 187-65/57オ② 195-41/63ウ⑤ 201-27/69ウ⑦ 227-9/81ウ④ 237-10,13 239-B2 253-14,16 261-10 265-B4 283山-上2,下6 288山-下19 294山-5/補ナ⑦ 301-28/27オ② 309-5 317-B1 補ハ④
(よ)り 117-B1
—れ(已然) 288山-下16
よ・る（寄）
—ら 157-上12/34ウ④ 157山-下6 183-28/54オ⑦
—り 67-2
—る(連体) 157-上11/34ウ③ 157山-下6
よろこび 悦(悦) 203-49/71ウ① 294山-9/補ニ⑦
よろこ・ぶ 悦(悦・喜)
—ば 294山-7/補ニ③
—び 17-7 19-3 39-1,35 103-29/10オ② 107-91/14ウ① 111-168/19ウ⑦ 167-16/40ウ② 175-26/48オ② 185-60/56ウ④ 195-38/63ウ② 203-65/72ウ③ 247-B2 288山-上6 293山-下9/補ツ③,下17/補ト② 294山-9/補ニ⑦ 補カ②
ヨロコヒ 153〈18/33ウ①a〉
よろ(こ)び 補オ②
—ぶ(終止) 283山-上1
—ぶ(連体) 199-41/67オ⑥ 289山-上4 補フ④
よろづ（万） 65-8 113-210/22ウ⑦ 221-13/76ウ⑥ 237-1 297山-上6/補ネ②

ら

ら 等(等)[→これ—、しん—、われ—]
らいはい・す（礼拝）
—す(終止) 105-54/11ウ⑥ 288山-下19
らうせむ（霊山） 293山-上11/補ソ②
〈らうべんそうじやう〉良弁僧正 補マ②
らえつぎ[こく] 羅閲祇国 237-32
らえつぎをん 羅閲祇園 237-32
らか（羅漢） 303-B5
らかむ（羅漢）[→あ—]
らかん 羅漢・羅(漢)・(羅漢)[→らか、らかむ] 91-24/2ウ③ 149-53/31ウ④,57/32オ① 303-B1
らせち（羅刹） 49-7 223-64/80ウ①
らせつ（羅刹） 288山-下4

り

り（利） 189-9/57ウ⑦
り 里[→さと、いち—、みまかはの—]
りう（竜）[→せい—、てん—、どく—] 23-B7 221-23/77ウ② 294山-13/補ヌ⑥
りうさ 流砂→るさ
りうわう（竜）王 288山-下1
りし 律師(律師)[→だうじ—] 293山-下19/補ト⑤ 294山-4/補ナ⑤ 297山-上3
りち（律）[→あな—、かい—、しぶん—、そうぎ—]

りつし（律師）→りし
りつろんしよ 律論疏 265-A16
りむわう 輪王・輪（王）・（輪）王 221-12/76ウ⑤ 237-6 301-25/26ウ⑥
りやういき 霊異記[→けいいき、にほんこくげんぽうぜんあくれいいのき、れいいき、れいいのき] 149-60/32オ④ 153-24/33ウ⑥ 157山-下12 159-3/35オ③ 159山-下3 163-46/38ウ① 167-26/41オ⑤ 173-68/46オ④ 175-31/48オ⑦ 181-56/52オ⑦ 187-68/57オ⑤ 191-50/60ウ⑥ 195-50/64オ⑦ 199-50/68オ①
　霊異{記} 165-12/39オ⑥
りやうぜん（霊山）→らうせむ
りやく（利益） 227-16/82オ④, 17/82オ⑤
りんとくねんぢう 麟徳年中 294山-11/補ヌ③
りんね 輪廻 95-77/6オ⑦
りんわう（輪王）→りむわう

る

るさ 流砂 289山-上2
るつ 流通 109-136/17ウ③
るふ・す 流布
　—し 115-219/23ウ② 149-40/30ウ⑤
るり（瑠璃） 105-53/11ウ⑤

れ

れい（例） 147-20/29オ⑥ 203-51/71ウ③, 76/73オ⑦, 78/73ウ②
れいいき 霊異記 133-C10
れう（料） 265-A16

ろ

ろ（論）[→けむかい—、ちど—]
ろがく 廬岳 113-193/21ウ④
ろくぐわつ 六月 301-14/26オ② 356-下1/83オ② 補ケ⑥
ろくぐわつよつか（六月四日） 補ケ⑥
ろくこむ 六（根） 補コ①
ろくさい 六（斎） 103-26/9ウ⑥
ろくさい 六（歳） 103-20/9オ⑦
ろくそく（鹿足） 17-1
ろくでうごばう 六条五坊 183-2/52ウ②
ろくまんさい 六万（歳） 227-3/81オ⑤
ろくよくてん（六欲）天
　（ろくよく）天 309-1
ろむ 論[→きやう—]
ろん 論[→ろ、ろむ]
ろん・ず 論
　—じ 93-55/4ウ⑥

わ

わう 王（王）[→えむ—、えむら—、かい—、ぎばい—、くわうみやう—、こく—、ざう—、し—、しだいてん—、してん—、しん—、ぞくさん—、だい—、ほふ—、ぼむ—、やうけむ—、やく—、りう—、りむ—] 17-5, 6 19-5 21-1 23-A7, B2, B4, B10 41-40 77-B5, B6 79-4, 13, 16 81-A3 91-27/2ウ⑥ 93-54/4ウ⑤ 239-B2 281-8/24ウ① 283山-上1, 上3, 上4 288山-下6 301-29/27オ③ 303-B11 補ア⑤ 補イ②⑦
わうぐう 王宮[→えむま—] 117-A7, B2
わうこくてんわう（皇極）天皇 293山-上7
わうじ 王子 109-134/17ウ①
わが 我（我） 65-13 79-3, 14, 15, 20 81-A1, A13 93-68/5ウ⑤ 95-96/7ウ⑤ 105-59/12オ④ 111-158/19オ④, 160/19オ⑥ 113-184/21オ②, 185/21オ③, 186/21オ④, 206/22ウ③ 131-B12 133-C5 149-58/32オ② 153-14/33オ④ 159山-上1/補ク② 171-9/42オ①, 33/43ウ④ 173-37/44オ①, 52/45オ② 181-50/52オ①, 50/52オ① 183-28/54オ⑦ 185-33/54ウ⑤, 47/55ウ⑤ 193-15/61ウ⑦, 29/62ウ⑦ 195-45/64オ② 197-15/65ウ① 207-5 253-14 283山-上1 288山-上9 293山-下17/補ト③ 294山-2 297-1/25オ① 297山-下6 301-8/25ウ③ 309-6 補イ⑤ 補カ③ 補ホ① 補マ④
　〈わが〉 補ナ①
わか・し（若）
　—う 157-上5/34オ④ 157山-下3
わか・す（沸）

—さ　237-18
—し　223-62/80オ⑥ 237-26
わかちがた・し（難分）
—し　補ホ⑥
わかちめ・す（分召）
—し　229-2
わか・つ（分）
—ち　201-11/68ウ⑤ 288山-下10 補ホ③
—つ(連体)　191-42/60オ⑤
わがみ 我身　161-29/37オ⑤
わか・る（別）
—れ(未然)　65-12
—れ(連用)　65-8 77-A2 91-30/3オ② 201-36/70ウ②
わかれい・る（分入）
—り　221-8/76ウ①
わきて（別）　149-41/30ウ⑥
わ・く（分）
—け(連用)　201-40/70ウ⑥ 203-59/72オ④
—くる　203-71/73オ②
わざ（業)[→なに—]　223-69/80ウ⑥ 247-A2 補ア④
わざはひ（災・禍）　105-70/13オ① 107-71/13オ②, 77/13ウ① 161-27/37オ③
わしのみね（鷲峰）　91-20/2オ⑥
わたくし（私）　227-12/81ウ⑦ 補へ①
わた・す（渡)[→つくり—]
—す(終止)　221-25/77ウ④
わたらはし→わ[づ]らはし
わたり（辺・渡）　157-上4/34オ③ 157山-下2 179-34/50ウ⑥
わたりきた・る　渡(来)
—れ(已然)　159山-上2/補ク④
わたり・く（渡来）
—き　189-18/58ウ②
わたりす・ぐ（渡過）
—ぐ(終止)　189-29/59オ⑥
わたりゆ・く（渡行）
—き　111-163/19ウ②
わた・る　渡(渡)[→もて—]
—り　288山-上7 293山-下14/補テ⑤, 下16/補テ⑤ 301-3/25オ③
(わ)たり　63-A1
—る(連体)　23-A5
—れ(已然)　113-196/21ウ⑦
わづかに（僅）　93-48/4オ⑥ 95-77/6オ⑦ 113-218/23ウ① 133-B1 147-21/29オ⑦ 171-21/42ウ⑥ 189-8/57ウ⑥, 21/58ウ⑤ 197-7/64ウ⑦, 18/65ウ④
わづらは・す（煩）
わ[づ]らはし　195-44/64オ①
—す(連体)　303-A37/27ウ④
わどうさんねん 和銅三年　293山-下11/補ツ⑦
わ・ぶ（侘）
—び(連用)　27-1 131-B14
—ぶれ　197-23/66オ②
わらは（童）　193-22/62オ⑦, 25/62ウ③, 28/62ウ⑥ 195-35/63オ⑥, 36/63オ⑦ 201-4/68オ⑤, 14/69オ①, 17/69オ④, 26/69ウ⑥ 203-48/71オ⑦, 55/71ウ⑦, 59/72オ④, 60/72オ⑤, 61/72オ⑥, 70/73オ①, 75/73オ⑥, 79/73ウ③ 205-81/73ウ⑤, 86/74オ③, 96/74ウ⑥ 259-B2, B4, B6, B8 261-12
わらハ　193-20/62オ⑤
わらはべ（童）　105-36/10ウ②
わら・ふ（笑・咲）
—ひ　147-22/29ウ①, 26/29ウ⑤ 223-54/79ウ⑤ 補へ⑤
—ふ(終止)　165-4/38ウ⑤
—ふ(連体)　165-10/39オ④
われ→われ{ら}
われ 我(我)　17-2 21-6 23-B2 27-5 39-5, 22/188② 63-B12, C3 65-3, 9, 14 77-B5 79-5, 7, 10, 18 81-A9, A10 95-97/7ウ⑥ 103-6/8オ⑦, 7/8ウ① 107-88/14オ⑤ 113-181/20ウ⑥, 208/22ウ⑤, 216/23オ⑥ 133-C2 157-上9/34ウ①, 上11/34ウ③ 157山-下5, 下6 159山-上8, 上10 161-13/36オ③, 25/37オ① 171-28/43オ⑥, 30/43ウ①, 30/43ウ① 173-37/44オ①, 51/45オ① 175-24/47ウ⑦ 179-8/49オ①, 11/49オ④, 30/50ウ②, 31/50ウ③ 183-14/53オ⑦, 23/54オ②, 25/54オ④ 185-30/54ウ②, 33/54ウ⑤, 34/54ウ⑥, 35/54ウ⑦, 37/55オ②, 41/55オ⑥, 44/55ウ② 189-18/58ウ②, 21/58ウ⑤, 24/59オ① 191-33/59ウ

③, 36/59ウ⑥ 193-31/63オ② 195-42/63ウ⑥ 197-12/65オ⑤, 21/65ウ⑦, 31/66ウ③ 199-46/67ウ④ 201-38/70ウ④, 40/70ウ⑥ 203-42/71オ① 205-90/74オ⑦, 91/74ウ①, 100/75オ③ 221-10/76ウ③, 22/77ウ①, 32/78オ④, 33/78オ⑤ 223-71/81オ① 253-8 281-3/24オ③ 283山-上2, 下5, 下7 289山-上4 297山-上8/補ネ④ 303-B7, B8 補イ⑥ 補ア④⑥ 補カ⑤ 補シ③ 補ホ⑥
われら 我等・我(等)・(我等) 81-A1 109-114/16オ③ 113-193/21ウ④ 185-48/55ウ⑥, 50/56オ① 288山-下19 356-下4/83オ④
　われ{ら} 205-106/75ウ②
わろ・し（弊）
　一き 105-35/10ウ①

ゐ

ゐ 亥[→かのと一、つちのと一]
ゐ 院[→しごむ一、せやく一、そうぢ一]
ゐくわう（威光） 補ス⑤
ゐてきた・る（率来）
　一り 157-上14/34ウ⑥ 157山-下8
ゐながら（居） 165-7/39オ①
ゐやま・ふ（敬)[→うやまふ]
　一は 39-18 293山-下13/補テ③ 294山-13/補ヌ⑦
　一ひ 81-A14 195-47/64オ④ 265-B6 293山-上9 301-30/27オ④
（ゐや)まひ 補ソ①
　一ふ(終止) 171-16/42ウ① 175-29/48オ⑤ 221-11/76ウ④
ゐる 居(居)[→おき一、こもり一]
　一ゐ(未然) 173-38/44オ②
　一ゐ(連用) 19-3 39-1 63-A7 133-B6 135-13 157-上3/34オ② 157山-下2 179-23/50オ② 181-44/51ウ② 191-43/60オ⑥ 197-12/65オ⑤ 199-39/67オ④ 237-6 補ア①
　一ゐる(終止) 149-38/30ウ③
ゐる（将・率）
　一ゐ(連用) 19-6 199-40/67オ⑤
ゐん 院[→ゐ、さいぢ一、じゆんわ一、なんたふ一、ほだいず一]

ゑ

ゑ 会(会)[→あむご一、いちじふろく一、くゑごむ一、さいしよう一、さむ一、さり一、せんくゑ一、でんぽふ一、ほふ一、ゆいま一] 229-4 269-B7 275-9, 14 283山-下9 288山-上11 289山-上3 294山-8/補ニ⑤
ゑ（絵)[→さんぼう一] 149-60/32オ④
ゑいかう（栄好)[→ゑうかう、ゑかう] 201-1/68オ②
ゑうかう（栄好） 201-10/68ウ④ 203-55/71ウ⑦ 205-100/75オ③
ゑかう（栄好） 201-21/69ウ①, 23/69ウ③
ゑぎ 恵義(恵義) 159山-上4, 上6
〈恵義〉 補ク⑦
ゑし（絵師） 293山-下5/補チ②
ゑじほふし 恵慈法師 111-177/20ウ② 113-180/20ウ⑤
ゑちぜんのくに 越前(国) 161-1/35オ⑤
ゑひ（酔） 91-33/3オ⑤ 259-A4
ゑ・ふ（酔）
　一ひ 171-14/42オ⑥
　一ゑ(已然) 補ウ②
ゑみ 咲(咲) 191-46/60ウ② 288山-上5
ゑ・む（咲）
　一み 111-168/19ウ⑦

を

を（尾） 179-20/49ウ⑥
をか・す（犯）
　一し 補コ④
をが・む（拝)[→おがむ]
　一み 27-5 103-20/9オ⑦ 109-134/17ウ① 117-B9 195-40/63ウ④ 223-59/80オ③ 289山-上3 293山-上9, 下6/補チ⑤ 補カ②③
　一む(連用) 19-3
　一む(連体) 153-19/33ウ① 288山-上16
　ヲカム(連体) 153〈18/33ウ①a〉
をけ（桶） 147-6/28オ⑥
をさ（長） 161-2/35オ⑥, 11/36オ①, 14/36オ④,

33/37ウ② 163-34/37ウ③
をさま・る（収）
　をさ［まり］ 21-3
をさ・む（収・納・治）［→おさむ］
　―め（未然） 201-38/70ウ④
　―め（連用） 21-3 39-9 103-10/8ウ④ 153-1/32オ⑤ 159山-上2/補ク③ 201-31/70オ④ 288山-下3，下18 294山-16
をし・ふ（教）［→あひ―］
　―へ（連用） 77-B2 111-156/19オ②，168/19ウ⑦ 201-36/70ウ② 301-20/26ウ①
　〈をし〉へ（連用） 91-18/2オ④
　―ふ 19-5 63-A5 147-17/29オ③ 288山-上4
　―ふる 223-70/80ウ⑦
をしへ 教（教）［→おほむ―］ 111-164/19ウ③ 115-219/23ウ② 149-50/31ウ①
をし・む（惜）
　―み 93-54/4ウ⑤
をぢ（伯父）［→おほむ―］
ヲ・ツ（落）
　―チ（連用） 67〈6〉
をつの 小角 131-A3
をとこ 男（男） 139-7 147-5/28オ⑤ 149-53/31ウ④ 175-14/47オ④ 183-8/53オ① 189-4/57ウ②，5/57ウ③ 288山-下19 309-7 補フ②
　を〈と〉こ 227-13/82オ①
をとこ・す（男）
　―せ 179-3/48ウ③
　―し 175-3/46オ⑦ 189-3/57ウ①
をどりハため・く（踊騒）
　―く（連体） 181-46/51ウ④
をど・る（踊・躍）
　―り 39-1 103-8/8ウ②
をののあそむにはまろ（小野朝臣庭麻呂）→おののあそむにはまろ
をののいもこ（小野妹子） 111-153/18ウ⑥ 113-195/21ウ⑥
をのの・く（戦慄）［→おののく］
　―き 157山-下10
をば（伯母）［→おほむ―］
をはり（終） 113-212/23オ②，214/23オ④ 288山-下13
をはりだのみや（小墾田宮）→ははんた〈ノ〉みや
をはり・ぬ（了・畢）〈連語〉
　―ぬ 197-11/65オ④ 205-86/74オ③
をは・る（終・了）［→おはる、いひ―、うせ―、おもひ―］
　―ら 293山-上2
　―り 103-25/9ウ⑤ 201-29/70オ② 237-28 補キ⑥ 補ケ⑥
　おはり 356-下3/83オ③
　―る（連体） 173-59/45ウ② 241-6
　―れ（已然） 187-64/57オ①
　―〈れ〉（已然） 271-4
を・ふ（畢）［→つくり―］
をへ→ふ
をむな（女） 227-13/82オ① 281-3/24オ③ 288山-下19 309-7 補フ②
をむほうし（遠法師） 93-53/4ウ④
を・り（居）
　―り（連用） 133-B8
　―る 189-27/59オ④ 197-25/66オ④
を・る（折）〈下二〉
　―れ（連用） 163-43/38オ⑤
をん（恩） 185-36/55オ① 補カ⑦
をんな 女（女）［→をむな］ 63-B2 175-2/46オ⑥ 179-7/48ウ⑦，13/49オ⑥，14/49オ⑦，27/50オ⑥，29/50ウ① 181-37/51オ②，39/51オ④，42/51オ⑦ 205-97/74ウ⑦ 253-18 283-13/24ウ⑥，14/24ウ⑦ 283山-上2，上3，上4 289山-上4，上6 補イ⑤
をんなご 女子 147-9/28ウ②

付属語篇

か　**19**-6 **23**-B6 **49**-7 **63**-B2 **65**-13 **79**-21 **91**-31/3オ③ **113**-212/23オ② **149**-37/30ウ② **161**-28/37オ④ **167**-19/40ウ⑤, 20/40ウ⑥ **191**-35/59ウ⑤ **223**-46/79オ④ **247**-A1, A2, **253**-14 **283**山-上7 **297**-1/25オ① **297**山-下6 **補ア④** **補イ④** **補ウ⑦**

が　**17**-2, 4 **23**-B5, B5 **49**-7 **55**-5 **65**-12 **77**-B5, B6 **79**-7, 8, 13 **83**-1, 6 **91**-8/1ウ①, 〈10/1ウ③〉, 17/2オ③ **107**-80/13ウ④, 81/13ウ⑤ **109**-124/16ウ⑤ **113**-183/21オ①, 198/22オ② **133**-B6, B7 **149**-52/31ウ③ **159**山-上4 **163**-44/38オ⑥ **167**-3/39ウ③ **173**〈44/44ウ①〉, 52/45オ②, 66/46オ② **175**-21/47ウ④ **179**-11/49オ④ **183**-16/53ウ② 25/54オ④, 28/54オ⑦ **185**〈33/54ウ⑤〉, 35/54ウ⑦, 45/55ウ③, 47/55ウ⑤ **193**-17/62オ②, 23/62ウ① **197**-21/65ウ⑦, 22/66オ① **201**-24/69ウ④ **221**-15/77オ① **239**-C4 **253**-6, 17 **281**-9/24ウ② **283**-12/24ウ⑤ **283**山-上3 **288**山-上1, 下2 **293**山-下14/**補テ④** **補キ⑥⑦** **補シ①**

ガ　**109**〈121/16ウ③a〉 **117**〈B5〉 **133**〈C10〉

かな　**95**-92/ 7 ウ① **107**-95/14ウ⑤ **173**-53/45オ③, 55/45オ⑤ **181**-42/51オ⑦, 42/51オ⑦ **189**-23/58ウ⑦ **283**山-下5 **補キ③**

き

―き　**91**-28/2ウ⑦ **93**-55/4ウ⑥, 58/5オ②, 61/5オ⑤ **95**-83/6ウ⑥, 90/7オ⑥ **103**-3/8オ④ **113**-203/22オ⑦ **171**-32/43ウ③ **205**-85/74オ② **223**-49/79オ⑦, 57/80オ①, 60/80オ④, 62/80オ⑥, 66/80ウ③ **237**-26, 28 **239**-A34 **253**-14, 17 **259**-B3 **265**-B7 **269**-B3 **283**山-下1, 下6, **288**山-上10, 下9, 下13 **303**-B9, B13 **317**-B1 **補エ①②②③④**

―し　**39**-38 **41**-40 **91**-2/1オ②, 21/2オ⑦, 35/3オ⑦ **93**-41/3ウ⑥, 52/4ウ③, 54/4ウ⑤ **95**-87/7オ③, 89/7オ⑤ **107**-86/14オ③ **111**-155/19オ①, 160/19オ⑥, 161/19オ⑦ **113**-182/20ウ⑦, 182/20ウ⑦, 183/21オ①, 184/21オ②, 185/21オ③, 192/21ウ③, 194/21ウ⑤, 204/22ウ① **117**-A2 **133**-C4, C4 **149**-51/31ウ②, 52/31ウ③ **163**-41/38オ③ **171**-31/43ウ② **175**-27/48オ③, 28/48オ④ **187**-65/57オ② **191**-40/60オ③ **207**-5, 7 **221**-19/77オ⑤, 20/77オ⑥ **223**-53/79ウ④, 55/79ウ⑥, 58/80オ②, 60/80オ④, 63/80オ⑦, 65/80ウ② **237**-32 **239**-B2 **253**-5, 16 **275**-14 **283**山-下6 **288**山-上6, 下8 **289**山-上1, 上1 **293**山-下3/**補タ⑦**, 下16/**補テ⑥** **294**山-11/**補ヌ④** **297**山-下6/**補ノ⑦** **303**-B11 **319**-A4, A6 **補キ②** **補シ⑦**

―シ　**301**〈 4 a/25オ⑥a〉 **303**-B12a

―しか　**93**-51/4ウ②, 57/5オ①, 59/5オ③ **113**-186/21オ④ **223**-60/80オ④ **253**-4 **288**山-下1, 下6 **293**山-上2 **301**-13/26オ① **補ヘ⑤**

けむ

―けむ（終止）　**111**-159/19オ⑤

けり　［→にけり］

―けり（終止）　**93**-44/4オ②, 49/4オ⑦ **113**-204/22ウ① **133**-C6 **149** 48/31オ⑥ **159**山-上6 **173**-51/45オ① **181**-56/52オ⑦ **199**-36/67オ① **203**-54/71ウ⑥, 67/80ウ④ **288**山-下12 **補イ④** **補キ⑤**

―ける　**171**-4/41ウ③ **173**-52/45オ②

―ケル　**203**〈77/73ウ①〉

―けれ　**39**-14 **141**-2 **193**-20/62オ⑤ **195**-41/63ウ⑤

―ケレ　**93**〈50a/ 4 ウ①a〉

こそ　**113**-211/23オ① **283**山-下4

ごとく・なり

―なら　**83**-1

―に　**21**-5 **83**-6 **147**-8/28ウ① **203**-59/72オ④ **293**山-下1, 下9 **補タ②**

―ニ　**補ツ③**

ごとし　［→かくのごとし］

―ごとく　**21**-1, 5 **203**-43/71オ②, 51/71ウ③,

―ごとし　**55**-5 **79**-7, 13 **91**-8/1ウ①, 10/1ウ③, 17/2オ③ **95**-75/6オ⑤ **107**-80/13ウ④ **113**-206/22ウ③ **133**-B6, B7 **147**-5/28オ⑤ **159**-2/35オ② **159**山-下2 **163**-44/38オ⑥ **175**-21/47ウ④ **189**-32/59ウ② **197**-33/66ウ⑤ **201**-36/70ウ② **221**-15/77オ① **補ウ②④**

（ご）とし　**229**-1

さす

―させ（連用）　**167**-14/40オ⑦ **171**-19/42ウ④ **293**山-下2/**補タ④**

じ

—じ(終止)　39–26/188⑥, 28 49–1 63–B 1 95–86/7オ② 161–27/37オ③ 173–57/45オ⑦, 63/45ウ⑥ 179–25/50オ④ 183–28/54オ⑦ 253–10 293山–下9/補ツ② 294山–8/補ニ④ 補フ⑥

して (格助)[→として、にして、をして]　167–7/39ウ⑦ 181–40/51オ⑤ 201–30/70オ③ 205–106/75ウ②

して (接助)[→ずして]　17–7 39–32 55–5 79–15 103–13/8ウ⑦ 107–76/13オ⑦ 113–208/22ウ⑤ 147–13/28ウ⑥, 18/29オ④, 20/29オ⑥, 29/30オ① 161–29/37オ⑤ 173–41/44オ⑤ 175–10/46ウ⑦ 179–2/48ウ② 193–18/62オ③ 199–48/67ウ⑥ 201–2/68オ③, 20/69オ⑦, 29/70オ② 203–53/71ウ⑤ 223–52/79ウ③ 231–4 288山–上15 補ス②③⑤⑦ 補セ①⑤⑤ 補ヒ⑥ 補フ① 補ホ①

〈し〉て　315–5

シテ　91〈9/1ウ②〉

しむ

—しめ(未然)　171–20/42ウ⑤ 185–47/55ウ⑤ 203–57/72オ② 265–A16 294山–7/補ニ③, 15

—しめ(連用)　81–A1 91–6/1オ⑥, 9/1ウ② 107–85/14オ② 109–112/16オ① 111–169/20オ① 133–B 1 181–40/51オ⑤ 185–49/55ウ⑦ 223–61/80オ⑤ 227–12/81ウ⑦ 251–5 288山–下6, 下16 293山–下18/補ト④ 294山–7/補ニ③11/補ヌ④ 297山–上2/補ノ③, 下2 315–6 補シ⑦ 補フ③

—シメ(連用)　103[31/10オ④]

—しむ　131–B9 139–7 153–13/33オ③ 157–上15/34ウ⑦ 157山–下8 175–14/47オ④ 185–56/56オ⑦ 199–48/67ウ⑥ 201–10/68ウ④ 203–44/71オ③58/72オ③ 205–109/75ウ⑤ 265–A19 269–B1 補ケ①②⑤

—しむる　111–147/18オ⑦ 149–33/30オ⑤ 181–53/52オ④ 197–5/64ウ⑤ 265–B1 288山–下10 297山–下2/補ノ③ 301–20/26ウ① 補フ④

—しむ〈ル〉　107–86/14オ③

しも　253–15

シモ　65〈13〉

す

—せ(未然)　79–3

—せ(連用)　39–38 63–C1, C1 103–4/8オ⑤ 109–114/16オ③ 113–187/21オ⑤ 117–B2, B3 131–B9 171–4/41ウ③ 183–27/54オ⑥ 199–47/67ウ⑤ 205–91/74ウ① 275–9

—す　171–27/43オ⑤

—する　171–35/43ウ⑥

ず [→べからず]

—ざら　91–32/3オ④ 205–92/74ウ② 253–8

—ず(連用)　21–4 39–21/188① 113–207/22ウ④ 131〈B13〉 157山–下12 175–25/48オ① 189–21/58ウ⑤, 23/58ウ⑦ 193–5/61オ④ 195–39/63ウ③ 201–6/68オ⑦ 237–12 297山–上7/補ネ②③

—ざり　79–20 93–44/4オ② 173–51/45オ① 191–36/59ウ⑥ 223–49/79オ⑦, 60/80オ④ 239–A33 補イ④

—ず(終止)　19–6 23–A3, A5 39–23/188③ 67–3 77–A6 93–42/3ウ⑦ 111–177/20ウ② 115–221/23ウ④, 224/23ウ⑦ 133–B1, C9 149–44/31オ② 153–5/32ウ②, 21/33ウ③ 163–36/37ウ⑤, 40/38オ② 165–9/39オ③ 167–3/39ウ③, 10/40オ③, 11/40オ④ 171–10/42オ②, 25/43オ③ 173–40/44オ④, 43/44オ⑦ 175–3/46オ⑦, 23/47ウ⑥ 179–3/48ウ③, 5/48ウ⑤ 181–38/51オ③ 183–17/53ウ③ 185–41/55オ⑥ 189–10/58オ①, 28/59オ⑤ 191–38/60オ①, 46/60ウ②, 47/60ウ③, 48/60ウ④ 197–15/65ウ① 201–18/69オ⑤ 203–41/70ウ⑦ 205–87/74オ④ 221–3/76オ③, 35/78オ⑦, 37/78ウ② 251–4 269–B7 281–10/24ウ③ 288山–上6, 上7, 上16 293山–上11/補ソ③, 301–18/26オ⑥ 315–5 317–A1/189①, A3/189③ 319–A7 補イ② 補ウ⑤ 補ケ③⑦ 補サ⑤ 補シ④ 補ヒ⑦

—ぬ　39–19 77–A5 91–5/1オ⑤ 105–68/12ウ⑥ 107–94/14ウ④ 131–B9 153–23/33ウ⑤ 163–45/38オ⑦ 179–28/50オ⑦ 203–61/72オ⑥, 65/72ウ③ 221–22/77ウ① 227–22/82ウ③, 23/82ウ④ 253–9 283山–上4 288山–下12 289山–上4 補フ①

—ざる　203–47/71オ⑥ 205–102/75オ⑤ 253–15 293山–上2 301–17/26オ⑤

—〈ざ〉る　161–18/36ウ①

—ね　23-A4 167-15/40ウ① 283山-上4 288山-下7 289山-上1 297山-下1/補ノ② 補ヘ⑦

—ざれ　113-179/20ウ④ 223-42/78ウ⑦ 265-B3 281-5/24オ⑤

ず・して　65-12 79-4 113-185/21オ③ 149-35/30オ⑦ 161-17/36オ⑦ 167-24/41オ③ 179-9/49オ②, 21/49ウ⑦ 191-48/60ウ④ 193-29/62ウ⑦ 195-43/63ウ⑦ 197-25/66オ④ 203-57/72オ② 205-82/73ウ⑥ 237-16 281-5/24オ⑤ 283山-上2 288山-下7 293山-下7/補チ⑥ 297山-上7/補ネ③

ず・は　297-1/25オ① 297山-下6 補ウ⑤

すら　95-91/7オ⑦ 283山-下8

ぞ(終助)　23-B7 39-38 77-B5 79-17 133-C1 161-12/36オ②, 30/37オ⑥ 171-19/42ウ④ 179-30/50ウ② 183-11/53オ④, 15/53ウ① 185-42/55オ⑦ 191-33/59ウ③, 36/59ウ⑥ 193-17/62オ② 201-27/69ウ⑦ 221-39/78ウ④ 259-B7 補ア③

ぞ(係助)　207-6 289山-上4

だに　95-85/7オ① 189-25/59オ② 223-66/80ウ③ 253-6 281-2/24オ② 283山-下4 補ヒ⑤

たり [→にたり]

—たら　201-36/70ウ② 239-A35

—たり(連用) 294山-9 303-B7, B11

—{た}り(連用)　143-A3

—たり(終止)　27-7 39-1 63-A7 91-33/3オ⑤ 93-48/4オ⑥ 105-53/11ウ⑤ 107-94/14ウ④ 117-B6, B13 133-C1 135-11 143-B1/28オ① 149-54/31ウ⑤, 58/32オ②, 60/32オ④ 153-24/33ウ⑥ 157-上3/34オ② 157山-下2, 下9 159-4/35オ④ 159山-上3/補ク⑥, 下2, 下3 163-46/38ウ① 165-13/39オ⑦ 167-7/39ウ⑦, 16/40ウ② 171-5/41ウ④, 17/42ウ② 175-8/46ウ⑤ 179-35/50ウ⑦ 181-56/52オ⑦ 183-9/53オ②, 26/54オ⑤ 185-53/56オ④, 60/56ウ④ 187-66/57オ③, 68/57オ⑤, 68/57オ⑤ 191-50/60ウ⑥ 195-50/64オ⑦ 199-50/68オ① 201-4/68オ⑤, 14/69オ① 205-106/75ウ② 207-2 221-12/76ウ⑤, 28/77ウ⑦ 223-56/79ウ⑦ 227-24/82ウ⑤ 229-7 239-B3, C3 241-7 263-1, 9 271-2 275-8 283山-下7 288山-上2, 下11 293山-上2/補タ⑥, 上6, 下11/補ツ⑥ 下13/補テ③ 294山-9/補ニ⑦, 10/補ヌ①① 297山-上5, 上9 301-2/25オ④, 7/25ウ②, 15/26オ③, 16/26オ④ 303-A31/27オ⑤ 317-A2/189② 補イ② 補ヒ⑤ 補マ⑥

—たる　55-1, 7 77-B3 83-1 93-69/5ウ⑥ 103-23/9ウ③ 111-167/19ウ⑥ 113-184/21オ② 115-224/23ウ⑦ 147-20/29オ⑥ 149-47/31オ⑤, 59/32オ③ 157山-下9 163-43/38オ⑤, 44/38オ⑥ 167-8/40オ①, 20/40ウ⑥ 171-26/43オ④ 173-66/46オ② 175-10/46ウ⑦, 13/47オ③ 179-23/50オ② 181-44/51ウ②, 51/52オ② 183-18/53ウ④ 189-21/58ウ⑤, 31/59ウ① 191-34/59ウ④ 199-49/67ウ⑦ 201-3/68オ④ 221-37/78ウ② 223-54/79ウ⑤ 237-21 259-B1, B2 283山-上8, 下3 287山-下2 288山-下18 289山-上5, 上6 293山-下8/補ツ② 294山-4/補ナ⑤, 16 297-3/25オ③ 297山-下7 301-28/27オ② 319-B2, 補ア① 補サ④ 補ス④ 補セ⑦ 補マ④

—た(連体)　63-B3

—たれ(已然)　67-1 113-196/21ウ⑦ 183-8/53オ① 203-45/71オ④ 221-14/76ウ⑦

—〈た〉{れ}(已然)　221-13a/76ウ⑥a

つ [→てば、てむ、てむとす]

—て(連用)　221-20/77オ⑥ 253-17 283山-下6 297山-下6

—テ(連用)　301〈4 a/25オ⑥a〉

—つ　27-2 39-4, 35 63-A6 67-2 79-15 109-124/16ウ⑤ 111-169/20オ① 115-219/23ウ②, 220/23ウ③ 139-2 147-7/28オ⑦, 15/29オ① 167-7/39ウ⑦ 173-47/44ウ④ 179-14/49オ⑦, 27/50オ⑥ 181-39/51オ④ 183-27/54オ⑥ 185-36/55オ① 189-16/58オ⑦ 193-19/62オ④ 195-44/64オ① 199-38/67オ③, 40/67オ⑤ 203-56/72オ①, 76/73オ⑦ 205-98/75オ①, 101/75オ④ 227-3/81オ⑤ 239-B7, C2 259-A7, B9 261-11, 15 263-4, 6 288山-下4 293山-上7, 上7 303-B4, B5, B7

—つる　49-7 63-C2 77-B2 79-7, 9, 18 113-187/21オ⑤ 117-B11 161-27/37オ③ 163-38/37ウ⑦ 183-16/53ウ②, 19/53ウ⑤, 24/54オ③ 185-46/55ウ④, 46/55ウ④ 189-18/58ウ② 191-36/59ウ⑥ 197-22/66オ①, 23/66オ② 201-15/69

オ②, 33/70オ⑥ 203-79/73ウ③ 309-4 補キ③ 補サ②③
—つれ 23-A3 65-11 79-20 93-62/5オ⑥ 183-17/53ウ③, 22/54オ① 189-20/58ウ④ 221-29/78オ① 303-B7, B8
—てよ 105-66/12ウ④
つつ 203-63/72ウ①, 66/72ウ④ 205-94/74ウ④ 275-13
ツツ 301〈7/25ウ②〉
つ・べし
—べし 39-17
—べき 171-9/42オ①
—べけれ 253-12
て(接助) [→ね(ぬ)、ゐてきたる] 17-1, 1, 7 19-1, 2, 2, 3, 5, 6, 6, 7 21-2, 7, 7 23-A1, B3, B4, B7 27-2, 2, 4, 4, 5, 5, 6, 8, 8, 9, 9 39-1, 1, 2, 2, 3, 3, 4, 9, 9, 10, 10, 12, 16, 20, 23/188③, 24/188④, 25/188⑤, 28, 30, 32, 34, 35, 37 41-39, 40, 41, 41, 42 55-1, 2, 2, 2, 6 63-A2, A4, A6, B4, B6, C2 65-1, 2, 3, 3, 5, 6, 7, 11, 13 67-1, 2, 3, 3, 4, 4, 5 77-A2, A7, B1, B1, B3, B4, B6, B7, B7, B9 79-5, 7, 8, 9, 10, 11, 12, 14, 16, 19 81-A1, A4, A4, A5, A6, A9, A9, A10, A11, A12, A12, A14 83-1, 6, 7 91-6/1オ⑥, 7/1オ⑦, 8/1ウ①, 14/1ウ⑦, 16/2オ②, 24/2ウ③, 25/2ウ④, 30/3オ②, 32/3オ④, 35/3オ⑦, 36/3ウ① 93-42/3ウ⑦, 43/4オ①, 45/4オ③, 47/4オ⑤, 50/4ウ①, 53/4ウ④, 54/4ウ⑤, 60/5オ④ 61/5オ⑤, 67/5ウ④ 95-79/6ウ②, 80/6ウ③, 87/7オ③, 90/7オ⑥, 92/7ウ①, 93/7ウ②, 94/7ウ③, 98/7ウ⑦ 103-5/8オ⑥, 8/8ウ②, 8/8ウ②, 9/8ウ③, 12/8ウ⑥, 14/9オ①, 16/9オ③, 19/9オ⑥, 19/9オ⑥, 20/9オ⑦, 22/9ウ②, 24/9ウ④, 25/9ウ⑤, 29/10オ②, 30/10オ③ 105-36/10ウ②, 37/10ウ③, 37/10ウ③, 38/10ウ④, 39/10ウ⑤, 39/10ウ⑤, 40/10ウ⑥, 47/11オ⑥, 47/11オ⑥, 48/11オ⑦, 49/11ウ①, 54/11ウ⑥, 54/11ウ⑥, 55/11ウ⑦, 57/12オ②, 59/12オ④, 61/12オ⑥, 62/12オ⑦, 62/12オ⑦, 63/12ウ① 107-72/13オ③, 73/13オ④, 76/13オ⑦, 79/13ウ③, 81/13ウ⑤, 83/13ウ⑦, 84/14オ①, 84/14オ①, 88/14オ⑤, 90/14オ⑦, 91/14ウ①, 92/14ウ②, 93/14ウ③, 96/14ウ⑥, 98/15オ①, 99/15オ②, 100/15オ③, 102/15オ⑤, 103/15オ⑥, 104/15オ⑦, 105/15ウ①, 105/15ウ① 109-107/15ウ③, 110/15ウ⑥, 111/15ウ⑦, 112/16オ①, 113/16オ②, 113/16オ②, 116/16オ⑤, 117/16オ⑥, 118/16オ⑦, 119/16ウ①, 120/16ウ②, 123/16ウ④, 135/17ウ②, 140/17ウ⑦, 141/18オ①, 142/18オ② 111-144/18オ④, 144/18オ④, 146/18オ⑥, 155/19オ①, 156/19オ②, 160/19オ⑥, 161/19オ⑦, 162/19ウ①, 163/19ウ②, 164/19ウ③, 165/19ウ④, 165/19ウ④, 165/19ウ④, 167/19ウ⑥, 168/19ウ⑦, 168/19ウ⑦, 171/20オ③, 172/20オ④, 173/20オ⑤, 174/20オ⑥, 176/20ウ① 113-181/20ウ⑥, 181/20ウ⑥, 187/21オ⑤, 191/21ウ②, 194/21ウ⑤, 197/22オ①, 199/22オ③, 200/22オ④, 200/22オ④, 201/22オ⑤, 201/22オ⑤, 201/22オ⑤, 202/22オ⑥, 202/22オ⑥, 209/22ウ⑥, 212/23オ②, 217/23オ⑦, 217/23オ⑦ 115-222/23ウ⑤ 117-B1, B3, B4, B8, B10 131-A6, B1, B3, B5, B5, B8, B14 133-A1, A2, B3, B6, B8, B9, B11, C2, C6, C7, C9 135-12, 13, 14, 139-1, 1, 3, 4, 6, 6 141-1, 3 143-A1, A3, A6, A6, A7 147-2/28オ②, 6/28オ⑥, 7/28オ⑦, 8/28ウ①, 8/28ウ①, 9/28ウ②, 9/28ウ②, 9/28ウ②, 10/28ウ③, 11/28ウ④, 11/28ウ④, 16/29オ②, 16/29オ②, 17/29オ③, 23/29ウ②, 25/29ウ④, 26/29ウ⑤, 28/29ウ⑦, 31/30オ③ 149-33/30オ⑤, 34/30オ⑥, 35/30オ⑦, 36/30ウ①, 36/30ウ①, 38/30ウ③, 38/30ウ③, 43/31オ①, 45/31オ③, 48/31オ⑥, 48/31オ⑥, 50/31ウ①, 53/31ウ④, 55/31ウ⑥, 56/31ウ⑦, 56/31ウ⑦, 57/32オ① 153-3/32オ⑦, 5/32ウ②, 8/32ウ⑤, 9/32ウ⑥, 10/32ウ⑦, 11/33オ①, 11/33オ①, 12/33オ②, 12/33オ②, 13/33オ③, 14/33オ④, 17/33オ⑦ 157-上2/34オ①, 上7/34オ⑥, 上8/34オ⑦, 上8/34オ⑦, 上10/34ウ②, 上11/34ウ③, 上14/34ウ⑥, 上14/34ウ⑥, 上14/34ウ⑥, 上14/34ウ⑥, 上15/34ウ⑦ 157山-下1, 下4, 下4, 下4, 下6, 下6, 下7, 下8, 下8, 下8, 下8, 下10, 下10, 下11, 下11, 下11 159山-上2/補ク④, 上4, 上5, 上6, 上6, 上7, 上7, 上8, 上9, 上10, 上10, 上10, 下1 161-4/35ウ①, 6/35ウ③, 8/35ウ⑤, 11/36オ①, 14/36オ④, 15/36オ⑤, 18/36ウ①, 18/36ウ①, 22/36

ウ⑤, 24/36ウ⑦, 26/37オ②, 30/37オ⑥, 32/37ウ①, 33/37ウ② **163**-35/37ウ④, 36/37ウ⑤, 37/37ウ⑥, 38/37ウ⑦, 39/38オ①, 41/38オ③, 42/38オ④, 42/38オ④, 45/38オ⑦ **165**-1/38ウ②, 2/38ウ③, 3/38ウ④, 4/38ウ⑤, 4/38ウ⑤, 〈4/38ウ⑤〉, 5/38ウ⑥ **167**-2/39ウ②, 4/39ウ④, 8/40オ①, 9/40オ②, 10/40オ③, 12/40オ⑤, 12/40オ⑤, 13/40オ⑥, 13/40オ⑥, 14/40オ⑦, 17/40ウ③, 18/40ウ④, 21/40ウ⑦, 23/41オ② **171**-3/41ウ②, 8/41ウ⑦, 12/42オ④, 14/42オ⑥, 14/42オ⑥, 15/42オ⑦, 15/42オ⑦, 16/42ウ①, 17/42ウ②, 18/42ウ③, 23/43オ①, 23/43オ①, 26/43オ④, 27/43オ⑤, 28/43オ⑥, 32/43ウ③ **173**-38/44オ②, 40/44オ④, 46/44ウ③, 47/44ウ④, 48/44ウ⑤, 49/44ウ⑥, 49/44ウ⑥, 50/44ウ⑦, 56/45オ⑥, 58/45ウ①, 61/45ウ④, 63/45ウ⑥ **175**-4/46ウ①, 6/46ウ③, 6/46ウ③, 7/46ウ④, 8/46ウ⑤, 11/47オ①, 11/47オ①, 13/47オ③, 13/47オ③, 15/47オ⑤, 15/47オ⑤, 18/47ウ①, 18/47ウ①, 19/47ウ②, 21/47ウ④, 21/47ウ④, 24/47ウ⑦, 25/48オ①, 26/48オ②, 29/48オ⑤ **179**-4/48ウ④, 5/48ウ⑤, 8/49オ①, 11/49オ④, 13/49オ⑥, 14/49オ⑦, 14/49オ⑦, 15/49ウ①, 15/49ウ①, 16/49ウ②, 16/49ウ②, 17/49ウ③, 19/49ウ⑤, 19/49ウ⑤, 20/49ウ⑥, 22/50オ①, 23/50オ②, 25/50オ④, 26/50オ⑤, 28/50オ⑦, 34/50ウ⑥ **181**-37/51オ②, 38/51オ③, 39/51オ④, 40/51オ⑤, 41/51オ⑥, 41/51オ⑥, 43/51ウ①, 43/51ウ①, 45/51ウ③, 45/51ウ③, 48/51ウ⑥, 53/52オ④ **183**-4/52ウ④, 4/52ウ④, 4/52ウ④, 5/52ウ⑤, 6/52ウ⑥, 6/52ウ⑥, 6/52ウ⑥, 7/52ウ⑦, 8/53オ①, 9/53オ②, 10/53オ③, 10/53オ③, 11/53オ④, 12/53オ⑤, 14/53オ⑦, 16/53ウ②, 17/53ウ③, 18/53ウ④, 20/53ウ⑥, 21/53ウ⑦, 21/53ウ⑦, 27/54オ⑥, 27/54オ⑥ **185**-30/54ウ②, 32/54ウ④, 38/55オ③, 42/55オ⑦, 48/55ウ⑥, 54/56オ⑤, 55/56オ⑤, 55/56オ⑤, 56/56オ⑦, 57/56ウ①, 58/56ウ②, 59/56ウ③, 62/56ウ⑥ **187**-65/57オ②, 67/57オ④, 67/57オ④ **189**-2/57オ⑦, 2/57オ⑦, 3/57ウ①, 6/57ウ④, 7/57ウ⑤, 7/57ウ⑤, 8/57ウ⑥, 9/57ウ⑦, 10/58オ①, 11/58オ②, 12/58オ③, 12/58オ③, 13/58オ④, 14/58オ⑤, 15/58オ⑥, 16/58オ⑦, 16/58オ⑦, 17/58ウ①, 17/58ウ①, 19/58ウ③, 20/58ウ④, 21/58ウ⑤, 22/58ウ⑥, 24/59オ①, 26/59オ③, 27/59オ④, 28/59オ⑤, 29/59オ⑥, 30/59オ⑦, 32/59ウ② **191**-33/59ウ③, 34/59ウ④, 35/59ウ⑤, 35/59ウ⑤, 41/60オ④, 41/60オ④, 42/60オ⑤, 43/60オ⑥, 43/60オ⑥, 43/60オ⑥, 44/60オ⑦, 45/60ウ①, 45/60ウ①, 46/60ウ②, 47/60ウ③ **193**-3/61オ②, 4/61オ③, 4/61オ③, 6/61オ⑤, 7/61オ⑥, 13/61ウ⑤, 14/61ウ⑥, 14/61ウ⑥, 16/62オ①, 17/62オ②, 21/62オ⑥, 22/62オ⑦, 27/62ウ⑤, 28/62ウ⑥, 33/63オ④, 33/63オ④ **195**-34/63オ⑤, 35/63オ⑥, 35/63オ⑥, 36/63オ⑦, 36/63オ⑦, 37/63ウ①, 38/63ウ②, 38/63ウ②, 39/63ウ③, 40/63ウ④, 41/63ウ⑤, 46/64オ③, 46/64オ③, 49/64オ⑥, 49/64オ⑥ **197**-3/64ウ③, 4/64ウ④, 4/64ウ④, 6/64ウ⑥, 7/64ウ⑦, 10/65オ③, 11/65オ④, 12/65オ⑤, 18/65ウ④, 19/65ウ⑤, 20/65ウ⑥, 20/65ウ⑥, 21/65ウ⑦, 24/66オ③, 25/66オ④, 26/66オ⑤, 27/66オ⑥, 29/66ウ①, 31/66ウ③, 31/66ウ③, 34/66ウ⑥, 34/66ウ⑥, 35/66ウ⑦ **199**-36/67オ①, 37/67オ②, 37/67オ②, 38/67オ③, 38/67オ③, 40/67オ⑤, 41/67オ⑥, 44/67ウ②, 45/67ウ③, 46/67ウ④, 46/67ウ④, 47/67ウ⑤ **201**-7/68ウ①, 8/68ウ②, 9/68ウ③, 11/68ウ⑤, 11/68ウ⑤, 15/69オ②, 16/69オ③, 16/69オ③, 17/69オ④, 19/69オ⑥, 22/69ウ②, 23/69ウ③, 24/69ウ④, 25/69ウ⑤, 26/69ウ⑥, 27/69ウ⑦, 27/69ウ⑦, 28/70オ①, 30/70オ③, 34/70オ⑦, 37/70ウ③, 40/70ウ⑥, 40/70ウ⑥ **203**-48/71オ⑦, 50/71ウ②, 51/71ウ③, 53/71ウ⑤, 55/71ウ⑦, 59/72オ④, 65/72ウ③, 68/72ウ⑥, 70/73オ①, 70/73オ①, 73/73オ④, 73/73オ④, 74/73オ⑤, 76/73オ⑦, 76/73オ⑦, 80/73ウ④ **205**-81/73ウ⑤, 87/74オ④, 89/74オ⑥, 96/74ウ⑥, 96/74ウ⑥, 99/75オ②, 100/75オ③, 100/75オ③, 103/75オ⑥, 108/75ウ④, 108/75ウ④, 110/75ウ⑥, 111/75ウ⑦, 111/75ウ⑦ **207**-3, 6 **221**-1/76オ①, 2/76オ②, 3/76オ③, 5/76オ⑤, 6/76オ⑥, 7/76オ⑦, 8/76ウ①, 31/78オ③ **223**-58/80オ②, 61/80オ⑤, 62/80オ⑥, 64/80ウ①, 66/80ウ③, 72/81オ② **227**-6/81ウ①, 8

/81ウ③, 9/81ウ④, 12/81ウ⑦, 14/82オ②, 15/82オ③ **231**-7, 7 **237**-1, 2, 6, 7, 10, 13, 18, 19, 20, 20, 26, 27, 28, 29, 29 **239**-A33, A34, A35, B2, B2, B5, B5, B6, B6, B7, C1, C1, C4, 〈C4〉 **241**-6 **247**-B2 **251**-1, 2, 3, 6, 6, 7 **253**-1, 〈1〉, 2, 3, 3, 4, 10, 14, 18 **259**-A4, A5, B4, B4, B6, B7, B8 **261**-10, 11, 12, 15 **263**-3, 5, 5, 7 **265**-A17, B4, B6, B6, B8 **271**-1, 1 **275**-3, 6, 9 **281**-1/24オ①, 3/24オ③, 7/24オ⑦ **283**-13/24ウ⑥ **283**山-上1, 上1, 上2, 上5, 上5, 上6, 上7, 上8, 下1, 下2, 下4, 下4, 下4, 下5, 下6, 下6, 下7, 下7, 下9 **287**山-下3, 下4, 下4 **288**山-上2, 上3, 上3, 上4, 上5, 上5, 上7, 上8, 上8, 上9, 上10, 上11, 上17, 上17, 上19, 上19, 下1, 下3, 下4, 下4, 下5, 下5, 下6, 下6, 下7, 下8, 下9, 下10, 下11, 下13, 下19, 下19, 下19 **289**山-上1, 上7 **293**山-上1, 上3, 上3, 上5, 上5, 上6, 上6, 上7, 上8, 上9, 上9, 上10/**補ソ**②, 上12/**補ソ**⑤, 上12/**補ソ**⑤, 上14/**補タ**①, 下1/**補タ**④, 下3/**補タ**⑥, 下4/**補タ**⑦, 下6/**補チ**④, 下6/**補チ**⑤, 下9/**補ツ**③, 下10/**補ツ**⑤, 下10, 下11/**補ツ**⑦, 下1, 下13/**補テ**②, 下14/**補テ**④, 下15, 下16/**補ト**①, 下17/**補ト**③, 下18/**補ト**④ **294**山-2/**補ナ**②, 3/**補ナ**④, 5/**補ナ**⑦, 7/**補ニ**③, 8/**補ニ**④, 8/**補ニ**⑤, 10/**補ニ**⑦, **294**山-13/**補ヌ**⑦, 14, 15 **297**山-上3, 上10/**補ノ**①, 下2/**補ノ**③, 下6/**補ノ**⑦ **301**-3/25オ⑤, 9/25ウ④, 11/25ウ⑥, 11/25ウ⑥, 14/26オ②, 18/26オ⑥, 19/26オ⑦, 19/26オ⑦, 20/26ウ①, 24/26ウ⑤, 26/26ウ⑦, 27/27オ①, 28/27オ②, 30/27オ④, **303**-B1, B2, B4, B4, B5, B6, B10 **309**-3, 6 **315**-2 **317**-A7/189⑦, A7/189⑦, B1 **319**-A2, A3 **補ア**①①②②②③⑥⑦ **補イ**③④ **補ウ**③⑦ **補エ**④⑤⑥ **補カ**②③④⑤⑤⑥⑦ **補キ**②③ **補ケ**①②③⑦ **補エ**①②④ **補サ**⑦ **補シ**②②③③⑤⑤⑦ **補セ**③④⑦ **補ハ**②④ **補ヒ**① **補フ**③③ **補ヘ**②③ **補ホ**④ **補マ**⑤

〈て〉 **補ツ**⑤ **補テ**⑤

天 **107**-91/14ウ① **237**-20

テ **39**〈29〉 **67**〈6〉 **103**〈27/9ウ⑦〉 **105**〈48/11オ⑦〉, 〈52/11ウ④〉 **109**〈121/16ウ③a〉, 〈121/16ウ③a〉, 〈121/16ウ③a〉 **113**〈180/20ウ⑤〉 **153**-18/33ウ①a

[で] **111**-176/20ウ①

[て・ば] (完了＋接助) **39**-8

てバ **185**-37/55オ② **288**山-下3

[て・む] (完了＋推量)

—む(終止) **17**-5 **63**-B4 **189**-12/58オ③ **201**-39/70ウ⑤

[て・む・と・す]

—する **39**-12

[と] [→てむとす、なむとす、むとす、んとす]

17-6 **19**-6 **21**-7 **23**-A1, B4 **27**-1, 8 **39**-9, 23/188③, 30, 38 **49**-1, 5, 7 **55**-1 **63**-A3, B1, B2, B5, C3, 〈C3〉 **65**-5, 6, 7, 7, 9, 10 **77**-B5, B8 **79**-4, 11, 21 **81**-A3, A3, A11 **83**-5 **93**-49/4オ⑦ **103**-1/8オ②, 8/8ウ②, 9/8ウ③, 20/9オ⑦, 24/9ウ④, 26/9ウ⑥, 28/10オ①, 34/10オ⑦, 34/10オ⑦ **105**-41/10ウ⑦, 52/11ウ④, 55/11ウ⑦, 55/11ウ⑦, 58/12オ③, 58/12オ③, 61/12オ⑥, 64/12ウ②, 66/12ウ④ **107**-71/13オ②, 78/13ウ②, 83/13ウ⑦, 89/14オ⑥, 90/14オ⑦, 97/14ウ⑦, 102/15オ⑤ **109**-116/16オ⑤, 125/16ウ⑥, 133/17オ⑦, 137/17ウ④ **111**-160/19オ⑥, 163/19ウ②, 166/19ウ⑤, 171/20オ③ **113**-179/20ウ④, 179/20ウ④, 187/21オ⑤, 194/21ウ⑤, 203/22オ⑦, 209/22ウ⑥, 211/23オ①, 213/23オ③ **115**-221/23ウ④, 221/23ウ④ **117**-A7, B1 **131**-A2, A3, B4, B7, B11, B11, B12 **133**-A2, C 1 , C5, C6, C9 **141**-6 **147**-6/28オ⑥, 17/29オ③, 23/29ウ②, 26/29ウ⑤, 31/30オ③ **149**-38/30ウ③, 48/31オ⑥, 49/31オ⑦, 50/31ウ① **153**-2/32オ⑥, 7/32ウ④, 10/32ウ⑦, 16/33オ⑥, 16/33オ⑥, 21/33ウ③ **157**-上10/34ウ②, 上12/34ウ④ **157**山-下5, 下7 **159**-3/35オ③ **159**山-上4, 下3 **161**-6/35ウ③, 6/35ウ③, 12/36オ②, 14/36オ④, 18/36ウ①, 27/37オ③, 32/37ウ①, 33/37ウ② **163**-34/37ウ③ **165**-2/38ウ③, 6/38ウ⑦, 12/39オ⑥ **167**-5/39ウ⑤, 14/40オ⑦ **171**-9/42オ①, 10/42オ②, 11/42オ③, 13/42オ⑤, 13/42オ⑤, 19/42ウ④, 20/42ウ⑤, 24/43オ②, 25/43オ③, 30/43ウ①, 30/43ウ①, 36/43ウ⑦ **173**-38/44オ②, 57/45オ⑦, 63/45ウ⑥ **175**-9/46ウ⑥, 18/47ウ①, 26/48オ② **179**-8/49オ①, 10/49オ③, 11/49オ④, 12/49オ⑤, 15/49ウ①, 16/49ウ②, 24/50オ③, 26/50オ⑤, 30/50ウ②, 32/50ウ④, 36/51オ① **181**-37

/51オ②, 42/51オ⑦, 51/52オ②, 54/52オ⑤, 56/52オ⑦ 183-11/53オ④, 13/53オ⑥, 17/53ウ③, 19/53ウ⑤, 22/54オ①, 23/54オ②, 25/54オ④, 27/54オ⑥ 185-33/54ウ⑤, 35/54ウ⑦, 39/55オ④, 40/55オ⑤, 41/55オ⑥, 43/55ウ①, 43/55ウ①, 50/56オ①, 51/56オ②, 52/56オ③, 62/56ウ⑥ 187-64/57オ① 189-12/58オ③, 14/58オ⑤, 22/58ウ⑥, 25/59オ② 191-33/59ウ③, 34/59ウ④, 36/59ウ⑥, 37/59ウ⑦, 50/60ウ⑥ 193-2/61オ①, 11/61ウ③, 12/61ウ④, 16/62オ①, 17/62オ②, 18/62オ③, 21/62オ⑥, 24/62ウ②, 25/62ウ③, 26/62ウ④, 27/62ウ⑤, 32/63オ③ 195-35/63オ⑥, 45/64オ②, 46/64オ③, 46/64オ③, 49/64オ⑥, 50/64オ⑦ 197-13/65オ⑥, 16/65ウ②, 24/66オ③, 32/66ウ④ 199-36/67オ① 201-1/68オ②, 19/69オ⑥, 21/69ウ①, 27/69ウ⑦, 34/70オ⑦, 38/70ウ④ 203-48/71オ⑦, 55/71ウ⑦, 58/72オ③, 61/72オ⑥, 65/72ウ③, 66/72ウ④, 79/73ウ③ 205-84/74オ①, 85/74オ②, 85/74オ②, 94/74ウ④, 104/75オ⑦, 107/75ウ③ 207-7 221-21/77オ⑦, 25/77ウ④, 29/78オ①, 33/78オ⑤, 39/78ウ④ 223-40/78ウ⑤, 47/79オ⑤, 48/79オ⑥, 68/80ウ⑤, 69/80ウ⑥ 227-4/81オ⑥, 8/81ウ③, 15/82オ③, 16/82オ④, 17/82オ⑤, 19/82オ⑦, 20/82ウ① 235-1, 1, 2, 2, 3, 3, 4, 5, 5, 6, 6 237-14, 19, 22, 25, 31, 31, 32 239-B3, C1 241-5, 5 247-A1, A2 251-1, 2, 4, 6 253〈7〉, 8, 10, 15, 18, 20 259-A2, [A2], A3, B5, B7 265-A18, B1 269-B2, B4, B6 275-2, 2, 7, 10 281-4/24オ④, 5/24オ⑤, 7/24オ⑦ 283-14/24ウ⑦, 14/24ウ⑦ 283山-上3, 上4, 上5, 上6, 上8, 下1, 下5, 下8 287山-下4 288山-上1, 上4, 上4, 上10, 上13, 上15, 上15, 上17, 下1, 下1, 下3 293山-上5, 上11/補ソ③, 上12/補ソ④, 上14/補タ①, 下1/補タ③, 下2/補タ④, 下4/補チ①, 下5/補チ②, 下9/補ツ②, 下13/補テ②, 下16/補テ②, 下17/補ト①, 下18 294山-3/補ナ④, 8/補ニ④, 10/補ヌ①, 13/補ヌ⑦, 15 297-2/25オ② 297山-上8/補ネ③, 上9/補ネ⑥, 上9/補ネ⑦, 下1, 下5/補ノ⑤, 下7 301-9/25ウ④, 18/26オ⑥, 19/26オ⑦, 22/26ウ③, 29/27オ③ 303-A33/27オ⑦, A35/27ウ②, A36/27ウ③, A38/27ウ⑤, A38/27ウ⑤, A38/27ウ⑤, B3, B9 309-5, 5 319-A4, B1, B5 補ア③④⑤⑤⑦ 補イ②②⑤⑦ 補ウ⑦ 補エ①③④ 補カ⑦ 補キ③⑤ 補コ①③ 補サ④⑥ 補シ⑥⑦ 補フ② 補ハ③ 補ホ③③

〈と〉 補サ④ 補ト③ 補ノ②

ト 203〈61/72オ⑥〉

与 356-下4/83オ④

と 301-18/26オ⑥

ど 39-6, 14 247-A2 265-A14 283山-上3 288山-下15 補i⑦

と・して（と＋格助詞） 111-154/18ウ⑦ 113-193/21ウ④, 218/23ウ① 201-21/69ウ①, 38/70ウ④ 227-22/82ウ③, 22/82ウ③ 265-A15

とて 133-B2 143-A2 149-42/30ウ⑦ 157-上10/34ウ② 157山-下6 167 5/39ウ⑤, 20/40ウ⑥ 171-5/41ウ④, 7/41ウ⑥ 173-45/44ウ② 181-52/52オ③ 183-26/54オ⑤, 29/54ウ① 185-52/56オ③ 189-18/58ウ② 191-40/60オ③ 221-16/77オ②, 17/77オ③ 237-16 261〈13〉 283山-下3

とも 21-5 39-25/188⑤, 27/188⑦ 95-84/6ウ⑦ 221-12/76ウ⑤ 補フ⑤⑥

［と］も 171-10/42オ②

ども 23-B9 49-5 65-7, 11 91-13/1ウ⑥, 15/2オ①, 29/3オ① 93〈50a/4ウ①a〉 107-72/13オ③ 131-B13 165-9/39オ③ 167-15/40ウ① 173-40/44オ④ 179-21/49ウ⑦ 189-20/58ウ④ 195-41/63ウ⑤ 205-87/74オ④, 88/74オ⑤ 221-13/76ウ⑥, {13a/76ウ⑥a}, 14/76ウ⑦, 19/77オ⑤, 21/77オ⑦, 23/77ウ②, 24/77ウ③, 34/78オ⑥, 36/78ウ① 223-60/80オ④ 239-A33 253-10 281-10/24ウ③ 289山-上1 293山-下4, 下5 補ウ④

ど〈も〉 301-28/27オ② 補チ①

な（終助） 193-32/63オ③ 203-44/71オ③

ながら［→ゐながらー］ 131-A6 163-37/37ウ⑥ 189-26/59オ③

など（副助） 117-A5 171-10/42オ② 補i③

なむ（係助） 105-63/12ウ① 203-78/73ウ②

な・む（完了＋推量）

ーむ（終止） 39-9 105-52/11ウ④ 157-上12/34ウ④ 157山-下7 203-46/71オ⑤, 66/72ウ④ 288山-下1, 下1

ーむ（連体） 65-10

な・む・と・す

—す 65-8 283山-下2

な・めり

—めり 193-16/62オ① 補ア⑦

なり（断定）［→にして］

—なら 55-1 65-4 83-2 205-90/74オ⑦

—なり（連用） 113-204/22ウ① 133-C6 149-47/31オ⑤ 159山-上6 181-55/52オ⑥ 195-41/63ウ⑤ 199-36/67オ①

—に 95-74/6オ④ 147-6/28オ⑥ 149-39/30ウ④ 161-13/36オ③ 223-41/78ウ⑥, 41/78ウ⑥, 43/79オ①, 43/79オ①, 71/81オ① 283-13/24ウ⑥ 293山-下4/補チ①, 下5/補チ③, 下6/補チ⑤, 下7/補チ⑤

—ニ 283［12/24ウ⑤］

—なり（終止） 23-B5, B6 39-6, 7, 15 49-2, 4 63-B3, C2 77-A5, B6, B8 79-9 81-A13 91-37/3ウ② 103-4/8オ⑤, 7/8ウ①, 33/10オ⑥ 105-51/11ウ③, 68/12ウ⑥ 109-108/15ウ④ 111-152/18ウ⑤ 113-183/21オ①, 184/21オ②, 187/21オ⑤, 194/21ウ⑤, 214/23オ④, 216/23オ⑥ 117-B1, B4 131-A3, A5, B7 133-C3, C5 147-26/29ウ⑤ 153-7/32ウ④ 159-3/35オ③ 159山-上1/補ク①, 下3 161-13/36オ③, 15/36オ⑤, 25/37オ① 163-34/37ウ③ 167-26/41オ⑤ 171-3/41ウ②, 20/42ウ⑤, 29/43オ⑦, 33/43ウ④, 35/43ウ⑥ 173-44/44ウ①, 68/46オ④ 175-25/48オ①, 31/48オ⑦ 179-2/48ウ② 181-51/52オ②, 54/52オ⑤ 183-2/52ウ②, 9/53オ②, 13/53オ⑥, 14/53オ⑦, 23/54オ②, 28/54オ⑦ 185-33/54ウ⑤ 189-22/58ウ⑥ 191-33/59ウ③, 34/59ウ④, 49/60ウ⑤ 193-8/61オ⑦, 10/61ウ②, 18/62オ③, 24/62ウ②, 25/62ウ③, 27/62ウ⑤ 197-22/66オ①, 24/66オ③, 28/66オ⑦ 199-50/68オ① 203-64/72ウ②, 65/72ウ③ 205-105/75ウ① 221-10/76ウ③, 32/78オ④, 33/78オ⑤ 223-46/79オ④, 48/79オ⑥, 68/80ウ⑤ 227-20/82ウ① 229-6 231-2, 3 235-1, 6 237-11, 14 247-A3, A4, A6 251-3 253-6, 11, 12 261-10, 〈13〉 263-9 265-A21, B1 271-5 275-6, 14 283山-上4, 下5, 下8 287山-下2, 下2 288山-上4, 下13, 下14, 下14, 下17 289山-上6 293山-下3/補タ⑦, 下7/補チ⑦, 下8/補ツ①, 下8/補ツ① 下18/補ト③ 294山-5/補ナ⑦, 6/補ニ①, 9/補ニ⑥ 297-3/25オ③ 297山-上8/補ネ③, 下2/補ノ④, 下5/補ノ⑥, 下7 301-4/25オ⑥ 303-A39/27ウ⑥, A40/27ウ⑦, B9 補ア④ 補イ⑥ 補キ⑥ 補サ①②③④ 補セ④⑦ 補ハ①③ 補ヒ③③④ 補フ④ 補ヘ④ 補ホ⑥

—なる 185-40/55オ⑤ 191-37/59ウ⑦ 197-30/66ウ② 227-9/81ウ④ 283山-下8 293山-上12/補ソ④ 294山-16

—なれ 133-C4 171-34/43ウ⑤ 283-12/24ウ⑤ 294山-5/補ナ⑦

なり（伝聞推定）［→あ・なり］

—なり（終止） 193-9/61ウ①

—なる 179-10/49オ③

—なれ 111-166/19ウ⑤

なん（係助） 77-A4 79-20 149-42/30ウ⑦ 179-10/49オ③ 185-46/55ウ④

な・ん（完了＋推量）

—ん（終止） 107-71/13オ②, 89/14オ⑥ 171-25/43オ③ 241-5

な・ん・と・す

—す 65-14

に（格助） 17-5, 6, 6 19-1, 2, 3 21-2 23-A2, A4, B1, B1, B2, B2, B3, B7, B8, B11 27-2, 3, 4, 5, 6, 8 39-3, 5, 8, 18, 19, ［20］, 22/188②, 26/188⑥, 28, 35, 36 55-3, 7 63-A1, A2, A2, A5, B3, B5, B5, B6, B7 65-1, 2, 4, 4, 13 67-5, 6, 6 77-A4, B1, B3, B6, B9, B10 79-3, 6, 7, 8, 10, 15, 16, 18, 19, 20 81-A2, A5, A9, A13 91-3/1オ③, 3/1オ③, 6/1オ⑥, 8/1ウ①, 9/1ウ②, 12/1ウ⑤, 13/1ウ⑥, 15/2オ①, 〈16/2オ②〉, 17/2オ③, 20/2オ⑥, 21/2オ⑦, 22/2ウ①, 30/3オ②, 33/3オ⑤, 34/3オ⑥ 93-40/3ウ⑤, 40/3ウ⑤, 41/3ウ⑥, 44/4オ②, 47/4オ⑤, 48/4オ⑥, 50/4ウ①, 〈54/4ウ⑤〉, 55/4ウ⑥, 56/4ウ⑦, 65/5ウ②, 67/5ウ④, 68/5ウ⑤, 71/6オ①, 72/6オ② 95-76/6オ⑥, 81/6ウ④, 81/6ウ④, 83/6ウ⑥, 84/6ウ⑦, 87/7オ③, 88/7オ④, 93/7ウ②, 94/7ウ③, 95/7ウ④, 96/7ウ⑤ 103-2/8オ③, 3/8オ④, 〈3/8オ④〉, 5/8オ⑥, 7/8ウ①, 8/8ウ②, 8/8ウ②, 11/8ウ⑤, 12/8ウ⑥, 14/9オ①, 19/9オ⑥, 20/9オ⑦, 24/9ウ④, 30/10オ③ 105-35/10ウ①, 36/10ウ②, 37/10ウ③, 39/10ウ⑤,

47/11オ⑥, 49/11ウ①, 53/11ウ⑤, 54/11ウ⑥, 54/11ウ⑥, 55/11ウ⑦, 56/12オ①, 56/12オ①, 62/12オ⑦, 65/12ウ③ **107**-71/13オ②, 73/13オ④, 75/13オ⑥, 79/13ウ③, 83/13ウ⑦, 84/14オ①, 87/14オ④, 89/14オ⑥, 90/14オ⑦, 91/14ウ①, 96/14ウ⑥, 98/15オ①, 103/15オ⑥ **109**-108/15ウ④, 109/15ウ⑤, 110/15ウ⑥, 111/15ウ⑦, 112/16オ①, 113/16オ②, 114/16オ③, 117/16オ⑥, 118/16オ⑦, 120/16ウ②, 126/16ウ⑦, 128/17オ②, 129/17オ③, 131/17オ⑤, 132/17オ⑥, 140/17ウ⑦, 141/18オ①, 141/18オ①, 142/18オ② **111**-143/18オ③, 146/18オ⑥, 150/18ウ③, 151/18ウ④, 151/18ウ④, 153/18ウ⑥, 154/18ウ⑦, 155/19オ①, 156/19オ②, 157/19オ③, 158/19オ④, 160/19オ⑥, 161/19オ⑦, 162/19ウ①, 164/19ウ③, 164/19ウ③, 168/19ウ⑦, 171/20オ③, 172/20オ④, 173/20オ⑤, 174/20オ⑥, 178/20ウ③ **113**-180/20ウ⑤, 182/20ウ⑦, 182/20ウ⑦189/21オ⑦, 192/21ウ③, 195/21ウ⑥, 196/21ウ⑦, 199/22オ③, 201/22オ⑤, 204/22ウ①, 205/22ウ② **115**-219/23ウ②, 220/23ウ③, 223/23ウ⑥, 223/23ウ⑥ **117**-A1, A3, B2, B2, B4, B6, B7, B11 **131**-B1, B 2 , B5, B7, B10, B11, B12 **133**-B2, B6, B8, B8, B9, C8 **135**-11, 13, 14 **139**-2, 3, 3 **143**-A1, A2, A3, A4, A5, A7, B1/28オ① **147**-3/28オ③, 6/28オ⑥, 7/28オ⑦, 14/28ウ⑦, 19/29オ⑤, 20/29オ⑥, 27/29ウ⑥, 30/30オ② **149**-34/30オ⑥, 34/30オ⑥, 35/30オ⑦, 39/30ウ④, 40/30ウ⑤, 41/30ウ⑥, 44/31オ②, 46/31オ④, 46/31オ④, 50/31ウ①, 51/31ウ②, 51/31ウ②, 53/31ウ④, 57/32オ①, 58/32オ②, 59/32オ③, 〈60/32オ④〉 **153**-2/32オ⑥, 5/32ウ②, 8/32ウ⑤, 14/33オ④, 14/33オ④, 19/33ウ①, 24/33ウ⑥ **157**-上1/33ウ⑦, 上4/34オ③, 上5/34オ④, 上7/34オ⑥, 上11/34ウ③, 上11/34ウ③, 上13/34ウ⑤ **157**山-下1, 下2, 下3, 下4, 下6, 下6, 下7, 下10, 下11, 下12 **159**-1/35オ①, 3/35オ③ **159**山-上1/**補ク**②, 上2/**補ク**④, 上3/**補ク**⑤, 上4, 上7, 上8, 上8, 上8, 下2, 下3 **161**-1/35オ⑤, 1/35オ⑤, 4/35ウ①, 9/35ウ⑥, 10/35ウ⑦, 13/36オ③, 16/36オ⑥, 17/36オ⑦, 20/36ウ③, 21/36ウ④, 22/36ウ⑤, 23/36ウ⑥, 25/37オ①, 26/37オ②, 26/37オ②, 28/37オ④ **163**-35/37ウ④, 36/37ウ⑤, 37/37ウ⑥, 37/37ウ⑥, 38/37ウ⑦, 39/38オ①, 41/38オ③, 42/38オ④, 44/38オ⑥, 46/38ウ① **165**-1/38ウ②, 2/38ウ③, 5/38ウ⑥, 6/38ウ⑦, 7/39オ①, 9/39オ③, 12/39オ⑥, 12/39オ⑥ **167**-1/39ウ①, 2/39ウ②, 4/39ウ④, 6/39ウ⑥, 10/40オ③, 15/40ウ①, 21/40ウ⑦, 23/41オ②, 26/41オ⑤, 27/41オ⑥ **171**-4/41ウ③, 7/41ウ⑥, 7/41ウ⑥, 8/41ウ⑦, 9/42オ①, 11/42オ③, 13/42オ⑤, 14/42オ⑥, 14/42オ⑥, 14/42オ⑥, 16/42ウ①, 17/42ウ②, 27/43オ⑤, 29/43オ⑦, 32/43ウ③, 34/43ウ⑤ **173**-37/44オ①, 37/44オ①, 38/44オ②, 39/44オ③, 40/44オ④, 42/44オ⑥, 44/44ウ①, 44/44ウ①, 44/44ウ①, 45/44ウ②, 47/44ウ④, 48/44ウ⑤, 49/44ウ⑥, 59/45ウ②, 62/45ウ⑤, 64/45ウ⑦, 68/46オ④ **175**-2/46オ⑥, 5/46ウ②, 6/46ウ③, 6/46ウ③, 7/46ウ④, 7/46ウ④, 14/47オ④, 15/47オ⑤, 16/47オ⑥, 16/47オ⑥, 17/47オ⑦, 17/47オ⑦, 19/47ウ②, 22/47ウ⑤, 22/47ウ⑤, 24/47ウ⑦, 26/48オ②, 30/48オ⑥, 31/48オ⑦ **179**-4/48ウ④, 5/48ウ⑤, 6/48ウ⑥, 8/49オ①, 9/49オ②, 10/49オ③, 16/49ウ②, 17/49ウ③, 19/49ウ⑤, 23/50オ②, 23/50オ②, 25/50オ④, 28/50オ⑦, 30/50ウ②, 31/50ウ③, 32/50ウ④, 33/50ウ⑤, 34/50ウ⑥, 35/50ウ⑦ **181**-38/51オ③, 40/51オ⑤, 41/51オ⑥, 43/51ウ①, 47/51ウ⑤, 52/52オ③, 54/52オ⑤, 56/52オ⑦ **183**-2/52ウ②, 4/52ウ④, 5/52ウ⑤, 7/52ウ⑦, 10/53オ③, 13/53オ⑥, 15/53ウ①, 16/53ウ②, 16/53ウ②, 17/53ウ③, 22/54オ①, 29/54ウ① **185**-32/54ウ④, 33/54ウ⑤, 45/55ウ③, 48/55ウ⑥, 52/56オ③, 53/56オ④, 54/56オ⑤, 56/56オ⑦, 57/56ウ①, 59/56ウ③, 61/56ウ⑤ **187**-65/57オ②, 68/57オ⑤ **189**-1/57オ⑥, 2/57オ⑦, 4/57ウ②, 5/57ウ③, 6/57ウ④, 7/57ウ⑤, 12/58オ③, 14/58オ⑤, 15/58オ⑥, 16/58オ⑦, 17/58ウ①, 18/58ウ②, 19/58ウ③, 19/58ウ③, 24/59オ①, 26/59オ③, 28/59オ⑤, 28/59オ⑤, **191**-33/59ウ③, 35/59ウ⑤, 38/60オ①, 38/60オ①, 40/60オ③, 41/60オ④, 42/60オ⑤, 43/60オ⑥, 47/60ウ③, 48/60ウ④, 50/60ウ⑥ **193**-1/60ウ⑦, 2/61オ①, 3/61オ②, 10/61ウ②, 〈12/61ウ

④〉, 14/61ウ⑥, 15/61ウ⑦, 29/62ウ⑦, 31/63オ② **195**–35/63オ⑥, 36/63オ⑦, 37/63ウ①, 39/63ウ③, 41/63ウ⑤, 42/63ウ⑥, 50/64オ⑦ **197**–1/64ウ①, 3/64ウ③, 4/64ウ④, 4/64ウ④, 12/65オ⑤, 22/66オ①, 26/66オ⑤, 29/66ウ①, 29/66ウ①, 34/66ウ⑥, 34/66ウ⑥ **199**–37/67オ②, 38/67オ③, 40/67オ⑤, 45/67ウ③, 50/68オ① **201**–1/68オ②, 4/68オ⑤, 5/68オ⑥, 6/68オ⑦, 7/68ウ①, 8/68ウ②, 8/68ウ②, 9/68ウ③, 11/68ウ⑤, 12/68ウ⑥, 13/68ウ⑦, 14/69オ①, 15/69オ②, 16/69オ③, 17/69オ④, 19/69オ⑥, 27/69ウ⑦, 32/70オ⑤, 36/70ウ② **203**–41/70ウ⑦, 44/71オ③, 47/71オ⑥, 49/71ウ①, 54/71ウ⑥, 56/72オ①, 56/72オ①, 59/72オ④, 60/72オ⑤, 60/72オ⑤, 68/72ウ⑥, 69/72ウ⑦, 74/73オ⑤, 75/73オ⑥, 80/73ウ④ **205**–84/74オ①, 89/74オ⑥, 98/75オ①, 98/75オ①, 99/75オ②, 100/75オ③, 104/75オ⑦, 105/75ウ①, 108/75ウ④, 108/75ウ④, 109/75ウ⑤, 109/75ウ⑤, 111/75ウ⑦, **207**–1, 4 **221**–7/76オ⑦, 11/76ウ④, 12/76ウ⑤, 13/76ウ⑥, 13/76ウ⑥, 15/77オ①, 16/77オ②, 17/77オ③, 22/77ウ①, 28/77ウ⑦, 28/77ウ⑦, 30/78オ②, 38/78ウ③ **223**–54/79ウ⑤, 63/80オ⑦, 65/80ウ②, 67/80ウ④ **227**–3/81オ⑤, 6/81ウ①, 9/81ウ④, 11/81ウ⑥, 11/81ウ⑥, 13/82オ①, 15/82オ③, 16/82オ④, 18/82オ⑥, 18/82オ⑥, 20/82ウ①, 22/82ウ③, 24/82ウ⑤, 25/82ウ⑥, 26/82ウ⑦ **229**–2, 4, 7 **231**–7, 8 **237**–2, 2, 5, 7, 10, 10, 13, 13, 14, 16, 17, 17, 18, 20, 23, 24, 25, 29, 30, 30, 30 **239**–A33, A34, A34, B1, B1, B2, B2, B3, B4, B6, B7, C2, C2, C3 **241**–5, 〈6〉, 7 **247**–A3, A3 **251**–1 **253**–2, 6, 10, 14, 16, 20 **259**–A1, A4, A5, A6, A7, B1, B5, B6, B8, B9 **261**–10, 11, 〈13〉, 14 **263**–1, 5, 6, 7, 7, 9, 11, 12, 12 **265**–A13, A15, A18, A19, A20, A21, B4, B5 **269**–B1 **271**–1, 2, 4 **275**–8, 8, 11, 13 **281**–2/24オ②, 2/24オ②, 4/24オ④, 6/24オ⑥, 8/24ウ① **283**–13/24ウ⑥ **283**山–上1, 上2, 上5, 上5, 上6, 上6, 上7, 上8, 上8, 下1, 下1, 下2, 下4, 下6, 下7, 下7, 下8 **287**山–下3, 下3, 下3 **288**山–上1, 上2, 上3, 上3, 上5, 上6, 上6, 上6, 上7, 上7, 上7, 上7, 上8, 上8, 上9, 上10, 上10, 上10, 上11, 上11, 上13, 上16, 上18, 上19, 下1, 下2, 下2, 下3, 下4, 下6, 下7, 下11, 下11, 下12, 下12, 下15, 下16, 下16, 下16, 下18, 下18, 下18, 下18, 下19, **289**山–上1上4, 上4, 上5, 上5, 上6, 上6, 上7 **293**山–上1, 上1, 上2, 上4, 上4, 上7, 上8, 上8, 上10/**補ソ**①, 上12/**補ソ**⑤, 上13/**補ソ**⑥, 上13/**補ソ**⑦, 上13/**補ソ**⑦, 上14/**補ソ**⑦, 上14/**補タ**②, 下2, 下2/**補タ**⑤, 下6/**補チ**④, 下10/**補ツ**④, 下10/**補ツ**⑤, 下11, 下11/**補ツ**⑦, 下12/**補テ**①, 下13/**補テ**②, 下13/**補テ**③, 下13/**補テ**③, 下14/**補テ**⑤, 下14, 下15, 下15/**補テ**⑥, 下16/**補テ**⑥, 下16/**補テ**⑦, 下18/**補ト**③, 下18/**補ト**④, 下19/**補ト**⑤ **294**山–2/**補ナ**②, 3, 5/**補ナ**⑦, 6/**補ニ**①, 10/**補ヌ**①, 11/**補ヌ**②, 11/**補ヌ**③, 11/**補ヌ**④, 12/**補ヌ**④, 12/**補ヌ**④, 12/**補ヌ**⑤, 14 **297**山–上2, 上3, 上5, 上5, 上5, 上7, 上8/**補ネ**④, 上8/**補ネ**⑤, 上9/**補ネ**⑥, 上9/**補ネ**⑥, 上10/**補ノ**①, 下5/**補ノ**⑥ **301**〈1/25オ③〉, 2/25オ④, 5/25オ⑦, 8/25ウ③, 9/25ウ④, 14/26オ②, 16/26オ④, 17/26オ⑤, 18/26オ⑥, 21/26ウ②, [21/26ウ②], 23/26ウ④, 23/26ウ④, 25/26ウ⑥, 26/26ウ⑦, 28/27オ②, 28/27オ②, 30/27オ④ **303**–A31/27オ⑤, B5, B7, B9, B9, B10, B11, B12a **309**–5, 6, 6 **315**–5, 6, 7 **317**–A1/189①, A2/189②, A5/189⑤, A6/189⑥, A7/189⑦, B1, B1, B1 **319**–A3, A4, A4, A5 **補ア**① **補イ**④ **補ウ**①② **補エ**①②⑤ **補カ**④⑥ **補キ**①③④⑥ **補ク**③ **補ケ**①④④ **補コ**②③③ **補サ**⑦⑦ **補シ**②③ **補ス**② **補セ**②②④⑤⑥ **補ハ**③④ **補フ**①②⑦ **補ヘ**③⑥⑦ **補ホ**①②②⑤⑦ **補マ**④⑥

〈に〉 **補ツ**⑦ **補テ**⑤

ニ **39**–31 **79**–9, **93**, 〈50a/4ウ①a〉 **95**–89/7オ⑤ **103**–21/9ウ① **105**〈62/12オ⑦〉 **109**〈121/16ウ③a〉〈121/16ウ③a〉, 〈121/16ウ③a〉 **113**–181/20ウ⑥ **141**–4 **153**〈1/32オ⑤〉 **173**–67/46オ③ **175**〈25/48オ①〉 **193**〈29/62ウ⑦〉 **221**–9/76ウ②, 26/77ウ⑤ **301**〈7/25ウ②〉 **303**〈B12a〉

〈ニ〉 **補カ**⑦ **補ク**⑥ **補シ**① **補テ**⑤

<u>に</u> **253**–7 **289**山–上7

<u>ニ</u> **293**山–上5

に(接助) **17**–2 **19**–6 **39**–11, 12 **67**–3, 4 **79**–7, 19 **91**–38/3ウ③ **93**–63/5オ⑦, 66/5ウ③ **95**–75/6オ⑤, 77/6オ⑦ **103**–15/9オ② **105**–52/11ウ④ **107**

-94/14ウ④ 111-148/18ウ① 113-188/21オ⑥ 133-B5, C7 139-2 143-A7 167-8/40オ①, 11/40オ④, 15/40ウ①, 18/40ウ④ 171-26/43オ④ 175-9/46ウ⑥, 19/47ウ② 179-8/49オ①, 12/49オ⑤, 24/50オ③, 33/50ウ⑤ 181-39/51オ④, 44/51ウ②, 46/51ウ④, 53/52オ④, 183-16/53ウ②, 18/53ウ④, 24/54オ③, 189-27/59オ④, 31/59ウ① 193-25/62ウ③, 33/63オ④ 197-5/64ウ⑤, 7/64ウ⑦, 17/65ウ③, 32/66ウ④, 35/66ウ⑦ 201-22/69ウ②, 23/69ウ③ 203-79/73ウ③ 205-102/75オ⑤, 104/75オ⑦ 237-21 253-7 281-9/24ウ② 283山-下3 288山-上5, 上16, 下11, 下18 289山-上4 294山-6/補ニ② 315-4 補イ⑥ 補サ⑤ 補ホ①④

ニ　301-9/25ウ④

に・けり(完了＋けり)

—けり(終止)　63-B7

—けれ　199-39/67オ④

に・して(格助詞＋して)　77-A1 81-A2 91-11/1ウ④ 93-72/6オ② 95-88/7オ④ 111-145/18オ⑤ 113-192/21ウ③ 133-B11 157山-下10 183-18/53ウ④ 185-63/56ウ⑦ 193-23/62ウ① 231-4, 6 239-B5 275-12 288山-上1 297山-上2/補ネ①

ニして　109-129/17オ③ 161-11/36オ①

に・して(断定＋して)　195-42/63ウ⑥ 237-11 297山-上6

に・たり(完了＋たり)

—たり(終止)　63-C3 81-A11 117-B12 183-24/54オ③ 193-7/61オ⑥ 205-102/75オ⑤ 294山-10

—たる　93-39/3ウ④ 203-58/72オ③

にて　91-12/1ウ⑤ 95-86/7オ② 109-133/17オ⑦ 113-190/21ウ① 117-B14 163-35/37ウ④ 183-25/54オ④

ニて　149-32/30オ④

にて　201-31/70オ④

に・は(格助詞＋は)　39-13, 14 63-A7, A7 83-4 93-41/3ウ⑥ 95-94/7ウ③, 96/7ウ⑤ 113-188/21オ⑥ 117-A6, B10 131-B 1, B3, B4 153-10/32ウ⑦ 161-27/37オ③ 179-36/51オ① 185-61/56ウ⑤ 187-64/57オ①, 66/57オ③ 193-9/61ウ① 195-48/64オ⑤ 201-32/70オ⑤ 221-35/78オ⑦, 37/78ウ② 223-50/79ウ①, 51/79ウ② 227-5/81オ⑦, 7/81ウ②, 10/81ウ⑤, 10/81ウ⑤, 12/81ウ⑦, 17/82オ⑤, 23/82ウ④ 229-1 237-18, 21, 22 247-A5 269-B5, B7 283山-上3, 上4 289山-上1 293山-下8/補ツ② 294山-8/補ニ④, 13/補ヌ⑥ 297山-上10/補ノ② 303-A33/27オ⑦, A34/27ウ①, A35/27ウ②, A37/27ウ④, A39/27ウ⑥, A40/27ウ⑦, B6 317-A4/189④/補エ⑤ 補ス①①③④⑥ 補セ①②

に〈ハ〉　265-A17

に・は(断定＋は)　153-7/32ウ④ 193-26/62ウ④, 27/62ウ⑤ 253-9

ぬ [→なむ、なむとす、なん、にけり、にたり、をはりぬ]

—に　91-21/2オ⑦ 107-86/14オ③ 113-202/22オ⑥ 117-B13 133-C4 191-40/60オ③ 205-85/74オ② 223-66/80ウ③ 283山-下6 288山-下9 293山-上2 補へ⑤

—ニ　253〈4〉

—ぬ　17-3, 3, 4, 7 19-4 21-3 23-B11 39-35 63-A1 A2 77-A2, B3 79-3, 4, 8 81-A5, B1 93-64/5ウ①, 66/5ウ③ 103-9/8ウ③ 107-78/13ウ②, 88/14オ⑤ 109-122/16ウ③, 123/16ウ④, 128/17オ②, 129/17オ③, 141/18オ① 111-143/18オ③, 144/18オ④, 164/19ウ③ 113-203/22オ⑦ 133-B3, C8 141-1 147-12/28ウ⑤, 17/29オ③ 153-20/33ウ②, 24/33ウ⑥ 157山-下9, 下12 161-33/37ウ② 165-8/39オ②, 12/39オ⑥ 167-18/40ウ④ 171-16/42ウ① 173-50/44ウ⑦, 65/46オ① 175-5/46ウ②, 22/47ウ⑤, 30/48オ⑥ 179-17/49ウ③, 22/50オ① 181-46/51ウ④, 50/52オ①, 55/52オ⑥ 183-29/54ウ① 185-52/56オ③, 58/56ウ②, 63/56ウ⑦ 189-8/57ウ⑥, 8/57ウ⑥, 21/58ウ⑤ 191-46/60ウ②, 50/60ウ⑥ 193-5/61オ④ 195-34/63オ⑤, 36/63オ⑦, 39/63ウ③ 197-9/65オ②, 24/66オ③ 203-53/71ウ⑤ 221-17/77オ③, 29/78オ① 239-C 1 241-5 253-2 281-6/24オ⑥, 9/24ウ② 287山-下4 288山-上2, 上7, 上10, 下4, 下5 293山-上12/補ソ⑤ 319-A4 356-下3/83オ③ 補ケ⑥

〈—ヌ〉　補エ⑦ 補キ④④⑥ 補ケ⑥

—ヌ **109**〈121/16ウ③a〉

—ぬる **21**-4 **23**-A1 **79**-17, 19, 21 **91**-30/3オ②, 33/3オ⑤ **175**-22/47ウ⑤, 25/48オ① **179**-33/50ウ⑤ **189**-24/59オ① **203**-41/70ウ⑦, 77/73ウ① **293**山-下17/**補ト**③ **315**-4

—ぬれ **23**-A6 **93**-65/5ウ② **173**-54/45オ④ **203**-78/73ウ② **221**-19/77オ⑤, 26/77ウ⑤ **259**-A7

—ね **281**-11/24ウ④, 11/24ウ④

—ね **17**-6

ぬ・べし(完了＋べし)

—べし **27**-1 **297**-2/25オ② **297**山-下7

—べけれ **203**-52/71ウ④

の [→いちひのき、かくのごとし、くはのき、みのうへ] **17**-1, 5, 6, 6 **19**-2 **21**-1, 1, 1, 2, 3, 3, 5, 5, 6 **23**-A1, A7, B2, B7, B11 **27**-3, 3, 4, 6, 7, 8, 9 **39**-3, 6, 7, 8, 10, 14, 15, 16, 16, 17, 17, 26/188⑥, 27/188⑦, 28, 34 **41**-39, 39 **49**-2, 2, 3, 4 **55**-3, 4, 5, 5, 6, 7 **63**-A1, A5, A5, A6, A6, B1, B3, B5, B6, C2 **65**-4, 5, 8 **67**-1, 1, 2, 7 **77**-A1, A3, A5, B3, B4, B4, B6, B10 **79**-2, 6, 8, 12, 16, 18, 20 **81**-A2, A4, A4, A5, A6, A7, A7, A9 **83**-1, 5, 5, 5 **91**-2/1オ②, 4/1オ④, 4/1オ④, 7/1オ⑦, 11/1ウ④, 12/1ウ⑤, [15/2オ①], 17/2オ③, 18/2オ④, 19/2オ⑤, 22/2ウ①, 23/2ウ②, 〈24/2ウ③〉, 25/2ウ④, 30/3オ②, 31/3オ③, 32/3オ④, 33/3オ⑤, 35/3オ⑦, 36/3ウ①, 38/3ウ③ **93**-39/3ウ④, 40/3ウ⑤, 41/3ウ⑥, 43/4オ①, 43/4オ①, 45/4オ③, 46/4オ④, 46/4オ④, 47/4オ⑤, 50/4ウ①, 51/4ウ②, 52/4ウ③, 53/4ウ④, 55/4ウ⑥, 56/4ウ⑦, 59/5オ③, 59/5オ③, 60/5オ④, 60/5オ④, 63/5オ⑦, 66/5ウ③, 73/6オ③, 73/6オ③ **95**-74/6オ④, 74/6オ④, 74/6オ④, 75/6オ⑤, 76/6オ⑥, 76/6オ⑥, 77/6オ⑦, 84/6ウ⑦, 85/7オ①, 85/7オ①, 86/7オ②, 88/7オ④, 91/7オ⑦, 93/7ウ②, 93/7ウ②, 94/7ウ③, 95/7ウ④, 96/7ウ⑤, 98/7ウ⑦ **103**-2/8オ③, 2/8オ③, 4/8オ⑤, 5/8オ⑥, 5/8オ⑥, 10/8ウ④, 11/8ウ⑤, 11/8ウ⑤, 12/8ウ⑥, 12/8ウ⑥, 17/9オ④, 18/9オ⑤, 〈18/9オ⑤〉, 25/9ウ⑤, 27/9ウ⑦, 31/10オ④, 33/10オ⑥, 33/10オ⑥ **105**-36/10ウ②, 37/10ウ③, 42/11オ①, 43/11オ②, 45/11オ④, 45/11オ④, 47/11オ⑥, 50/11ウ②, 51/11ウ③, 52/11ウ④, 52/11ウ④, 53/11ウ⑤, 56/12オ①, 61/12オ⑥, 64/12ウ②, 67/12ウ⑤, 68/12ウ⑥ **107**-74/13オ⑤, 75/13オ⑥, 81/13ウ⑤, 84/14オ①, 84/14オ①, 87/14オ④, 92/14ウ②, 93/14ウ③, 93/14ウ③, 〈98/15オ①〉, 106/15ウ② **109**-109/15ウ⑤, 109/15ウ⑤, 111/15ウ⑦, 112/16オ①, 112/16オ①, 119/16ウ①, 120/16ウ②, 124/16ウ⑤, 125/16ウ⑥, 126/16ウ⑦, 126/16ウ⑦, 130/17オ④, 131/17オ⑤, 133/17オ⑦, 137/17ウ④, 138/17ウ⑤, 140/17ウ⑦, 140/17ウ⑦, 142/18オ② **111**-143/18オ③, 145/18オ⑤, 147/18オ⑦, 149/18ウ②, 150/18ウ③, 152/18ウ⑤, 154/18ウ⑦, 155/19オ①, 157/19オ③, 157/19オ③, 158/19オ④, 161/19オ⑦, 165/19ウ④, 166/19ウ⑤, 170/20オ②, 170/20オ②, 173/20オ⑤, 174/20オ⑥, 174/20オ⑥, 177/20ウ② **113**-180/20ウ⑤, 180/20ウ⑤, 180/20ウ⑤, 〈181/20ウ⑥〉, 183/21オ①, 184/21オ②, 185/21オ③, 189/21オ⑦, 190/21ウ①, 193/21ウ④, 195/21ウ⑥, 196/21ウ⑦, 197/22オ①, 198/22オ②, 199/22オ③, 199/22オ③, 202/22オ⑥, 204/22ウ①, 206/22ウ③, 207/22ウ④, 210/22ウ⑦, 210/22ウ⑦, 212/23オ②, 214/23オ④, 216/23オ⑥, 216/23オ⑥, 216/23オ⑥, 217/23オ⑦, 218/23ウ① **115**-219/23ウ②, 220/23ウ③, 223/23ウ⑥ **117**-A1, A 1, A2, A3, A3, A6, A7, A7, B1, B3, B7, B7, B13 **131**-A5, B1, B2, B7, B10 **133**-B 4, B5, B6, B7, B9, B9, B11, C2, C3, C4, C5 **139**-4, 5, 5, 5, 7 **141**-2, 5, 7 **143**-A2, A4, A7 **147**-2/28オ②, 3/28オ③, 4/28オ④, 5/28オ⑤, 7/28オ⑦, 7/28オ⑦, 8/28ウ①, 12/28ウ⑤, 21/29オ⑦, 22/29ウ①, 23/29ウ②, 24/29ウ③, 24/29ウ③, 25/29ウ④, 28/29ウ⑦, 30/30オ② **149**-32/30オ④, 32/30オ④, 32/30オ④, 35/30オ⑦, 40/30ウ⑤, 43/31オ①, 45/31オ③, 47/31オ⑤, 51/31ウ②, 52/31ウ③, 54/31ウ⑤, 54/31ウ⑤, 54/31ウ⑤, 55/31ウ⑥, 56/31ウ⑦, 58/32オ② **153**-1/32オ⑤, 4/32ウ①, 6/32ウ③, 6/32ウ③, 7/32ウ④, 15/33オ⑤, 15/33オ⑤, 20/33ウ②, 22/33ウ④, 23/33ウ⑤ **157**-上2/34オ①, 上2/34オ①, 上4/34オ③, 上6/34オ⑤, 上7/34オ⑥, 上7/34オ⑥ **157**山-下1, 下1, 下2, 下2, 下4, 下4, 下4, 下10 **159**-2/35オ②, 2/35オ② **159**山-上1/**補ク**①, 上1/**補ク**②, 上2,

上2/**補ク**④, 上3/**補ク**⑤, 上3/**補ク**⑤, 上4/**補ク**⑦, 上5, 上9, 上9, 上9, 上10, 上10, 下2, 下3 **161**-12/36オ②, 12/36オ②, 17/36オ⑦, 19/36ウ②, 19/36ウ②, 21/36ウ④, 26/37オ②, 27/37オ③, 29/37オ⑤, 34/37ウ③ **163**-35/37ウ④, 38/37ウ⑦, 39/38オ①, 40/38オ②, 41/38オ③, 44/38オ⑥ **165**-1/38ウ②, 3/38ウ④ **167**-1/39ウ①, 12/40オ⑤, 19/40ウ⑤, 20/40ウ⑥, 21/40ウ⑦, 22/41オ①, 25/41オ④, 25/41オ④, 26/41オ⑤ **171**-2/41ウ①, 4/41ウ③, 12/42オ④, 17/42ウ②, 27/43オ⑤, 28/43オ⑥, 29/43オ⑦, 29/43オ⑦, 〈29/43オ⑦〉, 31/43ウ②, 32/43ウ③, 36/43ウ⑦ **173**-38/44オ②, 48/44ウ⑤, 52/45オ②, 54/45オ④, 54/45オ④, 60/45ウ③, 61/45ウ④, 64/45ウ⑦, 65/46オ①, 67/46オ③ **175**-2/46オ⑥, 4/46ウ①, 5/46ウ②, 5/46ウ②, 6/46ウ③, 7/46ウ④, 12/47オ②, 15/47オ⑤, 15/47オ⑤, 16/47オ⑥, 17/47オ⑦, 17/47オ⑦, 17/47オ⑦, 19/47ウ②, 20/47ウ③, 23/47ウ⑥, 24/47ウ⑦, 30/48オ⑥, 30/48オ⑥ **179**-1/48ウ①, 1/48ウ①, 1/48ウ①, 2/48ウ②, 6/48ウ⑥, 13/49オ⑥, 23/50オ②, 29/50ウ①, 31/50ウ③, 31/50ウ③, 33/50ウ⑤, 34/50ウ⑥ **181**-44/51ウ②, 46/51ウ④, 48/51ウ⑥, 50/52オ①, {50/52オ①}, 53/52オ④, 55/52オ⑥ **183**-1/52ウ①, 1/52ウ①, 1/52ウ①, 2/52ウ②, 2/52ウ②, 2/52ウ②, 3/52ウ③, 3/52ウ③, 4/52ウ④, 4/52ウ④, 10/53オ③, 12/53オ⑤, 12/53オ⑤, 15/53ウ①, 15/53ウ①, 19/53ウ⑤, 21/53ウ⑦ **185**-30/54ウ②, 31/54ウ③, 35/54ウ⑦, 38/55オ③, 42/55オ⑦, 43/55ウ①, 43/55ウ①, 44/55ウ②, 50/56オ①, 50/56オ①, 51/56オ②, 54/56オ⑤, 56/56オ⑦, 57/56ウ①, 57/56ウ①, 58/56ウ②, 59/56ウ③ **187**-65/57オ②, 65/57オ②, 67/57オ④, 67/57オ④, 67/57オ④ **189**-1/57オ⑥, 4/57ウ②, 4/57ウ②, 5/57ウ③, 5/57ウ③, 6/57ウ④, 6/57ウ④, 9/57ウ⑦, 9/57ウ⑦, 15/58オ⑥, 15/58オ⑥, 16/58オ⑦, 17/58ウ①, 23/58ウ⑦, 24/59オ①, 26/59オ③, 27/59オ④, 29/59オ⑥, 31/59ウ①, 32/59ウ② **191**-38/60オ①, 38/60オ①, 40/60オ③, 42/60オ⑤, 43/60オ⑥, 44/60オ⑦, 47/60ウ③, 48/60ウ④, 49/60ウ⑤ **193**-1/60ウ⑦, 2/61オ①, 2/61オ①, 5/61オ④, 8/61オ⑦, 9/61ウ①, 12/61ウ④, 16/62オ①, 19/62オ④, 19/62オ④, 20/62オ⑤, 21/62オ⑥, 23/62ウ①, 23/62ウ①, [29/62ウ⑦], 30/63オ① **195**-34/63オ⑤, 40/63ウ④, 41/63ウ⑤, 43/63ウ⑦, 48/64オ⑤ **197**-5/64ウ⑤, 8/65オ①, 11/65オ④, 12/65オ⑤, 17/65ウ③, 18/65ウ④, 19/65ウ⑤, 21/65ウ⑦, 30/66ウ②, 31/66ウ③, 32/66ウ④, 33/66ウ⑤, 35/66ウ⑦ **199**-39/67オ④, 39/67オ④, 40/67オ⑤, 40/67オ⑤, 43/67ウ①, 〈43/67ウ①〉, 45/67ウ③, 49/67ウ⑦, 49/67ウ⑦ **201**-4/68オ⑤, 4/68オ⑤, 5/68オ⑥, 8/68ウ②, 9/68ウ③, 17/69オ④, 18/69オ⑤, 24/69ウ④, 28/70オ①, 32/70オ⑤, 33/70オ⑥ **203**-43/71オ②, 43/71オ②, 47/71オ⑥, 49/71ウ①, 51/71ウ③, 56/72オ①, 59/72オ①, 62/72オ⑦, 72/73オ③, 73/73オ④, 74/73オ⑤, 77/73ウ①, 78/73ウ②, 80/73ウ④ **205**-84/74オ①, 88/74オ⑤, 90/74オ⑦, 92/74ウ②, 95/74ウ⑤, 96/74ウ⑥, 97/74ウ⑦, 97/74ウ⑦, 97/74ウ⑦, 98/75オ①, 104/75オ⑦, 105/75ウ①, 106/75ウ②, 107/75ウ③, 109/75ウ⑤, 110/75ウ⑥, 111/75ウ⑦ **207**-1, 3 **221**-1/76オ①, 2/76オ②, 4/76オ④, 5/76オ⑤, 6/76オ⑥, 7/76オ⑦, 8/76ウ①, 8/76ウ①, 9/76ウ②, 13/76ウ⑥, 〈13a/76ウ⑥a〉, 14/76ウ⑦, 15/77オ①, 15/77オ①, 15/77オ①, 16/77オ②, 17/77オ③, 17/77オ③, 18/77オ④, 23/77ウ②, 27/77ウ⑥, 27/77ウ⑥, 28/77ウ⑦, 29/78オ①, 29/78オ①, 30/78オ②, 35/78オ⑦, 35/78オ⑦, 36/78ウ①, 37/78ウ②, 39/78ウ④ **223**-40/78ウ⑤, 44/79オ②, 45/79オ③, 47/79オ⑤, 48/79オ⑥, 49/79オ⑦, 49/79オ⑦, 50/79ウ①, 51/79ウ②, 52/79ウ③, 52/79ウ③, 53/79ウ④, 54/79ウ⑤, 55/79ウ⑥, 55/79ウ⑥, 56/79ウ⑦, 58/80オ②, 58/80オ②, 59/80オ③, 59/80オ③, 62/80オ⑥, 64/80ウ①, 65/80ウ②, 67/80ウ④, 68/80ウ⑤, 68/80ウ⑤, 69/80ウ⑥, 69/80ウ⑥, 70/80ウ⑦, 71/81オ①, 72/81オ② **227**-4/81オ⑥, 6/81ウ①, 8/81ウ③, 9/81ウ④, 10/81ウ⑤, 11/81ウ⑥, 12/81ウ⑦, 13/82オ①, 16/82オ④, 17/82オ⑤, 18/82オ⑥, 18/82オ⑥, 18/82オ⑥, 20/82ウ①, 21/82ウ②, 21/82ウ②, 21/82ウ②, 23/82ウ④, 24/82ウ⑤, 25/82ウ⑥, 25/82ウ⑥, 26/82ウ⑦, 26/82ウ⑦ **229**-

5, 6 231-1, 〈2〉, 3, 5, 8, 8, 8 235-1, 4, 5, 6 237-1, 2, 3, 3, 4, 4, 5, 5, 7, 7, 8, 9, 9, 11, 11, 11, 11, 13, 15, 15, 15, 17, 24, 25, 26, 32, 32 239-B1, B1, B2, B3, B4, B6, C3, C3 241-6, 〈6〉 247-A1, A2, A2, A3, A4, A4, A6, B1, B1, B2 251-4 253-9, 13, 13, 18, 21 259-A3, A4, A4, A5, A6, B2, B3, B5, B7, B8, B9 261-10, 12, 12 263-4, 4, 5, 6, 6, 9 265-A15, A16, A19, A20, A20, A20, A21, B3, B3, B4, B4, B7 269-A2, 〈A2〉, B2, B3, B3, B4, B4 271-3, 4, 5 275-1, 2, 3, 4, 4, 5, 7, 11, 11, 12, 12, 13 281-1/24オ①, 8/24ウ①, 8/24ウ①, 9/24ウ②, 11/24ウ④ 283-12/24ウ⑤, 12/24ウ⑤, 12/24ウ⑤ 283山-上2, 上2, 上3, 上4, 上4, 上7, 上8, 下1, 下1, 下2, 下2, 下3, 下3, 下8, 下8, 下8, 下9, 下9 287山-下1, 下2, 下2, 下3, 下3, 下3 288山-上3, 上3, 上4, 上8, 上8, 上9, 上9, 上9, 上11, 上12, 上13, 上13, 上14, 上14, 上14, 上15, 上16, 上17, 上18, 上18, 上18, 下2, 下2, 下2, 下4, 下5, 下5, 下6, 下7, 下8, 下9, 下11, 下12, 下13, 下14, 下16, 下17, 下17 289山-上2, 上3, 上5, 上5, 上6, 上6 293山-上1, 上1, 上3, 上4, 上4, 上6, 上6, 上7, 上7, 上8, 上8, 上11/補ソ③, 上11/補ソ③, 上11/補ソ④, 上11/補ソ④, 上11/補ソ④, 上12/補ソ⑤, 上13/補ソ⑥, 上13/補ソ⑦, 上13/補ソ⑦, 上14/補タ②, 下1/補タ②, 下1/補タ③, 下2/補タ⑤, 下2/補タ⑤, 下3/補タ⑥, 下4/補チ②, 下5/補チ②, 下5/補チ③, 下6/補チ④, 下8/補ツ②, 下9/補ツ③, 下9/補ツ④, 下10/補ツ④, 下10/補ツ⑤, 下11/補ツ⑥, 下16/補テ⑦, 下17/補ト①, 下17/補ト③, 下19/補ト⑤, 下19/補ト⑥, 下19/補ト⑥ 294山-1/補ト⑦, 1/補ト⑦, 2, 4/補ナ⑤, 4/補ナ⑥, 4/補ナ⑥, 5/補ナ⑥, 5/補ナ⑦, 5/補ニ①, 7/補ニ②, 7/補ニ③, 7/補ニ④, 9/補ニ⑥, 9/補ニ⑦, 10/補ニ⑦, 10/補ヌ②, 11/補ヌ②, 11/補ヌ③, 14, 15, 15, 15, 15 297-2/25オ② 297山-上2, 上4, 上5, 上5, 上6/補ネ①, 上6/補ネ②, 上8, 上9/補ネ⑤, 上9/補ネ⑤, 上10/補ネ⑦, 下5/補ノ⑥, 下6/補ノ⑦, 下7 301-3/25オ⑤, 4/25オ⑥, 4/25オ⑥, 5/25オ⑦, 5/25オ⑦, 6/25ウ①, 7/25ウ②, 7/25ウ②, 8/25ウ③, 16/26オ④, 17/26オ⑤, 20/26ウ①, 21/26ウ②, 24/26ウ⑤, 25/26ウ⑥, 26/26ウ⑦, 28/27オ②, 29/27オ③, 29/27オ③ 303-A31/27オ⑤, A31/27オ⑤, A32/27オ⑥, A33/27オ⑦, A35/27ウ②, A36/27ウ③, A40/27ウ⑦, B1, B3, B11, B11, B13, B14 309-1, 3, 4, 5, 6, 7 315-2, 6, 7 317-A1/189①, A2/189②, A2/189②, A4/189④, A5/189⑤, A7/189⑦, A7/189⑦ 319-A2, A3, B3, B4, B4 補ア①⑤⑥ 補イ①③⑤⑦ 補ウ②④ 補エ②③④④⑦⑦ 補オ① 補カ③④ 補キ①②⑤⑤⑦ 補ク② 補ケ①②③④④⑤⑥ 補コ②②③④ 補サ③④⑤ 補シ①③⑦ 補ス③⑤ 補セ①④⑥⑦ 補ネ③ 補ハ①③④ 補ヒ②⑥ 補フ②②②③⑤⑦ 補ヘ①④④⑤⑥⑦ 補ホ⑤⑤⑦

〈の〉 補エ④ 補ナ① 補ネ④ 補ホ⑦

ノ 91〈9/1ウ②〉〈27/2ウ⑥〉 93〈50a/4ウ①a〉 109〈121/16ウ③a〉〈128/17オ②〉 111〈177/20ウ②〉 113〈205/22ウ②〉 117〈B4〉 147〈30/30オ②〉 149〈51/31ウ②〉 157〈上1/33ウ⑦〉 197〈2/64ウ②〉 237-25 301〈1/25オ③〉, 3/25オ⑤ 303-B12a 補ハ②

のみ 105-63/12ウ① 補イ⑦

のミ 147-21/29オ⑦ 171-22/42ウ⑦

は [→ずは、には、やは、をば] 23-B4, B9, B9 39-18, 19 49-1, 6 63-B3 77-A2, A5, B5 79-4, 9, 14 81-A5, A6, A10, A13 91-12/1ウ⑤, 13/1ウ⑥, 15/2オ①, 16/2オ②, 28/2ウ⑦, 36/3ウ① 93-43/4オ①, 46/4オ④, 52/4ウ③, 54/4ウ⑤, 59/5オ③, 60/5オ④ 95-74/6オ④, 76/6オ⑥, 79/6ウ②, 80/6ウ③, 81/6ウ④, 82/6ウ⑤, 82/6ウ⑤, 87/7オ③, 89/7オ⑤ 103-27/9ウ⑦, 30/10オ③ 105-50/11ウ②, 64/12ウ②, 67/12ウ⑤, 70/13オ① 111-159/19オ⑤ 113-183/21オ①, 184/21オ②, 193/21ウ④, 198/22オ②, 208/22ウ⑤, 212/23オ②, 213/23オ③, 215/23オ⑤, 215/23オ⑤ 115-220/23ウ③ 117-A2 131-A1, A2, B6 133-B9, B10, C2, C5 135-13, 13 143-A4 147-26/29ウ⑤ 149-39/30ウ④ 153-8/32ウ⑤ 159山-上1/補ク① 161-12/36オ②, 13/36オ③, 31/37オ⑦ 165-6/38ウ⑦, 7/39オ① 167-9/40オ②, 24/41オ③, 24/41オ③ 171-1/41オ⑦, 10/42オ②, 21/42ウ⑥, 24/43オ②, 28/43オ⑥ 173-55/45オ⑤ 175-4/46ウ①, 16/47オ⑥ 179-1/48ウ①, 10/49オ③, 30/50ウ②, 181-55/52オ⑥, 183-1/52ウ①, 14/53オ⑦, 28/54オ⑦ 185-31/54ウ③, 42/55オ⑦,

46/55ウ④ 191-33/59ウ③, 49/60ウ⑤, 193-10/61ウ②, 17/62オ②, 24/62ウ②, 24/62ウ②, 25/62ウ③, 26/62ウ④ 197-7/64ウ⑦ 201-5/68オ⑥, 38/70ウ④ 203-42/71オ①, 61/72オ⑥, 77/73ウ① 205-83/73ウ⑦, 83/73ウ⑦, 103/75オ⑥, 107/75ウ③ 207-5 221〈13a/76ウ⑥a〉, 19/77オ⑤, 20/77オ⑥, 23/77ウ②, 24/77ウ③, 32/78オ④, 33/78オ⑤, 34/78オ⑥, 36/78ウ① 223-46/79オ④, 47/79オ⑤, 53/79ウ④, 55/79ウ⑥, 57/80オ①, 61/80オ⑤, 62/80オ⑥, 67/80ウ④, 71/81オ① 229-4 231-2, 2 235-2 237-10, 15, 24 247-A4, A6, A7 253-4, 5 259-A2, A2, B1, B2, B4 265-A13, A21, B1, B2, B5, B6 269-A2, B7 275-6 281-4/24オ④, 8/24ウ① 283山-上1, 上2, 上3, 下4, 下9 287山-下2, 下2 288山-上1, 下1, 下3, 下4, 下5, 下13, 下13, 下14, 下15, 下16 289山-上3, 上4 293山-上1, 上1, 上10/補ソ②, 上12, 下3/補タ⑦, 下7/補チ⑦, 下8/補チ⑦, 下8/補ツ①, 下19 294山-2/補ナ①, 5/補ナ⑦, 7/補ニ④, 10/補ヌ②, 15 297-1/25オ① 297山-上6, 下5/補ノ⑤ 301-8/25ウ③, 17/26オ⑤, 21/26ウ②, 24/26ウ⑤, 25/26ウ⑥, 27/27オ① 303-A31/27オ⑤, A38/27ウ⑤, B3, B8, B11 309-3 補ア③④ 補イ①③ 補ウ①②③⑦ 補キ④ 補サ①④ 補セ⑥ 補ナ⑤ 補ハ②④補ヒ②③③④ 補ヘ③④⑤⑥ 補ホ⑤⑥

ハ 91〈29/3オ①〉 95-78/6ウ① 103-7/8ウ① 105-43/11オ② 107〈78/13ウ②〉 111〈175/20オ⑦〉 133-B7 167-9/40オ② 179-31/50ウ③ 183-28/54オ⑦ 185-32/54ウ④ 227〈22/82ウ③〉, 〈23/82ウ④〉 297〈2/25オ②〉 297山-下6, 下7 303-B12a 補イ⑥

〈ハ〉 補エ④ 補ト⑥

ば [→てば] 23-A4, A6, B6 39-12, 36, 38 49-2, 3, 6, 7 63-B1, B4, B5, C3 77-A1, B5, B8 79-11, 20 83-2 91-29/3オ① 93-45/4オ③, 52/4ウ③, 57/5オ①, 59/5オ③, 63/5オ⑦, 65/5ウ② 105-68/12ウ⑥, 70/13オ① 107-98/15オ① 109-115/16オ④ 111-167/19ウ⑥ 113-186/21オ④, 196/21ウ⑦ 131-B14 133-B2, C2, C4 141-2 147-8/28ウ① 153-22/33ウ④ 157-上12/34ウ④ 157山-下7 159-1/35オ① 159山-上5, 上6, 上9, 下1, 下2 161-3/35オ⑦, 20/36ウ③, 21/36ウ④, 23/36ウ⑥ 165-10/39オ④ 167-22/41オ①, 23/41オ② 171-19/42ウ④, 34/43ウ⑤ 173-54/45オ④ 179-18/49ウ④, 34/50ウ⑥, 36/51オ① 181-47/51ウ⑤ 183-8/53オ① 185-43/55ウ①, 53/56オ④ 191-33/59ウ③, 36/59ウ⑥ 193-11/61ウ③, 17/62オ②, 20/62オ⑤, 28/62ウ⑥ 195-36/63オ⑦, 48/64オ⑤ 197-15/65ウ①, 23/66オ② 199-39/67オ④ 201-27/69ウ⑦ 203-45/71オ④, 45/71オ④, 52/71ウ④, 61/72オ⑥, 78/73ウ② 205-91/74ウ①, 93/74ウ③, 105/75ウ① 221-26/77ウ⑤, 26/77ウ⑤, 29/78オ① 227-2/81オ④, 4/81オ⑥, 19/82オ⑦, 20/82ウ①, 23/82ウ④ 237-22 253-4, 11, 12 259-A7 283-12/24ウ⑤ 283山-上4 288山-上13, 上18, 下1, 下6, 下7, 下12, 下18 289山-上2, 上2 293山-上3, 上12/補ソ④ 294山-5/補ナ⑦ 297山-上8/補ネ③, 上10, 下1 301-13/26オ① 303-B7, B8 317-A3/189③ 319-B3 補ウ⑤ 補カ⑦ 補ヘ⑦ 補マ⑦

バ 23-A3 67-2 171-36/43ウ⑦ 183-17/53ウ③, 22/54オ① 189-14/58オ⑤ 補ノ②

ばかり 163-34/37ウ③ 183-9/53オ② 197-18/65ウ④, 28/66オ⑦ 275-14

へ 193-16/62オ① 203-57/72オ② 297山-下7

べから・ず

—ず 21-7 23-B10 49-5 65-9 201-37/70ウ③ 221-16/77オ②, 18/77オ④, 23/77ウ②, 25/77ウ④ 265-B5 288山-下14 補フ⑦

ヘカラス 65〈14〉

—ね 288山-下15

べし [→つべし、ぬべし、べからず]

—べく(未然) 161-31/37オ⑦ 281-4/24オ④

—べし 83-3 91-34/3オ⑥ 93-39/3ウ④, 49/4オ⑦ 103-28/10オ① 105-63/12ウ① 113-209/22ウ⑥ 131-B7 149-60/32オ④ 165-12/39オ⑥ 167-25/41オ④ 183-22/54オ① 185-36/55オ①, 39/55オ④ 191-37/59ウ⑦ 195-47/64オ④ 205-107/75ウ③ 223-44/79オ② 227-9/81ウ④, 20/82ウ①, 25/82ウ⑥ 237-31 247-A5 259-B5 265-B2, B8 281-7/24オ⑦ 283山-下9 293山-上12/補ソ④, 下7/補チ⑥ 294山-16 297山-下1 301-9/25ウ④ 303-A32/27オ⑥, B10 319-B2, B5 補

ウ⑥ 補ホ⑥
〈べし〉 補ノ②
—べき 23–B7 63–A2 105–64/12ウ② 143–A1 149–38/30ウ③ 161–18/36ウ①, 24/36ウ⑦ 171–19/42ウ④, 34/43ウ⑤ 173–43/44オ⑦ 253–15 283–13/24ウ⑥ 293山–下4/補チ① 297山–上3 補イ⑤
—ヘキ 283[12/24ウ⑤]
まし
—ましか(未然) 205–90/74オ⑦, 93/74ウ③
—まし(終止) 205–91/74ウ①, 93/74ウ③
まじ
—まじ(終止) 281–3/24オ③
まで 91–3/1オ③ 157–上5/34オ④ 157山–下3 163–40/38オ② 183–23/54オ② 205–83/73ウ⑦ 265–A18 281–2/24オ② 293山–上3 補サ⑦
まれ(も＋あれ) 223–41/78ウ⑥, 41/78ウ⑥
む [→ん、てむ、なむ]
—む(終止) 23–B3 63–A3 65–10 79–11 81–A11 83–5 103–24/9ウ④ 109–116/16オ⑤ 149–42/30ウ⑦ 153–16/33オ⑥ 157–上10/34ウ② 157山–下6 171–6/41ウ⑤ 189–13/58オ④, 18/58ウ② 193–21/62オ⑥ 203–41/70ウ⑦ 227–19/82オ⑦ 237–16 265–A16, A18 283–14/24ウ⑦ 283山–上6, 下2 293山–下1/補タ③, 下12/補テ②, 下14/補テ④, 下16/補ト① 294山–13/補ヌ⑦, 15 297山–上9/補ネ⑦ 補カ⑤⑥⑦ 補ケ① 補コ① 補シ⑥⑦
—む(終止) 265–A15
—む(連体) 21–4 39–6 63–B2 65–12 83–4 113–208/22ウ⑤ 147–16/29オ② 153–8/32ウ⑤, 10/32ウ⑦ 167–3/39ウ③ 185–47/55ウ⑤ 203–43/71オ② 223–47/79オ⑤, 50/79ウ①, 51/79ウ② 237–18 239–A35 247–A5 253–8, 21 259–B1 265–B2, B8 281–2/24オ② 288山–上13, 下16 293山–下6/補チ④, 下14 294山–7/補ニ④, 12 297–1/25オ① 297山–上10, 下6 303–B10 309–3
むず
—むずる 77–A3
む・と・す [→んとす、てむとす、なむとす]
—せ 288山–下6
—する 221–9/76ウ② 283山–下1
—すれ 193–28/62ウ⑥
めり [→なめり]
—めり(終止) 107–97/14ウ⑦
も(係助) [→まれ] 17–5 23–A6, B5 49–6 65–9, 12 77–A4, A6 91–5/1オ⑤ 93–42/3ウ⑦, 43/4オ①, 44/4オ② 107–95/14ウ⑤ 109–116/16オ⑤ 111–176/20ウ① 113–189/21オ⑦, 207/22ウ④ 133–C3, C4, C5 143–A7 147–5/28オ⑤, 5/28オ⑤, 29/30オ① 149–59/32オ③ 153–20/33ウ②, 21/33ウ③, 23/33ウ⑤ 159山–下1, 下1 161–13/36オ③, 20/36ウ③, 21/36ウ④, 22/36ウ⑤, 29/37オ⑤ 167–22/41オ①, 22/41オ① 173–42/44オ⑥, 43/44オ⑦, 53/45オ③, 55/45オ⑤ 179–5/48ウ⑤, 33/50ウ⑤ 183–25/54オ④ 189–21/58ウ⑤ 195–48/64オ⑤, 49/64オ⑥ 201–31/70オ④ 203–42/71オ①, 52/71ウ④, 66/72ウ④ 205–88/74オ⑤, 93/74ウ③, 103/75オ⑥, 110/75ウ⑥ 221–10/76ウ③, 12/76ウ⑤, 22/77ウ①38/78ウ③, 38/78ウ③ 223–40/78ウ⑤, 40/78ウ⑤, 43/79オ①, 43/79オ①, 63/80オ⑦, 65/80ウ② 227–2/81オ④, 3/81オ⑤, 16/82オ④ 229–1, 4 237–1, 3, 4, 5, 6, 8, 9, 9, 13, 16, 23 251–2, 3, 4 253–9, 13 259–B8 275–5 283山–下5 288山–上13, 上15, 下7, 下8, 下9, 下12, 下12, 下14, 下15, 下18 289山–上5, 上6 293山–上11/補ソ③, 下6/補チ⑤, 下7/補チ⑤ 303–B14, B14 309–1, 1, 1, 1, 2, 2, 2, 2, 2, 6, 6 315–2 319–B3 補ヒ⑦ 補フ① 補ヘ①
も(接助) 251–4
や(係助) [→をや] 93–64/5ウ①, 66/5ウ③ 183–25/54オ④ 185–40/55オ⑤ 205–84/74オ① 237–17 253–8 288山–上4, 上15 補イ② 補サ⑥ 補ヒ⑥
やは(係助) 205–91/74ウ①, 93/74ウ③
より 49–4 55–6 77–B2 91–2/1オ②, 22/2ウ①, 23/2ウ②, 26/2ウ⑤ 93–47/4オ⑤, 62/5オ⑥, 64/5ウ① 95–95/7ウ④, 97/7ウ⑥ 103–15/9オ②, 18/9オ⑤, 21/9ウ①, 31/10オ④, 34/10オ⑦ 105–43/11オ②, 44/11オ③ 107–86/14オ③ 109–122/16ウ③, 127/17オ①, 137/17ウ④, 139/17ウ⑥ 111–149/18ウ② 113–190/21ウ①, 200/22オ④ 115–222/23ウ⑤ 117–A2, B12 133–C6 147–14/28ウ⑦, 27/29ウ⑥ 153–8/32ウ⑤ 157–上5/34

オ④ 157山−下3 159山−上6 161−3/35オ⑦ 163−35/37ウ④, 42/38オ④ 167−6/39ウ⑥ 173−55/45オ⑤, 62/45ウ⑤ 179−3/48ウ③ 181−44/51ウ② 185−59/56ウ③, 61/56ウ⑤ 193−19/62オ④ 197−6/64ウ⑥, 19/65ウ⑤, 24/66オ③ 199−46/67ウ④ 201−3/68オ④, 9/68ウ③ 221−8/76ウ① 229−4, 6 247−B1, B1 253−1 265−A18 269−B2 283山−下6 293山−上3 297山−上4 315−1 補サ⑥ 補マ⑤

ヨリ　301〈4 a/25オ⑥a〉

ヨリ　105−44/11オ③

らむ

—らむ(連体) 19−6 237−17 補ヌ⑥

らる

—られ(未然)　133−B1 163−36/37ウ⑤

—られ(連用)　133−B3 191−34/59ウ④ 293山−上1

—ラレ(連用)　303−B12a

らん

—らん(終止)　79−4

—らん(連体)　65−14 81−A2 93−64/5ウ①, 66/5ウ③ 171−10/42オ② 201−32/70オ⑤, 34/70オ⑦ 227−26/82ウ⑦ 289山−上4

り ［→{た}り］

—ら　109−115/16オ④ 197−15/65ウ① 201−34/70オ⑦ 294山−12

—り(連用)　39−14 111−155/19オ①, 161/19オ⑦ 113−182/20ウ⑦, 204/22ウ① 117−A2 149−52/31ウ③ 171−31/43ウ② 201−33/70オ⑥ 221−12/76ウ⑤, 19/77オ⑤ 223−53/79ウ④ 237−25 253−14 269−B3 283山−下1 293山−下3

—リ(連用)　113〈186/21オ④〉 301〈7/25ウ②〉

—り(終止)　63−B6 91−20/2オ⑥, 26/2ウ⑤ 93−68/5ウ⑤, 71/6オ① 95−97/7ウ⑥ 103−9/8ウ③, 14/9オ①, 23/9ウ③, 32/10オ⑤, 34/10オ⑦ 105−45/11オ④ 109−109/15ウ⑤, 122/16ウ③, 131/17オ⑤, 134/17ウ①, 142/18オ② 111−149/18ウ②, 150/18ウ③, 166/19ウ⑤, 170/20オ②, 178/20ウ③ 113−179/20ウ④, 189/21オ⑦, 196/21ウ⑦, 197/22オ① 115−224/23ウ⑦ 117−A5 131−B4 133−C9 143−A4, A5 147−4/28オ④, 21/29オ⑦ 149−55/31ウ⑥ 157−上6/34オ⑤ 157山−下3, 下12 159−3/35オ③ 159山−上3/補ク⑤, 下3 161−7/35ウ④, 16/36オ⑥, 26/37オ② 165−12/39オ⑥ 167−27/41オ⑥ 171−6/41ウ⑤, 14/42オ⑥ 173−68/46オ④ 175−4/46ウ① 179−20/49ウ⑥ 181−49/51ウ⑦ 185−45/55ウ③ 187−64/57オ① 189−31/59ウ① 195−42/63ウ⑥ 197−14/65オ⑦ 201−29/70オ② 203−71/73オ②, 74/73オ⑤, 75/73オ⑥ 221−21/77オ⑦, 26/77ウ⑤, 30/78オ②, 34/78オ⑥ 227−5/81オ⑦, 8/81ウ③, 18/82オ⑥ 231−5 237−14, 31 239−B3 251−7 253−19 259−A1, A3 265−A18, B1 269−B5 271−4 275−7, 14 283山−上6, 下8 288山−上2, 上4, 上9, 上11, 上12, 上14, 上17, 下1, 下16 289山−上1 293山−上4, 下12/補テ①, 下17/補ト②, 294山−1/補ト⑦, 2/補ナ①, 2/補ナ②, 6, 12/補ヌ⑤, 13/補ヌ⑦, 15 297山−上5, 上8/補ネ④, 下1 301−12/25ウ⑦, 22/26ウ③22/26ウ③ 303−A38/27ウ⑤ 309−5 319−A4

〈リ〉　補ノ②

—リ(終止)　103［31/10オ④］

—る　21−2 49−3 65−4 91−4/1オ④, 37/3ウ② 93−46/4オ④ 103−4/8オ⑤ 107−74/13オ⑤ 109−139/17ウ⑥ 111−149/18ウ②, 153/18ウ⑥, 162/19ウ① 113−214/23オ④ 159−2/35オ② 159山−下2 161−3/35オ⑦, 28/37オ④ 163−34/37ウ③ 167−19/40ウ⑤ 171−21/42ウ⑥ 173−44/44ウ①, 45/44ウ②, 60/45ウ③, 66/46オ②, 67/46オ③, 67/46オ③ 179−36/51オ① 183−9/53オ②, 23/54オ② 189−7/57ウ⑤, 8/57ウ⑥ 193−15/61ウ⑦ 197−6/64ウ⑥ 205−92/74ウ② 221−10/76ウ③, 15/77オ①, 34/78オ⑥ 223−47/79オ⑤, 64/80ウ①, 65/80ウ② 229−6 231−2 237−13 239−B4, B7 241−7 247−A5 263−9 265−B4 275−5, 6, 11 283山−上4, 上13, 上18, 下4, 下9, 下15, 下15, 下17 289山−上2 293山−上8, 下17 294山−5, 6/補ニ①, 6/補ニ②, 9/補ニ⑤, 297山−上3 301−4/25オ⑥ 303−A35/27ウ②, B9 319−A6, B1/補ア⑥ 補ウ②/補キ⑦⑦ 補ホ① 補マ③

—れ(已然)　91−29/3オ①, 29/3オ① 133−B2 227−20/82ウ① 237−22 288山−上13

る

—れ(未然)　63−B2 153−8/32ウ⑤ 175−25/48オ① 185−47/55ウ⑤ 191−48/60ウ④ 203−65/72

ウ③ **253**–8

—れ(連用) **63**–B3 **79**–17 **103**–9/8ウ③ **133**–B11, C8 **161**–29/37オ⑤ **163**–38/37ウ⑦ **175**–5/46ウ② **189**–31/59ウ① **191**–34/59ウ④ **203**–66/72ウ④ **223**–63/80オ⑦ **287**山–下2 **293**山–下13/**補テ**③ **303**–B11 **補セ**⑤ **補ヒ**⑤

—レ(連用) **303**〈B12a〉

—る **39**–18, 19 **185**–39/55オ④

—るる **203**–64/72ウ②

を(格助) **17**–1, 2, 4, 5, 7 **19**–2, 4, 4, 5, 7 **21**–2, 3, 4, 6 **23**–A2, A2, A3, A3, A4, A 5 , B 1 , B11 **27**–2, 3, 〈3〉, 4, 5, 6, 6, 7, 8, 9 **39**–1, 2, 3, 3, 3, 4, 5, 8, 8, 9, 9, 12, 14, 16, 17, 18, 19, 20, 20, 21/188①, 21/188①, 22/188②, 23/188③, 24/188④, 24/188④, 25/188⑤, 28, 〈29〉, 32, 33, 34, 34 **41**–39, 40, 42, 42 **49**–1, 3, 4 **55**–1, 2, 2, 4, 6 **63**–A2, A3, A3, A5, A6, A7, B7, C1, C1, C2 **65**–1, 3, 9, 12, 13 **67**–1, 2, 4, 5 **77**–A2, A4, A7, B1, B1, B1, B4, B6, B7 **79**–1, 3, 5, 6, 6, 7, 10, 11, 11, 19 **81**–A1, A4, A6, A6, A7, A7, A8, A8, A10, A10, A12, A14, A14 **83**–4, 4, 6, 7, 7 **91**〈6/1オ⑥〉, 7/1オ⑦, 8/1ウ①, 10/1ウ③, 12/1ウ⑤, 14/1ウ⑦, 17/2オ③, 18/2オ④, 19/2オ⑤, 22/2ウ①, 23/2ウ②, 24/2ウ③, 25/2ウ④, 30/3オ②, 31/3オ③, 32/3オ④, 34/3オ⑥, 37/3ウ② **93**–45/4オ③, 50/4ウ①, 51/4ウ②, 52/4ウ③, 52/4ウ③, 53/4ウ④, 54/4ウ⑤, 55/4ウ⑥, 58/5オ②, 59/5オ③, 61/5オ⑤, 63/5オ⑦, 65/5ウ②, 68/5ウ⑤, 70/5ウ⑦, 72/6オ② **95**–75/6オ⑤, 78/6ウ①, 78/6ウ①, 79/6ウ②, 80/6ウ③, 80/6ウ③, 82/6ウ⑤, 82/6ウ⑤, 84/6ウ⑦, 85/7オ①, 87/7オ③, 89/7オ⑤, 90/7オ⑥, 98/7ウ⑦, 98/7ウ⑦ **103**–6/8オ⑦, 12/8ウ⑥, 18/9オ⑤, 22/9ウ②, 24/9ウ④, 24/9ウ④, 27/9ウ⑦, 28/10オ①, 30/10オ③, 31/10オ④, 32/10オ⑤ **105**–36/10ウ②, 38/10ウ④, 40/10ウ⑥, 42/11オ①, 43/11オ②, 47/11オ⑥, 48/11オ⑦, 49/11ウ①, 53/11ウ⑤, 55/11ウ⑦, 55/11ウ⑦, 60/12オ⑤, 61/12オ⑥, 66/12ウ④, 68/12ウ⑥, 69/12ウ⑦ **107**–72/13オ③, 74/13オ⑤, 81/13ウ⑤, 84/14オ①, 85/14オ②, 90/14オ⑦, 92/14ウ②, 92/14ウ②, 93/14ウ③, 94/14ウ④, 98/15オ①, 99/15オ②, 100/15オ③, 101/15オ④, 101/15オ④, 103/15オ⑥, 104/15オ⑦, 105/15ウ①, 105/15ウ① **109**–111/15ウ⑦, 113/16オ②, 115/16オ④, 115/16オ④, 116/16オ⑤, 119/16ウ①, 120/16ウ②, 124/16ウ⑤, 127/17オ①, 132/17オ⑥, 134/17ウ①, 138/17ウ⑤ **111**–144/18オ④, 146/18オ⑥, 147/18オ⑦, 152/18ウ⑤, 154/18ウ⑦, 156/19オ②, 167/19ウ⑥, 169/20オ①, 171/20オ③, 〈172/20オ④〉, 173/20オ⑤, 174/20オ⑥, 176/20ウ① **113**–180/20ウ⑤, 185/21オ③, 186/21オ④, 187/21オ⑤, 192/21ウ③, 199/22オ③, 200/22オ④, 202/22オ⑥, 202/22オ⑥, 208/22ウ⑤, 217/23オ⑦, 217/23オ⑦ **115**–219/23ウ②, 219/23ウ②, 221/23ウ④ **117**–A5, B2, B3, B8, B9, B14 **131**–B3, B5, B6, B8, B8, B9, B11, B14 **133**–A1, A2, B1, B5, B6, B11, C1 **139**–1, 4, 6, 6, 7 **141**–5, 6 **143**–A3, A6 **147**–4/28オ④, 8/28ウ①, 10/28ウ③, 11/28ウ④, 15/29オ①, 16/29オ②, 16/29オ②, 17/29オ③, 17/29オ③, 19/29オ⑤, 22/29ウ①, 25/29ウ④, 28/29ウ⑦, 28/29ウ⑦, 31/30オ③ **149**–33/30オ⑤, 33/30オ⑤, 34/30オ⑥, 36/30ウ①, 40/30ウ⑤, 43/31オ①, 47/31オ⑤, 49/31オ⑦, 54/31ウ⑤, 55/31ウ⑥, 58/32オ② **153**–3/32オ⑦, 5/32ウ②, 9/32ウ⑥, 10/32ウ⑦, 10/32ウ⑦, 11/33オ①, 12/33オ②, 12/33オ②, 12/33オ②, 13/33オ③, 16/33オ⑥, 17/33オ⑦, 19/33ウ①, 23/33ウ⑤ **157**–上2/34オ①, 上3/34オ②, 上6/34オ⑤, 上8/34オ⑦, 上9/34ウ①, 上9/34ウ① **157**山–下1, 下2, 下3, 下4, 下5, 下5, 下9, 下11, 下11, 下11, 下11 **159**–1/35オ① **159**山–上3, 上4/**補ク**⑥, 上5, 上6, 上8, 上9, 上9, 上10, 上10, 下1, 下2 **161**–2/35オ⑥, 3/35オ⑦, 5/35ウ②, 7/35ウ④, 8/35ウ⑤, 〈18/36ウ①〉, 23/36ウ⑥, 24/36ウ⑦, 25/37オ①, 26/37オ②, 28/37オ④, 30/37オ⑥, 32/37ウ①, 33/37ウ② **163**–39/38オ①, 41/38オ③, 43/38オ⑤, 45/38オ⑦, 45/38オ⑦ **165**–2/38ウ③, 3/38ウ④, 3/38ウ④, 〈3/38ウ④〉, 4/38ウ⑤, 4/38ウ⑤, 〈4/38ウ⑤〉, 5/38ウ⑥, 5/38ウ⑥, 8/39オ② **167**–2/39ウ②, 3/39ウ③, 4/39ウ④, 5/39ウ⑤, 6/39ウ⑥, 8/40オ①, 8/40オ①, 11/40オ④, 12/40オ⑤, 12/40オ⑤, 13/40オ⑥, 13/40オ⑥, 15/40ウ①, 17/40ウ③, 23/41オ② **171**–4/41ウ③, 6/41ウ⑤, 7/41ウ⑥, 8/41ウ⑦, 12/42オ④, 13/42オ⑤, 15/

42オ⑦, 18/42ウ③, 20/42ウ⑤, 22/42ウ⑦, 23/43オ①, 23/43オ①, 26/43オ④, 30/43ウ①, 31/43ウ②, 32/43ウ③, 33/43ウ④, 34/43ウ⑤ **173**-37/44オ①, 43/44オ⑦, 43/44オ⑦, 46/44ウ③, 47/44ウ④, 53/45オ③, 58/45ウ①, 58/45ウ①, 58/45ウ①, 61/45ウ④, 64/45ウ⑦, 65/46オ①, 66/46オ②, 67/46オ③, 67/46オ③ **175**-4/46ウ①, 5/46ウ②, 8/46ウ⑤, 10/46ウ⑦, 11/47オ①, 13/47オ③, 14/47オ④, 18/47ウ①, 19/47ウ②, 20/47ウ③, 24/47ウ⑦, 26/48オ②, 27/48オ③, 27/48オ③, 27/48オ③, 28/48オ④, 29/48オ⑤, 29/48オ⑤ **179**-3/48ウ③, 5/48ウ⑤, 7/48ウ⑦, 7/48ウ⑦, 13/49オ⑥, 13/49オ⑥, 14/49オ⑦, 15/49ウ①, 18/49ウ④, 18/49ウ④, 19/49ウ⑤, 20/49ウ⑥, 21/49ウ⑦, 24/50オ③, 25/50オ④, 26/50オ⑤, 27/50オ⑥, 29/50ウ①, 33/50ウ⑤, 35/50ウ⑦ **181**-37/51オ②, 38/51オ③, 39/51オ④, 45/51ウ③, 46/51ウ④, 49/51ウ⑦, 50/52オ①, 51/52オ②, 52/52オ③, 52/52オ③, 53/52オ④ **183**-3/52ウ③, 4/52ウ④, 5/52ウ⑤, 6/52ウ⑥, 6/52ウ⑥, 8/53オ①, 13/53オ⑥, 19/53ウ⑤, 21/53ウ⑦, 24/54オ③, 26/54オ⑤, 27/54オ⑥, 29/54ウ① **185**-31/54ウ③, 31/54ウ③, 32/54ウ④, 34/54ウ⑥, 34/54ウ⑥, 36/55オ①, 36/55オ①, 37/55オ②, 38/55オ③, 38/55オ③, 44/55ウ②, 45/55ウ③, 47/55ウ⑤, 48/55ウ⑥, 49/55ウ⑦, 54/56オ⑤, 55/56オ⑤, 55/56オ⑤, 58/56ウ②, 59/56ウ③, 61/56ウ⑤, 62/56ウ⑥ **187**-66/57オ③, 67/57オ④, 68/57オ⑤ **189**-2/57オ⑦, 2/57オ⑦, 3/57ウ①, 7/57ウ⑤, 8/57ウ⑥, 9/57ウ⑦, 10/58オ①, 10/58オ①, 11/58オ②, 11/58オ②, 13/58オ④, 15/58オ⑥, 15/58オ⑥, 18/58ウ②, 18/58ウ②, 22/58ウ⑥, 23/58ウ⑦, 25/59オ②, 26/59オ③, 27/59オ④, 28/59オ⑤, 29/59オ⑥, 30/59オ⑦ **191**-36/59ウ⑥, 39/60オ②, 39/60オ②, 41/60オ④, 42/60オ⑤, 44/60オ⑦, 44/60オ⑦, 46/60ウ②, 48/60ウ④ **193**-7/61オ⑥, 7/61オ⑥, 9/61ウ①, 10/61ウ②, 12/61ウ④, 14/61ウ⑥, 15/61ウ⑦, 21/62オ⑥, 22/62オ⑦, 22/62オ⑦, 29/62ウ⑦, 31/63オ②, 31/63オ②, 32/63オ③, 33/63オ④ **195**-37/63ウ①, 38/63ウ②, 39/63ウ③, 40/63ウ④, 43/63ウ⑦, 43/63ウ⑦, 45/64オ② **197**-2/64ウ②, 3/64ウ③, 4/64ウ④, 10/65オ③, 10/65オ③, 11/65オ④, 14/65オ⑦, 15/65ウ①, 20/65ウ⑥, 29/66ウ①, 30/66ウ②, 31/66ウ③, 32/66ウ④, 34/66ウ⑥ **199**-36/67オ①, 37/67オ②, 41/67オ⑥, 43/67ウ①, 45/67ウ③, 46/67ウ④, 47/67ウ⑤ **201**-4/68オ⑤, 5/68オ⑥, 6/68オ⑦, 7/68ウ①, 10/68ウ④, 12/68ウ⑥, 15/69オ②, 17/69オ④, 22/69ウ②, 22/69ウ②, 23/69ウ③, 24/69ウ④, 26/69ウ⑥, 40/70ウ⑥ **203**-43/71オ②, 47/71オ⑥, 48/71オ⑦, 49/71ウ①, 50/71ウ②, 51/71ウ③, 51/71ウ③, 55/71ウ⑦, 58/72オ③, 62/72オ⑦, 67/72ウ⑤, 68/72ウ⑥, 70/73オ①, 71/73オ②, 72/73オ③, 76/73オ⑦ **205**-88/74オ⑤, 91/74ウ①, 92/74ウ②, 95/74ウ⑤, 97/74ウ⑦, 101/75オ④, 103/75オ⑥, 106/75ウ②, 108/75ウ④, 109/75ウ⑤, 110/75ウ⑥, 110/75ウ⑥, 111/75ウ⑦ **207**-3, 5 **221**-1/76オ①, 1/76オ①, 2/76オ②, 3/76オ③, 4/76オ④, 4/76オ④, 5/76オ⑤, 6/76オ⑥, 6/76オ⑥, 7/76オ⑦, 10/76ウ③, 10/76ウ③, 12/76ウ⑤, 〈13a/76ウ⑥a〉, 16/77オ②, 18/77オ④, 18/77オ④, 20/77オ⑥, 21/77オ⑦, 22/77ウ①, 24/77ウ③, 24/77ウ③, 25/77ウ④, 25/77ウ④, 26/77ウ⑤, 27/77ウ⑥, 28/77ウ⑦, 30/78オ②, 31/78オ③, 32/78オ④, 32/78オ④, 33/78オ⑤, 38/78ウ③, 38/78ウ③, 39/78ウ④ **223**-40/78ウ⑤, 42/78ウ⑦, 43/79オ①, 44/79オ②, 45/79オ③, 52/79ウ③, 53/79ウ④, 54/79ウ⑤, 55/79ウ⑥, 57/80オ①, 58/80オ②, 59/80オ③, 61/80オ⑤, 62/80オ⑥, 63/80オ⑦, 64/80ウ①, 64/80ウ①, 65/80ウ②, 69/80ウ⑥, 72/81オ②, 73/81オ③ **227**-2/81オ④, 3/81オ⑤, 4/81オ⑥, 7/81ウ②, 8/81ウ③, 11/81ウ⑥, 13/82オ①, 14/82オ②, 15/82オ③, 19/82オ⑦, 19/82オ⑦, 21/82ウ②, 21/82ウ② **231**-5, 6, 7, 8 **235**-1, 3, 3, 4, 4, 5, 6 **237**-2, 3, 5, 15, 17, 18, 19, 19, 20, 20, 21, 21, 23, 26, 26, 27, 27, 28, 〈28〉 **239**-A34, A35, A35, B1, B3, B4, B5, B6, C2, C3 **247**-A1, A5, A6, A7, B1, B2, B2 **251**-1, 2, 3, 4, 5, 6, 7 **253**-1, 4, 6, 7, 9, 10, 11, 12, 13, 15, 17, 18, 18, 19, 21, 21 **259**-A3, A4, A7, B1, B3, B6, B9 **261**-11, 12, 〈13〉, 15, 15, 15 **263**-1, 2, 3, 3, 5, 7, 8 **265**-A15, A17, A21, B2, B3, B5, B6, B6, B7 **269**-B3, B

5, B6 271–1, 2 275–1, 2, 2, 3, 4, 6, 9, 9, 9, 11, 13, 14 281–7/24オ⑦, 8/24ウ①, 10/24ウ③ 283–13/24ウ⑥ 283山–上2, 上4, 上5, 上5, 上5, 上6, 下1, 下2, 下2, 下3, 下3, 下4, 下4, 下6, 下7, 下9, 下9 287山–下4 288山–上2, 上2, 上3, 上5, 上5, 上8, 上8, 上8, 上11, 上11, 上12, 上12, 上14, 上14, 上15, 上16, 上16, 上17, 上17, 上18, 上19, 下4, 下5, 下5, 下7, 下10, 下11, 下13, 下16, 下17, 下17, 下18, 下18 289山–上2, 上2, 上3, 上3, 上4, 上6, 上7 293山–上2, 上4, 上5, 上5, 上6, 上6, 上7, 上8, 上8, 上9, 上9, 上14/補タ②, 下1/補タ③, 下1/補タ④, 下2/補タ④, 下3/補タ⑥, 下6/補チ④, 下6/補チ④, 下7/補チ⑥, 下7/補チ⑦, 下8/補ツ①, 下10/補ツ④, 下10/補ツ⑤, 下11/補ツ⑥, 下11/補ツ⑦, 下11/補ツ⑦, 下14/補チ④, 下15/補テ⑥, 下16/補テ⑦, 下17/補ト②, 下18/補ト④, 下19/補ト⑤, 294山–1/補ト⑦, 1/補ナ①, 2/補ナ②, 3/補ナ③, 3/補ナ④, 5/補ナ⑥, 6/補ニ①, 6/補ニ②, 7/補ニ③, 7/補ニ③, 8/補ニ⑤, 8/補ニ⑤, 9/補ニ⑥, 9/補ニ⑥9/補ニ⑦, 12/補ヌ④, 12/補ヌ⑥, 13/補ヌ⑥, 14, 14, 15 297山–上2, 上3, 上3, 上4, 上6, 上8/補ネ⑤, 上8/補ネ⑤, 上10/補ノ①, 上10/補ノ②, 下1/補ノ②, 下1, 下1/補ノ③ 301–3/25オ⑤, 5/25オ⑦, 7/25ウ②, 8/25ウ③, 10/25ウ⑤, 10/25ウ⑤, 11/25ウ⑥, 14/26オ②, 15/26オ③, 15/26オ③, 17/26オ⑤, 20/26ウ①, 20/26ウ①, 21/26ウ②, 24/26ウ⑤, 24/26ウ⑤, 25/26ウ⑥, 26/26ウ⑦, 27/27オ①, 30/27オ④ 303–A32/27オ⑥, A33/27オ⑦, A33/27オ⑦, A34/27ウ①, A34/27ウ①, A36/27ウ③, A37/27ウ④, A37/27ウ④, B1, B1, B2, B4, B7, B8, B12a, B14 309–3, 7 315–7 317–A3/189③, A4/189④, A5/189⑤, A6/189⑥ 319–A2, A3, A3, A6, B1, B2, B3, B5 補ア④⑤⑥⑦ 補イ③⑥ 補ウ①⑤⑥ 補エ⑤ 補カ②③④⑦⑥ 補ケ①②⑤⑦ 補コ①②④ 補サ③③③④⑤⑥⑦ 補シ②④⑤⑦⑦⑦ 補ス⑦⑦ 補ハ③ 補ヒ①①⑥⑦ 補フ①②③ 補ヘ② 補ホ① 補マ①④⑥

〈を〉 補エ⑥ 補ケ④ 補ネ⑤

ヲ 95〈94/ 7 ウ③〉 105〈52/11ウ④〉, 〈63/12ウ①〉 109〈121/16ウ③a〉 301–3/25オ⑤ 303–A40/27ウ⑦

〈ヲ〉 補エ⑥ 補ノ②

オ 109〈121/16ウ③a〉

を 189–17/58ウ① 288山–上8

を(接助) 161–27/37オ③ 189–18/58ウ② 補ア①

を(間投助) 179–16/49ウ② 189–24/59オ①

を・して 109–114/16オ③ 111–147/18オ⑦

を・ば 39–27/188⑦, 38 77–A3 103–26/9ウ⑥ 107–74/13オ⑤, 75/13オ⑥ 109–125/16ウ⑥ 113–212/23オ② 131–A3 135–14 179–32/50ウ④ 185–50/56オ①, 50/56オ①, 51/56オ②, 51/56オ② 191–38/60オ① 201–11/68ウ⑤13/68ウ⑦, 14/69オ①, 39/70ウ⑤ 203–44/71オ③ 265–B8 283–14/24ウ⑦ 288山–上4 301–16/26オ④ 補イ①⑤

を・や 95–92/7ウ① 283山–下8 301–22/26ウ③ 319–A6

ん(む)

―ん(終止) 55–1 65–4 79–3 81–A3 103–7/8ウ① 107–83/13ウ⑦, 90/14オ⑦ 111–159/19オ⑤, 162/19ウ① 113–211/23オ① 115–221/23ウ④ 131–B12 133–B2 143–A2 167–5/39ウ⑤, 5/39ウ⑤ 171–5/41ウ④, 36/43ウ⑦ 173–38/44オ② 175–9/46ウ⑥ 179–11/49オ④, 35/50ウ⑦ 181–52/52オ③ 183–26/54オ⑤ 185–34/54ウ⑥, 45/55ウ③ 189–25/59オ② 195–46/64オ③ 197–13/65オ⑥, 16/65ウ② 205–104/75オ⑦ 283–13/24ウ⑥ 補コ③

―ん(連体) 65–5 79–21 83–2 91–32/3オ④ 93–48/4オ⑥ 95–92/7ウ① 171–8/41ウ⑦, 24/43オ②, 36/43ウ⑦ 185–47/55ウ⑤ 191–39/60オ② 201–36/70ウ②, 38/70ウ④ 237–30 253–20 265–B3 288山–上15, 上15, 下3 補ウ⑦

ん・と・す

―せ 93–51/4ウ②

―し 95–83/6ウ⑥ 183–19/53ウ⑤ 189–20/58ウ④

―す 107–101/15オ④ 133–A2 201–32/70オ⑤, 34/70オ⑦

―する 39–4 77–B8 171–20/42ウ⑤ 293山–下12

参考資料篇

1　経文
2　ミセケチ
3『三寶繪集成』「劄記」の指摘による訂正・脱字・衍字
4　ルビ・捨仮名・漢字傍記
5　空格・囲み字・挿入符号
6　語頭・語末を欠く語

1　経文（見出し項目には、斜線区切り部と下線部を採用）

39-29　被恒河沙　仏解脱幢相衣　於此起悪心定
ひ**ごうが**さ／ぶっ**げだつどうさう**い／おしき**あくしん**ぢやう

105-40/10ウ⑥　敬礼　救世観世音菩薩　伝灯東方粟散王
きやうらい／**ぐせくわんぜおんぼさつ**／**でんとう**／**とうはう**／**ぞくさんわう**

109-135/17ウ②　敬礼　救世大慈観世音菩薩
きやうらい／**ぐせだいじくわんぜおんぼさつ**

109-136/17ウ③　妙教流通東方日本国　四十九歳伝灯演説
めうけう／**るつ**／**とうはう**／**にほんこく**／**しじふくさい**／**でんとう**／**えんぜつ**

297-下3　我今灌沐諸如来　浄智功徳庄厳聚
がこん**くわんもく**・**しよによらい**／じやうち**くどく**・**さうごむ**しゆ

297-下4　五濁衆生令離苦　願證如来浄法身
ごぢよく**しゆじやう**りやうり**く**／ぐわんしよう**によらい**じやう**ほふじん**

319-B1　雑花遍十方　供養一切諸〈如〉来
ざふくゑへん**じつぱう**／くやう**いさい**・**しよによらい**

319-B4　若人散乱心　乃至以一花　供養於画像　漸見無数仏
にやくにん**さんらん**しん／**ないし**／い**いちぐゑ**／くやうお**ぐわざう**／ぜんけん**むすうぶつ**

2　ミセケチ（見出し項目には、ミセケチによって改められたものを採用）

太字：ミセケチ部分　→　ミセケチの右に記された文字

23-B8	(おほ)**く**(なる)　→　**い**
39-23/188③	**と**(心)**ろ**
39-31	(む)**たひ**　→　**クサニ**
39-32	**あきらかならすして**
39-37	**よろこひ**
55-1	(たけ)**の**(を)
67-1	(こ)**を**(て)　→　**の**
67-6	**ち**(つちに)
83-3	**あ**(やしなふ)
91-4/1オ④	(こと)**の**
91-9/1ウ②	**しかくして→コト日ノタカクシテ**
91-14/1ウ⑦	**なれは**
93-41/3ウ⑥	(鶏足の)**山**(ふるみち)
93-61/5オ⑤	**かの**
95-78/6ウ①	**ころす**　→　**スクフ**
95-82/6ウ⑤	(す)**つ**(てむ)
103-2/8オ③	(いま)**す**　→　**ス**
103-2/8オ③	**し**(王)　→　**親**
103-2/8オ③	(いま)**せ**(し)
103-3/8オ④	(し)**と**(き)
103-3/8オ④	(皇)**□**(女)
103-4/8オ⑤	**あ**(り)　→　**な**
103-4/8オ⑤	(は)**ら**(め)　→　**し**
103-31/10オ④	**し**(ら)　→　**新**
105-44/11オ③	**ふたらく**　→　**百濟国ヨリ**
109-130/17オ④	(御を)**ち**　→　**は**
111-172/20オ④	**いる**
147-1/28オ①	**備**(後)　→　**肥**
147-15/29オ①	(うかへ)**て**(つ)
149-40/30ウ⑤	(す上)**を**　→　**の**
149-46/31オ④	(た)**つ**(へなり)
153-14/33オ④	(かた)**め**　→　**みみ**
153-19/33ウ①	**よろこひて**
153-22/33ウ④	(こころ)**に**
157-上7/34オ⑥	**はひ**(まろひ)　→　**ふし**
161-4/35ウ①	(つかふ)**う**(用)　→　**調**
161-33/37ウ②	(ところ)**の**(と)
163-39/38オ①	(一日)**よ**　→　**一夜**
165-1/38ウ②	**ひと**　→　**沙弥**
165-2/38ウ③	**沙弥**　→　**人**

165-5/38ウ⑥	子 → 五
171-10/42オ②	(きたら)ん → す
171-22/42ウ⑦	は若 → 般若
171-31/43ウ②	(ぬ)し(ミ) → す
175-21/47ウ④	(には)か(に)
179-16/49ウ②	(を)と(こ)
179-24/50オ③	よし → こと
181-37/51オ②	い(かふ) → かふ
185-32/54ウ④	(くはせよ)と
185-36/55オ①	(を)□(つ) → え
189-3/57ウ①	(め)の(こ)
189-29/59オ⑥	(ハし)を
193-4/61オ③	(おこなひ)て
193-20/62オ⑤	(わら)ひて → ハの
193-29/62ウ⑦	(心)に → の
193-32/63オ③	(た)末ふ → まふ
199-48/67ウ⑥	(くやう)す(せしむ)
201-9/68ウ③	(ひとりの)そう(そう)
201-33/70オ⑥	(いか)に(て)
201-34/70オ⑦	(いひ)て(なく)
203-50/71ウ②	こほしつ → [のこひほして]
203-50/71ウ②	[のこひほして]
203-66/72ウ④	こよひも
205-90/74オ⑦	(まこと)の → の
221-5/76オ⑤	(す)ゑ(て) → し
221-6/76オ⑥	(せ)たら → んたう
221-20/77オ⑥	(やふれ)たれ(とも)
223-42/78ウ⑦	(あらはさされ)は
223-43/79オ①	(いやしき)き
231-3	かふかの → しかの
235-2	(ふ)は(う) → ヒヤ
237-20	し(とを)
237-20	(へ)よ → 天
237-20	(ひ)く(き) → ら
237-21	つかへる → もちゐたる
239-B6	(うへ)に → きに
241-C5	(むまれ)ぬと→なんといふと
247-A7	(人)け → 間
253-1	(な)かす → かしてかなしふ
253-11	仏(法) → 正
253-13	この → 過去
259-A7	せこむ → おのつから善根
265-A17	(お)り(て) → き
265-B6	きつね → はさる
269-A2	(きよみ)かは → ハラ
269-B4	かう(ほう) → さ
281-1	(すなはち)すなはち
281-6	天 → 夜
283山-上5	(たてまつる)とき(に)
293-上13	(天)地 → 武
297-1	(へ)につつ
297-2	さよはへにつつと→へぬへしと
297-下6	へにつつさよハへにつつ → へぬへし
301-1/25オ③	まつさ(門) → 声
301-2/25オ④	を(つたへ)
301-3/25オ⑤	(なら)へり → ひ
301-4/25オ⑥	また
301-8/25ウ③	といひておほや →このゆゑにわか宗□
301-10/25ウ⑤	も(を) → 文
301-11/25ウ⑥	(けむかい)ろ → 論
301-12/25ウ⑦	もむ(おほく) → 證文
301-18/26オ⑥	さむけ(と) → 邪見と
301-20/26ウ①	いちに(を) → 一人
301-23/26ウ④	(上)む(ほむ)
301-25/26ウ⑥	わう(わう) → 輪
303-A36/27ウ③	(鬼)ま → 魅
303-A40/27ウ⑦	よきことをおこなふもなり → 悪事ヲ断スル也
303-B10	(かの)かき → 草
303-B11	(ひく)を(は)
303-B12〜13	せめられしさもは鵝のしぬるのちに
315-4	(も)ろ → と
補エ⑦	(ふ)す → シヌ
補サ①	ヌよき → またき
補サ④	たい(ふ) → 下(ふ)
補サ④	も(す) → 丈(す)
補サ⑤	とけふ → 下分
補シ③	に → を
補シ③	(い)そき → (い)となみ
補シ⑥	(おも)ひ → (おも)ふ
補シ⑥	くは
補ス⑤	ゐ(光) → 威(光)

補ソ⑦	（天）地　→　（天）武
補テ⑤	天（ほう）　→　大（ほう）
補ツ③	くにの　→　ゆめのことくニ
補ナ③	（大）安（寺）　→　（大）宮大（寺）
補ナ⑥	かみの
補ヌ⑥	（はな）ち（り）　→　（はな）て（り）
補ネ①	（し）く　→　（し）て
補ハ②	ねこうのゆる　→　年穀ノニキハヒユタカナラム
補ハ③	かなう人とを　→　コトヲ
補ハ④	すかい　→　受戒
補セ①	（くちの）は　→　いき
補セ①	（し）ろくして　→　（し）て
補セ③	（かさり）ひかれる　→　あきらかなる
補フ⑥	た（から）→ち（から）
補ツ③	くにの　→　ゆめのことくニ

3 『三寶繪集成』「劄記」の指摘による訂正・脱字・衍字

(1) 訂正（二重下線）

17-6	て → **ね**(ぬ)
39-4	ハは(む) → ハ**ま**(む)
109-121/16ウ③a	アカキハタオ… → **とみのいちひ**
193-28/62ウ⑥	かかる → **のがるる**
203-63/72ウ①	ひとり → **ひとびと**
223-54/79ウ⑤	ねふ〈り〉の → **年小**の
237-5	しほた → しほ**う**
301-22/26ウ③	三人三人 → **二**人三人
303-A40/27ウ⑦	悪方 → 悪**事**

(2) 脱字 { }

65-5	つかひと → つか{ひ}ひと	使人
77-A3	たは → た{ま}は	給は
77-A7	なし → な{やま}し	悩まし
77-B3	［も(?)］ → ［も{と}］	許
79-7	しを → し{し}を	鹿
105-64/12ウ②	いち → い{の}ち	命
133-C8	ひとことぬし{の}神	一言主神
143-A3	り → {た}り	たり
147〈31/30オ③〉	児ミ → 児{き}ミ	児君
159-上6	いつ → いつ{る}	出づる
165-12/39オ⑥	霊異{記}	霊異記
167-1/39ウ①	やましろ{の}くに	山城国
173-59/45ウ②	すなち → すな{は}ち	即
175-6/46ウ③	いり → い{た}り	至り
175-9/46ウ⑥	なけ → なげ{き}	嘆き
181-50/52オ①	わか仏{の}かいをうけたる	仏の戒
185-47/55ウ⑤	ぬかれ → {ま}ぬかれ	まぬかれ
199-40/67オ⑤	いの → い{へ}の	家の
203-41/70ウ⑦	ち → {なむ}ぢ	汝
203-61/72オ⑥	ひさう → ひさ{し}う	久しう
205-92/74ウ②	せい → せい{し}	制し
205-93/74ウ③	おたら → お{こ}たら	怠ら
205-102/75オ⑤	すて → すで{に}	既に
205-106/75ウ②	われ → われ{ら}	我等
221-13a/76ウ⑥a	しほみた → しほみた{れども}	しぼみたれども
235-5	かく → か{ろ}く	軽く
293-下16	おほ → おぼ{え}	おぼえ
303-B8	ころ → こ{こ}ろ	心

309-4	たいち → だい{い}ち	第一
319-A4	いり → い{た}り	至り
補オ①	□ひ → {と}び	飛び
補オ①	[て] → {そ}の	その
補オ②	□ゑ → {こ}ゑ	声
補オ②	よろ□ひ → よろ{こ}び	よろこび
補ケ⑤	三年 → {十}三年	(弘仁)十三年
補コ④	逆 → {五}逆	五逆
補テ⑤	〈□かと〉 → みかど	
補マ②	哲 → {仏}哲	仏哲

(3) 衍字（一重下線）

23-A 7	はらないこく	波羅奈国
23-B3	心をみ	試み
49-5	ことハひと	異人
91-3/1オ③	いたり	入り
103-20/9オ⑦	なりたたまふ	成りたまふ
105-44/11オ③	ヨリ	百済国より
131-B8	まうすす行者	まうす。行者
153-15/33オ⑤	ただし	ただ
173-46/44ウ③	おとろききて	おどろきて
179-28/50オ⑦	おほきななる	おほきなる
189-17/58ウ①	大とくを	大徳
199-48/67ウ⑥	いきかたしく	いきがたく
201-31/70オ④	いかさにて	
223-60/80オ④	[せイせシ]しか	[制セ]しか
223-72/81オ②	たたなこころ	たなこころ
237-3	かたは	方
253-7	にすすめ	すすめ
259-B3	相師ともに	相師ども
265-A15	はじめむとして	はじめとして
288-上8	年ををへて	年を経て
288-下17	ははうへ	はうへ(方便)
289-上7	にこの寺	この寺
293-上5	くまこりのむらニ寺	くまこり寺
297-1/25オ①	としはへ	としは
297-2/25オ②	ことこ〈ハハ〉	ことば(詞)は
301-18/26オ⑥	邪見と	邪見

4　ルビ・捨仮名・漢字傍記

(1)　ルビ

39-29	スン(誦)
39-29	トウ(幢)
39-29	キアク(起悪)
91-36/3ウ①	シンタン(震旦)
93-39/3ウ④	チヤウ(貞)
93-40/3ウ⑤	クヱンセウ(玄牂)
93-41/3ウ⑥	ケイソク(鶏足)
93-42/3ウ⑦	キフコトク(給孤独)
93-55/4ウ⑥	カイクワウ(開皇)
93-58/5オ②	クワイシヤウノテイシ(会昌天子)
93-59/5オ③	キヤウ(卿)
93-61/5オ⑤	チヤウ(貞)
93-65/5ウ②	タイタウ(大唐)
95-80/6ウ③	タイ(啼)
95-94/7ウ③	カン(漢)
103-3/8オ④	アナオヘ(穴太部)
103-3/8オ④	マウト(間人)
103-10/8ウ④	ヒンタツ(敏達)
105-40/10ウ⑥	キヤウ(敬)
105-40/10ウ⑥	ク(救)
105-41/10ウ⑦	テントウ(伝灯)
105-41/10ウ⑦	ソクサン(粟散)
105-57/12オ②	レン(連)
105-58/12オ③	モノノヘノユケ(物部弓削)
105-58/12オ③	モリヤ(守屋)
105-58/12オ③	トム(臣)
105-58/12オ③	カツウミ(勝海)
107-83/13ウ⑦	ちヨク(勅)
107-98/15オ①	あと(阿都)
107-100/15オ③	ムラシ(連)
109-109/15ウ⑤	シヤウクン(将軍)
109-110/15ウ⑥	カハカツ(川勝)
109-110/15ウ⑥	ヒヤクモク(白木)
109〈121/16ウ③a〉	ト子リ(舎人)
109〈121/16ウ③a〉	アカキ(赤)
109〈121/16ウ③a〉	ハタオ(檮)
109〈121/16ウ③a〉	トオク(迹)
109〈121/16ウ③a〉	ミルニ(見)
109-128/17オ②	ススン(崇俊)
109-136/17ウ③	ケウ(教)
109-136/17ウ③	ルツ(流通)
109-136/17ウ③	テントウ(伝灯)
109-136/17ウ③	エン(演)
111-155/19オ①	カウ(衡)
111-157/19オ③	セキクヱン(赤縣)
111-170/20オ②	イカルカ(斑鳩)
111-170/20オ②	シムテン(寝殿)
111-177/20ウ②	カウライ(高麗)
111-177/20ウ②	ヱジ(恵慈)
113-193/21ウ④	ロカク(盧岳)
113-193/21ウ④	シ(士)
117-B4	ヘイシ(平氏)
117-B4	せン(撰)
117-B5	テン(伝)
117-B5	ケイイ(景夷)
117-B5	せン(撰)
117-B6	レイイ(霊異)
131-B 2	クヱ(外)
131-B 2	カラクニ(韓国)
131-B3	ムラシ(連)
131-B3	ヒロたリ(広足)
133-B 3	モンム(文武)
133-B 4	ツノシマ(豆嶋)
133-C10	ショク(続)
133-C10	レイイキ(霊異記)
133-C10	コシ(居士)
133-C10	ヤ(野)
133-C10	レム(廉)
133-C10	せム(撰)
135-11	ソウテンラ(僧伝等)
143-A 4	チフ(治部)
143-A 5	クヱンハン(玄蕃)
143-B 1	ケイイキ(霊異記)
147-2/28オ②	トヨフクノカウ(豊服郷)
147-2/28オ②	メ(妻)
147-2/28オ②	クヰ(亀)
147-14/28ウ⑦	ソウミヤウ(聡明)
147-24/29ウ③	フ(豊)

147-24/29ウ③	ウサ(宇佐)
147-30/30オ②	ヒ(備)
147-30/30オ②	サカノコホリ(佐賀郡)
147-31/30オ③	リヤウ(領)
147-31/30オ③	コ(児)
147-31/30オ③	アムコヱ(安居会)
149-32/30オ④	ヤ(安)
149-32/30オ④	カイミヤウ(戒明)
149-32/30オ④	トク(徳)
149-32/30オ④	ツクシ(筑紫)
153-1/32オ⑤	ハハンたノ(小墾田)
153-2/32オ⑥	コロモヌヒノトモツクリ(衣縫伴造)
153-2/32オ⑥	キトウ(義通)
157-上1/33ウ⑦	ハリマノクニ(播磨国)
157-上1/33ウ⑦	ノオ(濃)
157-上1/33ウ⑦	クワンコウシ(元興寺)
157-上2/34オ①	タンオツ(檀越)
157-上2/34オ①	アンコ(安居)
157山-下①	ハリマ(播广)
157山-下①	クワンコウシ(元興寺)
157山-下①	オツ(越)
157山-下①	アンコ(安居)
161-4/35ウ①	テウヨウ(調用)
161-5/35ウ②	オノノアソムニワマロ(小野朝臣庭麻呂)
161-9/35ウ⑥	コ(護)
161-10/35ウ⑦	ミマカハノリ(御馬河里)
167-6/39ウ⑥	たん(檀)
167-6/39ウ⑥	シたん(紫檀)
173-46/44ウ③	タンオツ(檀越)
183-1/52ウ①	ならのいは(楢般)
187-64/57オ①	インクエン(隠玄)
191-50/60ウ⑥	リヤウイキ(霊異記)
193-1/60ウ⑦	アマヘ(海部)
193-2/61オ①	テいキ(帝姫)
193-2/61オ①	ア仁(阿部)
195-46/64オ③	たん(檀)
197-2/64ウ②	テイキ(帝姫)
197-2/64ウ②	ヘ(倍)
223-59/80オ③	イク(育)
223-61/80オ⑤	キハイワウ(耆婆醫王)
227-16/82オ④	リチ(律)
229-6	コ(護)

229-6	ウン(雲)
229-7	キヤク(格)
239-B1	ユイヱ(維衛)
259-A7	サウ(造)
259-A7	エンメイ(延命)
259-B9	チヤクス(擽)
263-10	サムキ(参議)
263-10	ケム(兼)
263-10	キヤウ(卿)
263-10	タチ花(橘)
263-10	ナウラマロ(奈良麿)
263-10	ヒヤウ(平)
265-A13	スフク(崇福)
271-5	サイカウ(齋衡)
288山-上⑧	ノリ(法)
288山-下⑧	エム(閻)
289山-上①	エン(宴)
289山-上⑤	せウタイノ寺(招提)
293山-下⑤	ニ(丹)
293山-下⑤	イロ(色)
294山-④	コヘ(子部)
294山-⑨	ウタマヒ(哥舞)
297山-下③	クワンモク(灌沐)
297山-下④	リヤウリク(令離苦)
301-1/25オ③	エ(叡)
301-1/25オ③	シユカイ(受戒)
301-2/25オ④	テン(伝)
301-3/25オ⑤	ケンミツ(顕密)
301-4a/25オ⑥	タイス(台宗)
301-5/25オ⑦	コウ(弘)
301-7a/25ウ②	アヒサ(相授)
301-15/26オ③	フ(符)
補キ⑥	コシ(居士)
補キ⑥	ヤチウレム(〈野〉仲廉)
補キ⑥	セン(撰)
補キ⑦	テン(傳)
補キ⑦	ケイイ(景夷)
補ク③	ノチノオカノ(後岡の)
補ク⑥	ヒ(ひ)
補シ①	ウツシセンヨク(温室洗浴)
補シ①	ソウ(僧)
補シ①	イハク(云)

補シ①　ナイ(奈)
補シ①　キキキ(祇域)
補ト⑥　と(と)

(2) 捨仮名

157-下10　濃のお寺　濃寺

(3) 漢字傍記（該当する漢字を併記したもの）

91-3/1オ③	(よ)夜
103-28/10オ①	(せさう)殺生
109-110/15ウ⑥	(はた)秦　→　秦川勝
113-205/22ウ②	(ひ)妃
147-15/29オ①	(す)誦　→　誦し
147-15/29オ①	(す)出　→　出家
221-6/76オ⑥	(せんたう)禅定
227-24/82ウ⑤	(せむこむ)善根
253-17	(すけ)出家
259-B3	(さうし)相師
261-15	(しつ)神通
265-A19	(ちとろ)智度論
265-B2	(ほふ)法
271-1	(しこむ)真言
271-2	(しこむゐ)真言院
271-4	(こむかうせし)金剛山寺
275-2	(ひて)悲田
275-2	(せやくゐ)施薬院
275-13	(せちしき)善知識
303-A39/27ウ⑥	(すさうかい)聚浄戒→三聚浄戒
303-A39/27ウ⑥	(せふりちきかい)摂律儀戒
315-1	(たいし)大臣
317-A1/189①	(きえ)記縁
補セ⑦	(こ)子
補テ②	(たい)道慈
補ニ⑤	(若)若
補ヌ⑤	(はなかう)大般若経
補ヒ②	(黄門)根闕者也
補ヒ③	(の)女
補マ①	(はう)平　→天平
補マ①	(そうふく)勝宝

5　空格・囲み字・挿入符号

(1) 空格

19-1, 2, 4	
77-1	
79-5	傍に補記「(ま)」
81-13, 14	傍に補記「(い)」・「(ま)」
93-50a/4ウ①	傍に補記「(チノ)」
103-3/8オ④	(ミセケチ)
131-B14	傍に補記「(い)」
185-36/55オ①	(ミセケチ)→傍に補記「え」
231-5	傍に補記「けし」
271-1	傍に補記「真言」
271-4, 5, 5	
275-3	傍に補記「(物)」
補ナ④	クワンモク(灌木)
補ナ⑤	リヤウ(命令)
補ナ⑤	リク(離垢)

(2) 囲み字 （括弧内は前後の文字）

79-15	［わがた］（め）
79-17	（おほ）［いなる］
81- 3	［ふか］（く）
81-6	（お）［のおの］
237-22	［てん］（ちく）
237-22	［こ］（の）
237-23	（し）［か］
237-23	（ま）［た］
237-25	（むか）［し］
237-25	（人の）［こ］
237-25	（なれ）［り］
237-27	（さう）［し］
237-28	（むかへ）［て］
237-28	［ゆ］（を）
237-28	［を］（はり）

(3) 挿入符号○ （下線は写真版により補足）

17-3
27-3
67-6
77-B2
81-9
91-6, 14, 18
93-50, 54, 58
103-3, 18, 27
105-48, 52, 62
107-72
109-133
111-143
113-180
131-A2, B8, B13
147-27, 31
149-42
153-15
157-2, 9
161-18, 25
165-4
171-<u>22</u>, 34
185-33
203-61
221-13
補オ①②②②
補キ①
補ツ⑦
補テ⑥
補ヌ③
補ハ①
223-50, 52
231-2
239-C4
241-6
247-2
251-7
253-3, 7
261-14
265-B5
275-2, 4
281-5
297-2
301-1, 2, 13, 28
303-B12, B14
補イ③
補エ⑥⑥
補キ⑥
補ク⑦⑦
補ケ⑥
補コ④
補サ②
補テ⑤
補ト③
補ナ①⑤
補ネ③⑤
補ノ②
補ハ③
補マ②

6　語頭・語末を欠く語（※印は索引に採っていない）

(1)　語頭を欠く語

23–B1	（まづし）き
63–A1	（わ）たり
63–B1	（あ）ら
65–1	（たい）し
117–B1	（よ）り
133–A1	（つ）き
133–B1	（とら）へ
133–C1	（う）たがひ
139–1	※（　）ちて
143–A1	（そ）うす
229–1	（ご）とし
239–C1	（とどま）り
253–1	（なむ）だ
263–1	（たひらぐ）る
265–B1	（さと）ら
269–B1	（かう）ぜ
303–B1	（ぼさ）ち
309–1	（ろくよく）てん
315–1	（は）こび
317–A1/189①	（しる）さ
補ア①	（せん）にん
補イ①	（な）むち
補オ①	（と）ひ
補オ②	（こ）ゑ
補ツ①	（ほう）じん
補ナ①	（き）をむさうさ
補ニ①	（いか）り
補ノ①	（たへ）なる
補ハ①	（つぐ）なり
補フ①	（ほ）そく
補ヘ①	（わ）かち
補マ①	（あらた）めて

(2)　語末を欠く語

19–7	せん（にん）
27–10	つ（ち）
41–42	の（たまはく）
63–A7	す（ま）
63–B 7	ふた（り）
77–A 7	な（かれ）
77–B10	や（すみ）
83–7	お（こなひ）
131–A 6	さ（とり）
131–B14	はこ（び）
235–6	い（ふ）
239–B 7	いの（ち）
241–7	ほ（ど）
265–A21	ゆ（ゑ）
303–B14	つ（ぐ）
309–7	※あ（　）
補ア⑦	な（むぢ）
補イ⑦	ひ（とつ）
補オ②	※（は）（　）
補サ⑦	たて（まつら）
補チ⑦	ほう（じん）
補ト⑦	き（をむさうさ）
補ナ⑦	いか（り）
補ヌ⑦	いは（く）
補ネ⑦	たへ（なる）
補ヒ⑦	ほ（そく）
補ヘ⑦	いは（むや）
補マ⑦	しる（さ）

編者紹介

稲 垣 泰 一（いながき　たいいち）

1945年、東京都生まれ。東京教育大学大学院文学研究科博士課程満期退学。金城学院大学教授、筑波大学大学院教授、文教大学教授を歴任。筑波大学名誉教授。

〔編著書〕
『今昔物語集文節索引』巻十六（笠間書院）
『軍記と説話の表現』（教育出版センター）
『考訂今昔物語』（全二巻、新典社）
『寺社略縁起類聚』Ⅰ（勉誠社）
『今昔物語集』①～④（新編日本古典文学全集、小学館）
『となりの神様仏様』（小学館）
ほか。

有 賀 嘉 寿 子（ありが　かずこ）

1937年、東京都生まれ。お茶の水女子大学国文科卒。
元東京都立高校教諭。

〔編書〕
『今昔物語集文節索引』巻十五ほか（笠間書院）
『今昔物語集自立語索引』（笠間書院）
『古今著聞集総索引』（笠間書院）
『古事談語彙索引』（笠間書院）

平仮名本『三宝絵』総索引　●笠間索引叢刊128

2019（令和元）8月31日　初版第1刷発行

編　者　稲　垣　泰　一
　　　　有　賀　嘉寿子

発行者　池　田　圭　子

発行所　有限会社 **笠間書院**

東京都千代田区神田猿楽町2-2-3
〒101-0064
Tel.03-3295-1331　Fax.03-3294-0996

ステラ／モリモト印刷

ISBN978-4-305-20128-7

http://kasamashoin.jp/

平仮名本『三宝絵』補遺篇

稲垣　泰一編

まえがき

『三宝絵』は平安時代中期の文人源為憲によって撰述された仏教入門書、啓蒙書である。総序によれば、永観二年（九八四）十一月に冷泉天皇第二皇女の尊子内親王に奉られたものである。内親王は康保五年（九六八）三歳で賀茂の斎院に卜定され、十歳で退下、十五歳の時、円融天皇の女御として入内するが、天元五年（九八二）落飾され、寛和元年（九八五）五月、二十歳の若さで薨去された。『大鏡』伊尹伝には、「この宮に御覧ぜさせむとて、三宝絵は作れるなり」と記されている。『三宝絵』は尊子内親王出家後の信仰生活の糧として、絵の制作をも企図して撰述された、仏教指南の書であった。ただし、絵は現存しない。

構成は、仏・法・僧の三宝を上・中・下の三巻に配当する。内容は、総序に始まり、上巻仏宝は十三条で釈迦本生譚、中巻法宝は十八条で本朝仏教流伝史譚、下巻僧宝は三十一条で各種仏教行事由来譚である。各巻頭にも序を配し、きわめて整った組織となっている。

『三宝絵』の主要な諸本は周知の如く、次の三種が知られている。

(1)平仮名主体、漢字交り文の名古屋市博物館蔵本（関戸家旧蔵本）。これには保安元年（一一二〇）六月七日の書写奥書が存する。中巻の大部分と下巻の一部のみの零本である。また、手鑑の中や美術館・諸家に分蔵される東大寺切と称される古筆切がある（以下、この(1)を平仮名本と呼称する）。

(2)片仮名主体、漢字交り文の東京国立博物館蔵本（東寺観智院旧蔵本）。これは文永十年（一二七三）八月八日書写の奥書がある完本である。

(3)漢字主体文（真名本）の前田家尊経閣蔵本。これは正徳五年（一七一五）六月の影写本で、親本は寛喜二年（一二三〇）書写の醍醐寺本。ただし、醍醐寺本は所在不明である。

現在最も広く利用され、享受されているのは(2)で、複製影印本・翻刻本・注釈本など数種ある。索引も(2)を底本とした馬淵

和夫監修、中央大学国語研究会編『三宝絵詞自立語索引』（笠間書院、昭和六十年）、同『三宝絵詞付属語索引』（笠間書院、昭和六十一年）が刊行されている。

絵の制作を企図し、尊子内親王に献上されたことを勘案すれば、(1)の平仮名本の本文が重要であることはいうまでもない。この平仮名本は重要文化財である名古屋市博物館蔵の冊子本が本体で、墨付八十三葉が残存する。料紙は和製唐紙を用い、楮質の紙に白の具引きが施されている。文様は花菱唐草・七宝・亀甲の三種を雲母刷りしたもので、きわめて上質、高級なものである。

この冊子本体から切り出された断簡が東大寺切と呼称される古筆切で、伝源俊頼筆とされている。東大寺切は現在までのところ百十数葉の所在が確認されているが、名古屋市博物館蔵本と合わせても全体の約三分の二に相当する程度で、残念ながら平仮名本を完全に復元することはできない。この東大寺切は国宝手鑑である「月台」（東京国立博物館蔵）、「見ぬ世の友」（出光美術館蔵）、「藻塩草」（京都国立博物館蔵）などに所収され、国宝に指定されている。また、重要美術品の手鑑や諸家の手鑑に所収されていたり、国立博物館蔵、美術館蔵、大学図書館蔵、寺院蔵、個人蔵のものもある。

名古屋市博物館蔵の冊子本には、奥書に保安元年（一一二〇）の年紀があるので、平仮名本は確実に平安時代の平仮名散文資料として、並びない第一級文献資料と認められる。本書はその本文の総索引であるので、国語学、国文学、仏教学、歴史学等の研究に裨益すること甚大であるといえよう。

名古屋市博物館蔵本（関戸家旧蔵本）を翻刻・紹介したものに春日和男著『説話の語文・古代説話文の研究』（桜楓社、昭和五十年）（「関戸家本三宝絵詞東大寺切の本文について」〈「文学研究」第七十四輯、九州大学文学部、昭和五十二年三月〉で補正）があったが、名古屋市博物館蔵本に加えて、東大寺切を博捜し、前記(1)(2)(3)の本文を対照して翻刻掲載した画期的労作が、小泉弘・高橋伸幸著『諸本對照 三寶繪集成』（笠間書院、昭和五十五年）であった。これには故山田孝雄博士校本よりの復原本文も掲載する。また、東大寺切の所在、写真版、翻刻などの情報、及び三本の異同についても綿密に調査し、詳述している。

本書は当初(1)の平仮名本の本文全てを翻刻し、その総索引作成を計画したが、東大寺切の本文を再確認、検証するのは容易ではなく、『諸本對照 三寶繪集成』の平仮名本の翻刻本文（故山田孝雄博士校本よりの復原文を含む）を底本とすることとした。ただし、『名古屋市博物館蔵 三寶繪』（名古屋市博物館、平成五年九月）の写真版を検索できるように配慮した。東大寺切に関しては、『諸本對照 三寶繪集成』刊行後に発見、翻刻・紹介されたもの（現在までのところ、三十数葉確認している）を、本書では「平仮

名本『三宝絵』補遺篇」として、ア～マの項目に翻刻して掲げ、これを含めて総索引を作成した。

なお、名古屋市博物館蔵本、及び東大寺切（所蔵者・写真版・翻刻等）と『諸本對照　三寶繪集成』との対照については、高橋伸幸編「『三寶繪』（冊子本並に東大寺切）残存一覧」（『名古屋市博物館蔵　三寶繪』解説・翻刻版、平成元年九月所収）がこの時点（平成元年九月）までの平仮名本に関する情報をすべて網羅して掲げた詳細な一覧であることを記し添えておく。

稲垣泰一

凡　例

一、本補遺篇は『諸本對照　三寶繪集成』（小泉弘・高橋伸幸著　笠間書院　昭和五十五年六月刊）以後に見出され、写真図版、翻刻が公刊された平仮名本『三宝絵』（東大寺切）を、ア～マの項に新たに整理して掲げたものである。

一、各項の最初には、『三宝絵』の巻数・話数・題名を掲げ、『諸本對照　三寶繪集成』の該当箇所を示した。

一、各項の末尾には、写真図版、翻刻・研究の文献と該当箇所、頁を示した。

一、各項の翻刻に当っては、参考文献を参照し、写真版と逐一照合した。ただし、判読不可能は□、未確定ながら判読したものは［　］で囲って示した。

一、参考文献の主なものを次に掲げる。

写真図版

『日本名跡叢刊』第九十一巻（二玄社、昭和六十年三月）

『古筆学大成』第二十五巻（講談社、平成五年十一月）

翻刻・研究

安田尚道「『三宝絵詞』東大寺切とその本文（一）」（「青山語文」第十一号、昭和五十六年三月）

同「『三宝絵詞』東大寺切とその本文（二）」（「青山語文」第十二号、昭和五十七年三月）

同「『三宝絵詞』東大寺切とその本文（三）」（「青山語文」第十六号、昭和六十一年三月）

同「『三宝絵詞』東大寺切とその本文（四）」（「青山語文」第二十五号、平成七年三月）

高橋伸幸「『諸本對照　三寶繪集成』補遺」（「史料と研究」第十五号、昭和六十年六月）

同「『諸本對照　三寶繪集成』補遺㈡」（「史料と研究」第十六号、昭和六十一年五月）

同「『諸本對照　三寶繪集成』補遺㈢」（「史料と研究」第十八号、昭和六十三年十月）

同「『諸本對照　三寶繪集成』補遺」（「史料と研究」第二十四号、平成七年三月）

小松茂美『古筆学大成』第二十八巻（釈文三）」（講談社、平成五年十一月）

和田英道「新出『三宝絵』東大寺切の本文と研究（遺稿）」（「跡見学園女子大学国文学科報」第二十六号、平成十年三月）
西山　厚「新出の「東大寺切」」（「鴨東通信」第四十五号、平成十四年三月）
宮田裕行「『三宝絵詞』断簡二・三について」（「文学論藻」第七十七号、平成十五年三月）

＊なお、本補遺篇作成するに当り、右の参考文献の学恩のほか、高橋宏幸氏、小島孝之氏、四辻秀紀氏より貴重な資料・情報を賜った。記して感謝申し上げる次第である。

補ア　上巻第三話・忍辱波羅蜜

『集成』一八頁、前8〜10、東11〜15に該当。『集成』一九頁上段に翻刻される当該話第一葉と連接。

人のもとにあつまりてゐたるを見てすなはちいたりておほきにいかりてとひていはくなむちはなに人そとこたへていはく我は仙人なりと又とふなにわさをかするとこたふニ、くの道をおこなふと王のおもはく我いかれるかほを見てしのふる心をおこなふといふなめりとてまたとふな

写真図版　『古筆学大成』第二十五巻、図一七八。
翻刻・研究　「青山語文」第二十五号、二四頁。
『古筆学大成』第二十八巻、釈2。

補イ　上巻第三話・忍辱波羅蜜

『集成』一八頁、前10〜12、東15〜19に該当。補アと連接。

むちはしきかいむしきかいの道をはおこなひえたりやと仙人こたふみなえすと王いかりていはくなむちはいまたよく○《かい》の心をはなれさりけりいかてか心にまかせて我もろ〳〵のをんなをはミるへきとせむるにわれハたゝニ、くをおこなふ人なりとのみこたふ王のいはくなむちさらはひ

写真図版　『日本名跡叢刊』第九一、二七頁。
翻刻・研究　「史料と研究」第十六号、七五頁。
「青山語文」第十六号、四四頁。

補ウ　上巻第五話・禅定波羅蜜

『集成』二九頁、前2〜3、東2〜5に該当。

菩薩はよゝに禅定波羅ミちをおこなふその心におもはく心はゑゝるさうのことしたふれてつなきかたし心はあそふさるのことしとらふれともとゝまらすもしおもひをしつかにせすはつねにおもひをみたるへしほならは　なれかたく観念はいかてかならんとおもひて

写真図版　『日本名跡叢刊』第九一、二八頁。
『古筆学大成』第二十五巻、図一八一。
翻刻・研究　「史料と研究」第十六号、七五頁。
「青山語文」第十六号、四五頁。
『古筆学大成』第二十八巻、釈7。

補エ　上巻第八話・堅誓師子

『集成』三七頁、[前]2～4、[東]2～5に該当。

昔はらないこくに山ありきせんさうの
山といひき五百のえかくすみき山に
ひとつのしゝありきけせいしゝとなつけ
きこか《身のけハ》ねのいろにしてちから千のしゝと
ひとしこゑをいたしてほゆるときには
○とり《ソラオトフ》おとろきておち《地を》はしるけたもの○《おの、き》か
くれふす《シヌ》このしゝ一人のえかくのひしり

写真図版『古筆学大成』第二十五巻、図一八二。
翻刻・研究「青山語文」第二十五号、二五頁。
『古筆学大成』第二十八巻、釈8。

補オ　上巻第十三話・施无

『集成』八〇頁、[前]45～46、[東]89～90に該当。『集成』八一頁上段第九葉と連接。

（めみなあきぬとりけたもの）［と］ひはしり［て］□
［こ］ゑみなよろこひたのしふ［風］やみくも［は］□て

写真図版『古筆学大成』第二十五巻、図二一五。
翻刻・研究「青山語文」第十一号、二七頁。
『古筆学大成』第二十八巻、釈28。

補カ　上巻第十三話・施无

『集成』八〇～八一頁、[前]46～48、[東]90～94に該当。補オと連接。

ひ［あ］さやかに［花］あさやかなりこく王おほ
きによろこひて天たいさくをゝかみちゝはゝ
およひこをゝかみてのたまはく我くにの
たか［らを］つくし［て］［み］なたうの人にあた［え］
てむ我又なかくとゝま［り］てあしたゆふ
へにたすけやしなはむせんまうしていは
くもしをんをむくいむとおほさは返て《ハヤク、二、［カ］ヘリ》

写真図版『古筆学大成』第二十五巻、図二一六。
翻刻・研究「文学論藻」第七十七号、五一頁。
『古筆学大成』第二十八巻、釈29。

補キ　中巻第三話・行基菩薩

『集成』一四二頁、［前］27～30、［東］65～69に該当。関戸本二十八丁オ第一行目につながる。

婆羅門僧正のかへし　かひらゐにと
もにちきりしかひありてもすのみかを
あひみつるかなといひてみやこに
のほりぬこゝにしりぬ行基菩薩はこれも
すのなりけりと天平勝寶元年の二月
にをはりぬ年八十なり居士《コシ》○《野ヤ》仲廉《チウレム》か撰《セン》
せる日本國の名僧傳《テン》僧景夷《ケイイ》かつくれる

写真図版『日本古書目録』第七十七号（平成十年二月、臨川書店）、一頁。

翻刻・研究「鴨東通信」第四十五号、八～九頁。

補ク　中巻第七話・義覺法師

『集成』一五八頁、［前］2～4、［東］2～6に該当。

義覺法師はもと百済國の人なりかの
くにのやふるゝときにわかみかとの
後《ノチノ》　岡《オカノ》の本《ノ》宮にあめのしたをさめたまふ
みかとのよにあたりてわたりきた
れり難波の百済寺にすむ身のたけ
七尺ひ《ヒ》ろく佛教をまなひたり心《ニ》般
若○《心》経誦すおなしてらのそう○《恵義》よなか

翻刻・研究「跡見学園女子大学国文学科報」第二十六号、一四頁。

『集成』一五九頁、故山田孝雄博士校本よりの復原文。

補ケ　下巻第三話・比叡懺法

『集成』二三二頁、［前］13～15、［東］22～25に該当。

しむひろく願の文をあらはしてときことに
そへよましむちかひてともし火の光をかゝ
けていまにまたきえす春夏秋冬のはし
めの月にいたることに十二人の塔《堂》僧《を》もちて
三七日のせむ法をおこなはしむ弘仁三年
六月四日大師をはり○《たまひ》ぬあやしき雲のみ
ねをおほひてひさしくさらすとほ［き］人

写真図版『日本名跡叢刊』第九一、三八頁。

『古筆学大成』第二十五巻、図二三〇。

翻刻・研究「青山語文」第十一号、二七頁。

『古筆学大成』第二十八巻、釈46。

補コ　下巻第三話・比叡懺法

『集成』二三二頁、前19〜20、東33〜35に該当。

たてまつらむとおもひ六こむをきめ《よ》てほとけの境界にいりもろ〳〵のさはりをはなれて

写真図版　『古筆学大成』第二十五巻、図二三一。
翻刻・研究　「史料と研究」第十五号、八五頁。
「青山語文」第十六号、四六頁。
『古筆学大成』第二十八巻、釈47。

『集成』二三二頁、前20、東35〜36に該当。

ほさちのくらゐにいらんとおもふもしこのみに逆四ちうを、かしてひくの○

翻刻・研究　「青山語文」第十二号、一四頁。
「史料と研究」第十五号、八五頁。

補サ　下巻第三話・比叡懺法

『集成』二三三頁、前23〜25、東41〜45に該当。

なりよくつとめおこなふは又よき《またき》たからえつるなり又よくよみす、るには中分○のたからをえつるなり花香をくやうするはたい《下》ふのたからをえたるなりほとけもす《と文》ととけふ《下分》のくとくをときたまふにつくすことあたはすいはむや中上とをやもしつちよりほむ天にいたるまてたからをつみて佛にたて

写真図版　『古筆学大成』第二十五巻、図一八七。
翻刻・研究　「青山語文」第二十五号、二六頁。
『古筆学大成』第二十八巻、釈48。

補シ　下巻第四話・温室功徳

『集成』二三四頁、前3～5、東4～8に該当。

温室洗浴《ウシツセンヨク》衆僧《ソウ》經云《ニイハク》奈《ナイ》女か子の祇域《キ井キ》長者
よるふしておもひをおこしてあしたにゆき
てほとけにまうすわれよのことに《を》いそき《となみ》て
いまたくとくをつくらすいまほと《け》およひそう
をむかへたてまつりてゆをわかしてあむし
たてまつらむとおもひ《ふ》ね《か》はくは衆
生をしてほなうのあかをはなれしめむと

写真図版『かな─王朝のみやび─』（徳川美術館・平成七年九月）、図二一六。

補ス　下巻第四話・温室功徳

『集成』二三四頁、前8～10、東15～19に該当。『集成』二三五頁上段に翻刻される当該話第一葉（一行不足）と連接。

むまる丶所につね《に》やすらかなりふたつにはむま
る丶所にさう〳〵にしてかほかたちうるわしう《く》
きよしみつにはみのかつねにかうはしうして
きたるころもきよう《く》あさやかなりよつには
みのはたへやはらかになめらかにしてゐ《威》光
ならひなしいつ丶にはしたかひつかはる丶人
［お］ほくしてちりをはらひあかをこのふむつ

写真図版『古筆学大成』第二十五巻、図一八八。
翻刻・研究「青山語文」第二十五号、二六頁。
『古筆学大成』第二十八巻、釈50。

補セ　下巻第四話・温室功徳

『集成』二三四～二三六頁、前10～12、東19～23に該当。補スと連接。

にはくちのはか《いき》うはしくしろ《て》くしていふ
ことにひとしたかふな丶つにはむまる丶所に
おの《つ》からころもありてたへなるたからかさりひ《あき》
かれる《らかなる》なりおほよそひとのよにむまれてかた
ちよくしてひとにうやまはれみきようして
はたへうるはしきはみなさきのよのそうに
ゆあむしたるむくいなり大臣のこ《子》となりて

写真図版『古筆学大成』第二十五巻、図一八九。
翻刻・研究「青山語文」第十一号、二七頁。
『古筆学大成』第二十八巻、釈51。

補ソ　下巻第十七話・大安寺大般若会

『集成』二九〇頁、前6～8、東10～14に該当。

まひほめたてまつることやゝひさしみかとにかたらひたてまつりていはくこのさうはらうせむのまことのほとけといさゝかもたかはすこのくにの衆生のこゝろのきよけれはなるへしといひてそらにのほりてさりぬかいけむの日むらさきのくもそらにみちたへなるこゑそらにみつ天地《武》天王のよにたかいちの地に

写真図版『彩られた紙、料紙装飾』（徳川美術館・平成十三年十月）図69。

翻刻・研究『集成』二九三頁、故山田孝雄博士校本よりの復原文。

補タ　下巻第十七話・大安寺大般若会

『集成』二九〇頁、前8～10、東14～18に該当。

うつしつくりて大安寺となつく平《天》む天王のよにたふをたてたまふゝるきさかのことくに丈六のさうをつくらむとおほす願をおこしてよきたくみをえさせたまへといのりたまふよのあかつきニゆめに一人のそうきたりて申すさきのとしこのほとけをつくりしものはこれ化人なりかさねてきたる

写真図版『彩られた紙、料紙装飾』（徳川美術館・平成十三年十月）図70。

翻刻・研究「跡見学園女子大学国文学科報」第二十六号、一六頁。『集成』二九三頁、故山田孝雄博士校本よりの復原文。

補チ　下巻第十七話・大安寺大般若会

『集成』二九〇～二九一頁、前10～12、東18～22に該当。補タと連接。

へきにあらすよきたくみといへと《も》なほかた《すこし》なのあときすありゐ《よき》しといへとも《丹》そのいろあやまり《ち》なきにあらすたゝかゝみのおほきならむをかのほとけのまへにかけてかけをうつしてをかみ給《へ》つくりにもあらすかくにもあらすして三身そなはるへしかたちをみるはおう身なりかけをうかふるはほう

写真図版『彩られた紙、料紙装飾』（徳川美術館・平成十三年十月）図70。

翻刻・研究「跡見学園女子大学国文学科報」第二十六号、一六頁。『集成』二九三頁、故山田孝雄博士校本よりの復原文。

補ツ　下巻第十七話・大安寺大般若会

『集成』二九一頁、前12〜14、東22〜25に該当。補チと連接。

身なりむなしきをさとるはほふ身なり
くとくのすくれたるこれにはすきしといふと
ミたまふさめおろ《と》きてよろこひたまふく《ゆめのことく二》にの
ひとつのおほきなるかゝみをほとけのまへにか
け《て》五百そうをたうのうちにさうしておほ
きにくやうをまうけたり光《元》明天王のよ
に　和銅三年《に》たうをうつし仏をうつして

写真図版　『古典籍下見展観大入札会目録』（東京古典会、平成五年十一月）

翻刻・研究　「史料と研究」第二十四号、八二頁。「青山語文」第二十五号、二七頁。「跡見学園女子大学国文学科報」第二十六号、一七頁。『集成』二九三頁、故山田孝雄博士校本よりの復原文。

補テ　下巻第十七話・大安寺大般若会

『集成』二九一頁、前14〜17、東26〜29に該当。補ツと連接。

ならの京につくれりさうむ天王うけつたへ
てひろめつくらむとするあひたにたい《道慈》といふ
そうありこゝろにさとりありよにおもくゐ
やまはれたりさきにのりをもとめむかために
天《大》ほう元年ニもろこしに《やうらう二年にかへりきたりて□かと二》わたりて○まうさく
　みちをとひにもろこしにわたりたりし
ときこゝろのうちにおほきなるてらをつくら

翻刻・研究　「跡見学園女子大学国文学科報」第二十六号、一九頁。『集成』二九三頁、故山田孝雄博士校本よりの復原文。

補ト　下巻第十七話・大安寺大般若会

『集成』二九一頁、前17〜19、東29〜31に該当。補テと連接。

むとおもひてさいまうしのかまへつくれる
さまをうつしとれりとまうすみかとよろこひ
てわか願のみちぬるなり《とのたまふ》○天平元年に道慈
におほせてこの寺をあらためつくらしめた
まふすなはちたうしにりしのくらゐをたまふ
天ちくのさゐこくのきをむさうさと《八と》そ天
の宮をまなひつくれりもろこしのさい明寺き

翻刻・研究　「跡見学園女子大学国文学科報」第二十六号、二〇頁。『集成』二九三〜二九四頁、故山田孝雄博士校本よりの復原文。

補ナ　下巻第十七話・大安寺大般若会

『集成』二九一頁、前19〜22、東31〜36に該当。補トと連接。

をむさうさをまひ《な》つくれり《わかくにの》○大安寺は西明寺をまなひつくれり十四年につくりをへておほきにそうほうゐをおこなふ天平《十》七年大《官大》安寺をあらためて大安寺となつくたうしりしの《い》はく《このてら》○はしめやけたることはたかいちのこほりの子部の明神のかみのやしろのきをきれるによりてなりかのかみはいかつちのかみなれはいか

翻刻・研究　「跡見学園女子大学国文学科報」第二十六号、二一一頁。

『集成』二九四頁、故山田孝雄博士校本よりの復原文。

補ニ　下巻第十七話・大安寺大般若会

『集成』二九二頁、前22〜24、東36〜41に該当。補ナと連接。

りのこゝろにほのほをいたせるなりそのゝち九たいつくりしは〳〵ところをうつせるによのつひえおほしかみのこ、ろをよろこはしめて寺をまもらしめむことはのりのちからにはしかしといひて大は若《若》経をかきおきてこのゐをはしめおこなへるなりかつは経の文をよみかつはうたまひをとゝのへたりかのかみのよろこひをなしてゝらの

翻刻・研究　「史料と研究」第二十四号、八二頁。

『跡見学園女子大学国文学科報』第二十六号、二一二頁。

『集成』二九四頁、故山田孝雄博士校本よりの復原文。

補ヌ　下巻第十七話・大安寺大般若会

『集成』二九二頁、前24〜26、東41〜44に該当。補ニと連接。

まもりとなりにたりえむきにみえたりこの大は若経はもろこしの　太宗のときに麒徳年中に玄さむ《う》三蔵　のはしめて照明殿におは《か》しめしときにおほきにひかりをはなち《て》りそのもにいはくもし人はなかう《大般若経》をおけらむ所には一切天龍たなこゝろをあはせてつゝしみゐやまはむといへりまたいは

翻刻・研究　「跡見学園女子大学国文学科報」第二十六号、二一三頁。

『集成』二九四頁、故山田孝雄博士校本よりの復原文。

補ネ　下巻第十八話・灌佛

『集成』二六九頁、前4〜6、東6〜10に該当。

うまれたまふはる夏のあひたにしくゝ
よろつのものあまねくおふあつからすさ《て》
むからすしてときの○《ほとよく》とゝのほれはなりと
いへりまた浴像經にいはくわれいまさう《の》
にゆ○《をあ》むすのりをとくもろ〳〵のくやうのなか
にことにすくれたりとすもしほとけにあむ
したてまつらむとおもはゝもろ〳〵のたへ

写真図版　『かな—王朝のみやび—』（徳川美術館・平成七年九月）、図二一八右。

翻刻・研究　『集成』二九七頁、故山田孝雄博士校本よりの復原文。

補ノ　下巻第十八話・灌佛

『集成』二九六頁、前6〜9、東10〜16に該当。補ネと連接。関戸本二五丁オ一行目〜三行目につながる。

なるからをみつにいれてあむしたてまつれ
みつをいむときにはまさにけを《誦すへしといへり人必シモソノケヲ》○おほえねハ
そうをもちてすせしめてさたむせしむる
なり我今灌沐《クワンモク》諸如來浄智功徳庄厳聚五
濁衆生令離垢《リヤウリク》願證如來浄法身といふけは
さかのらいのといたまふなりまたもゝさかに
やそさかそへてたまへてしちふこ《（ママ）》のむくい

写真図版　『かな—王朝のみやび—』（徳川美術館・平成七年九月）、図二一八左。

翻刻・研究　『集成』二九七頁、故山田孝雄博士校本よりの復原文。

補ハ　下巻第十九話・比叡山受戒

『集成』三〇二頁、前19〜20、東34〜36に該当。『集成』三〇三頁下段に翻刻される当該話第二葉と連接。

くなり　　　　　　経律論の中［に］
つふさなりかねてはまたねこうのゆる《年穀ノニキハヒユタカナラム》
かなう人《コトヲ》とをいのるなり○《提韋》経のもにあき
らかなりこれによりてすかい《受戒》はとしの

写真図版　『古筆学大成』第二十五巻、図二四九。

翻刻・研究　「青山語文」第二十五号、二七頁。

『古筆学大成』第二十八巻、釈74。

補ヒ　下巻第二十話・長谷菩薩戒

『集成』三〇八頁、前26～28、東45～49に該当。

こし丶をさうしてこれをうくるもの
おほかりかの黄門《根闕者也》はつみひとのかたちなり
いむの《女》はいろこのみなり鬼神はこ丶ろたけ
き《か》みなりちくさうはこ丶ろなききみちなり
かれたにみなゆるされたりいはむやこのほ
かのひとをやいま丶さにさとりすくな《く》して
こ丶ろおこすにもあたはすちからほ

写真図版　『古筆学大成』第二十五巻、図二五〇。

翻刻・研究　「青山語文」第二十五号、二七頁。
『古筆学大成』第二十八巻、釈75。

補フ　下巻第二十話・長谷菩薩戒

『集成』三〇八頁、前28～29、東49～53に該当。補ヒと連接。

そくしてしをむかふるにもたへぬもろ〳〵
のをとこをむなのためにひとりのしを
するてさつけしめてあまたのひとを
あつめうけしむるなりよろこふこ丶ろ
たとひあさくともたはふれのことはた
とゐおほくともきくた《ち》からむなしからし
かろめおもふへからす無明のなかきよに

写真図版　『三井文庫名品展』（一九八九年）。

翻刻・研究　「史料と研究」第十八号、三三頁。
「青山語文」第二十五号、二八頁。

補へ　下巻第二十一話・施米

『集成』三一二頁、前3～5、東4～7に該当。

ちおこなふわたくしのひともまたこ丶ろ
をおこしておくりほとこすおほよそ山寺
はむろつねにむなしなかにつきてけふ
りたゆるはこれなつのころほひなり春の
わらひはすてにおいにしかはみねのくも
にもとめかたしあきのこのみはいまたむす
はねは丶やしの風にひろひかたしいは

写真図版　『古筆学大成』第二十五巻、図二五一。

翻刻・研究　「青山語文」第二十五号、二八頁。
『古筆学大成』第二十八巻、釈76。

補ホ　下巻第二十二話・東大寺千花会

『集成』三一四頁、前6〜8、東11〜14に該当。『集成』三一五頁上段に翻刻される当該話第一葉と連接。

仏をつくれるにわかくに丶こかねなくして
この願なりかたしつてにきくこの山に(墨消)「の」
(墨消)「ハみろくのよに[も]ちゐるへしわれはた丶まもるなり」こかねありとねかはくはわかちたまへとい
のるにさうわうしめしてのたまはく
このやまのかねはみろくのよにもちゐる
へしわれはた丶まもるなりわかちかた
しあふみのくにしかのこほりのほ《かはの》とりに

写真図版『古筆学大成』第二十五巻、図一九五。
翻刻・研究「青山語文」第十二号、一五頁。
『古筆学大成』第二十八巻、釈78。

補マ　下巻第二十二話・東大寺千花会

『集成』三一四〜三一六頁、前10〜12、東18〜22に該当。

めて天はうそうふく《平勝寶》といふ寺をくやうした
まふころほひ行き菩薩○《良弁僧正》はら門僧正哲(ママ)ふ
しみのおきなこのもとのおきな丶といへる
あとをたれたるひと〳〵あるいはわかくに丶
むまれあるいは天ちくよりきたりてこ
の御願をたすけたりそのあひたにあやし
くたへなることおほかれと文おほかれはしる

翻刻・研究「青山語文」第十一号、二八頁。

あとがき

なんともはや長い道のりであった。ようやくここに「あとがき」を書くことができることとなった。もう少々で『平仮名本「三宝絵」総索引』が刊行できそうである。まずは一安心、喜びとしたい。

振り返ると、何度か暗礁に乗り上げて中断した。数年間放り投げておいたこともある。しかし、九割かた成し遂げた状態のまま、置き去りにする訳にもいかなかった。現在に至るまで、無為に時を経過させてしまったことは、まさに怠慢の至りである。ただただ反省するばかりである。ここにこれまでの経緯を思い出すままに、あらあら記しておくことにする。いささか私事に関わるところは、お許しいただきたい。

『三宝絵』とは不思議な縁がある。昭和四十六、七年（一九七一、二）のことであったか、私がまだ大学院博士課程の院生であった時、恩師の馬渕和夫先生から『三宝絵』の関戸家本の紙焼き写真を頂戴し、調査・研究するようにとの指示を受けたのである。その当時、関戸家本はその所在こそ知られていたが、殆ど誰も披見した者はなく、翻刻・紹介も成されていない、幻の写本であった。まさに驚くべき、貴重な資料を提供して下さったのである。しかし、生来鈍感で、怠惰な私は、宝物を目の前にしても何もせず、いずれは『三宝絵』の断簡である東大寺切の調査を行った上で、それと合わせて整理、集成しようと呑気に考えていたにすぎなかった。

その後、私は昭和四十八年（一九七三）に名古屋の金城学院大学に着任した。そこで大学院生たちと関戸家本の翻刻・解読を行いながら、索引作りを細々と始めたのであった。東大寺切の断簡の翻刻や写真版なども気が付く限りではあったが集めていた。しばらく後、昭和五十三年（一九七八）十月のことであったと記憶する。小泉弘先生（馬渕先生と同級）と高橋伸幸氏が私のアパートを訪ねて来られた。小泉先生からは、東大寺切に関する情報・調査資料をすべて提供するようにと冗談半分に脅された。お二人は、折しも名古屋市博物館で展示されている関戸家本の拝観と調査を兼ねて、名古屋に来られたのであった。高橋氏が所持していた調査ノートを見せていただいたところ、私の調査などは微々たるもので、すべてそのノート

に含まれていた。その晩は説話研究、その他の雑談で談論風発、大酒盛りであった。今となっては懐かしく思い出される。

しばらくして、小泉弘・高橋伸幸著『諸本對照 三寶繪集成』（笠間書院、昭和五十五年六月）の大著が刊行された。該書は『三宝絵』の諸本の本文を対照して示すとともに、綿密な校異、東大寺切の詳細な調査を記した、画期的な労作である。小泉先生からは一冊頂戴し、平仮名本の総索引を作るようにと要請された。高橋氏からも再三にわたり、一緒に作成しようとの依頼を受けたのである。

私は平成三年（一九九一）に筑波大学に移籍したが、それまでに作成してきたダンボール二箱分ほどの索引カードは眠ったままで、研究室の片隅に放置した状態であった。ただ、いずれは再確認の作業はせねばなるまいとは思っていた。

思い起こせば、平成十六年（二〇〇四）のことであったかと思う。『今昔物語集』の文節索引、自立語索引、『古今著聞集』の総索引（いずれも笠間書院刊）を作成された、索引作りの達人ともいうべき有賀嘉寿子さんから、何か学界に寄与できる有益な索引を作りたいとの相談を受けた。あれこれ思案した挙句、やっかいな作業にはなるが、平仮名本『三宝絵』の総索引の案をお話した。そして、これを機に総索引作成に取り組むことになったのである。今やカード取りの時代ではなく、保管していたカードはまったく役に立つはずもない。コンピューターによる索引作りの方法と手順は、有賀さんが十分心得ておられる。かくて、三ヵ月に一回くらいの間隔で、データーを打ち出してもらいながら、読み、解釈、見せ消ち、傍記などについて相談し、その処理をめぐって検討を重ねた。

いうまでもなく、本来ならば名古屋市博物館蔵本（関戸家旧蔵本）と所在の明らかな東大寺切全ての本文をあらためて翻刻して掲げ、それに対応する総索引を作成することが望ましい。しかしそれは至難の技で、殆ど無理である。ともあれ、『諸本對照 三寶繪集成』に掲載されている平仮名本に限っただけでも、その総索引が完成すれば、国語学・国文学・仏教学等の研究に有益であろうと考えたのである。そして、『諸本對照 三寶繪集成』刊行以後に発見、翻刻・紹介された東大寺切十数葉を含めた総索引を作成することにしたのである。これは平成十九年（二〇〇七）に一旦は完成したのであった。しかし、その他にも未確認の東大寺切の存在、翻刻・紹介があるとの情報や示唆を受け、それらをも含めた総索引にするべきであるとの判断に至ったのである。その間、有賀嘉寿子さんは『古事談語彙索引』（笠間書院、平成二十一年十月）の仕事に取り組むこととなり、この平仮名本『三宝絵』の総索引作成の作業からは離れることになった。こうして編集作業はしばらく頓挫したのであった。

その後、私が研究指導を担当した筑波大学大学院博士課程修了生の舩城梓君（現、常磐短期大学准教授）にこの案件を相談し、依頼したところ、パソコンを駆使すればなんとかなるであろうとの回答を得た。そこで、すぐさま平仮名本『三宝絵』の補遺篇の翻刻作業と検討作業に取りかかり、補遺篇を作成した。そしてこれを組み入れた上での総索引を平成二十五年（二〇一三）に作り上げたのである。その後、確認作業、校正を何度か繰り返し、ようやく現在に至った次第である。

この間、有賀嘉寿子さんには、途中の九割かた完成の段階にまで作成していただいたにもかかわらず、その後の再編、補遺篇の増補組み入れに手間取り、遅れに遅れて大変な御迷惑と御心配をおかけした。深くお詫び申し上げる。また、最終段階の補遺篇の組み入れ作業を行い、協力していただいた舩城梓君には、深甚の謝意を表したい。心より感謝申し上げる。

最後に、すでにお亡くなりになられた、恩師馬渕和夫先生、そして小泉弘先生、高橋伸幸氏お三方の御霊前に、本書完成の報をお届けしたいと思う。

令和元年六月

稲垣泰一

『諸本對照　三寶繪集成』（小泉弘・高橋伸幸著　笠間書院）

正誤表

頁	誤 → 正
① 27 上（解説最終行）	60 から → 61 から
② 105 上 43	子また → 子ハまた
③ 117 下 3	ふしにき → ふしにたり
④ 117 下（解説 L11）	77 より 79 → 76 より 78
⑤ 117 下（解説 L11）	163 より → 162 より
⑥ 123 上 L6（21•22 切）	ほしあま → ほうしあま
⑦ 133B4	丁酉 → 丁酉日
⑧ 143 上解説 L4	32 より 36 → 52 より 56
⑨ 163 上 46	L38 オ → （前行に移動）
⑩ 175 上 9	なけて → なけく
⑪ 179 上 13	かほをまほり → かほをまはり
⑫ 197 上 15	經ハ → らハ
⑬ 197 下 35	そこのひと → そこの人
⑭ 201 下 34	「いひて」のミセケチ → 削除
⑮ 203 下 77	ツル → ケル
⑯ 223 上 42	あらはさゝれは → 「は」ミセケチ
⑰ 237 下 30	淨身如らい → さうし（清身）女らい
	（「さうし」に左傍点を施し、右に「清身」と細字）
⑱ 237 下 32	羅閲祇園　→「園」の右に国
⑲ 263 上 8	L オ → （前行に移動）
⑳ 265 下 16	33 に → 23 に
㉑ 275 下（最終行）	みたり → みえたり
㉒ 283 上（復原文 L5）	ときに → ミセケチは「とき」
㉓ 301 上 15	符 → カタカナのルビ「フ」あり
㉔ 301 下 3	外道 → 外たう
㉕ 317 上 3	おこなふも → おこなふこと